KB036333

THE GREEN SWAN

Financing a New Climate Economy

# 그린 스완이 온다

## 기후위기 시대, 금융의 새 패러다임

김대호 지음

한울
아카데미

이 도서의 국립중앙도서관 출판예정도서목록(CIP)은 서지정보유통지원시스템 홈페이지(http://seoji.nl.go.kr)와 국가자료종합목록 구축시스템(http://kolis-net.nl.go.kr)에서 이용하실 수 있습니다. CIP제어번호: CIP2020040758(양장), CIP2020040768(무선)

## 제2부 ● 그린 스완과 전 세계 지속가능금융

## 제3부 • 글로벌 지속가능금융 시장의 성장

## 부록 •

# 머리말

2020년 초, 지구는 새로운 10년을 다시 열었지만 축하인사를 채 마치기도 전에 코로나19 바이러스가 온 지구를 마비시켜 버렸다. 공항과 항만은 폐쇄되었고 공장 라인은 멈춰 섰으며 식당과 술집은 문을 닫았다. 경제활동이 멈추어버리자 전 세계 경제는 제2차 세계대전 이후 최악의 GDP 성장률을 기록했는데, 최대 경제대국인 미국조차 2020년 2분기 국내총생산이 연율 환산 기준으로 무려 32.9%나 감소한 것으로 집계되었다. 인류는 곧 백신과 치료제를 만들어 위기를 극복하겠지만, 언젠가 또 다른 변종 바이러스가 우리를 공격할 것이라는 우울한 전망도 나온다.

2020년 1월, 세계경제포럼World Economic Forum: WEF은 「2020 글로벌 리스크 보고서」를 발간했다. 그런데 놀랍게도 WEF는 보고서에서 코로나 사태를 예견이라도 한 듯 '감염병Infectious diseases'의 위험을 정확하게 지적했다. 보고서는 "현재 어떤 나라도 에피데믹 또는 팬데믹에 완전히 대처할 준비가 되어 있지 않다. 우리는 감염병 위기가 가져올 사회적·경제적 충격에 매우 취약하며 그 취약성은 앞으로 점점 커질 것이다"라고 지적했다. 그러면서 WEF는 감염병 위험을 '발생 시 충격Impact'을 기준으로 한 글로벌 리스크 중 열 번째로 위험한 항목으로 평가했다.

그러면 WEF가 꼽은 2020 글로벌 리스크 중 발생 시 충격이 가장 큰 항목은 무엇이었을까? 바로 '기후변화 대응 실패Climate action failure'다. '기후변화 대응 실패'는 발생 시 인류에게 미칠 충격은 가장 큰 위험으로, 그리고 '극한 기후Extreme weather'에 이어 두 번째로 발생가능성Likelihood이 높은 위험으로 평가되었다. 그런데 WEF가 위험 신호를 보낸 리스크 요인들은 감염병처럼 대부분 현실화가 되었거나 되고 있다. 그렇다면 인류가 기후변화 대응에 실패할 경우 그 리스크는 정말 엄청난 것일까?

1980년대까지만 하더라도 지구 온난화나 기후변화에 따른 지구 시스템의 지속가능성에 대한 문제제기는 소수 학자나 시민단체의 의견일 뿐이었다. 그러나 21세기에 들어서 과학적 증거들이 하나씩 밝혀지면서 지구 온난화 허구설과 관련한 논란은 종식되었다. 이제 지구 온난화를 부인하는 학계나 일반인은 거의 없으며, UN IPCC는 현재와 같은 온난화가 지속되면 21세기 말 지구 평균기온은 4℃까지 상승하게 된다는 시나리오를 내놓기도 했다. 국제결제은행BIS은 기후변화 위기가 가져올 예측할 수 없는 리스크와 위협을 그린 스완Green Swan이라고 이름 붙이고, 그린 스완은 언젠가 반드시 실현될 것인데 그린 스완이 몰고 올 환경적·경제적·사회적 충격은 블랙 스완과는 비교가 되지 않을 것이라고 경고했다.

국제사회는 비로소 행동에 나섰다. 2015년 각국 대표들은 파리에 집결해 지구 평균기온 상승을 산업화 이전 수준에 비해 2℃ 이내로 유지할 것을 결의했다. 기존 「교토 의정서」가 막연하게 온실가스 감축 목표만 설정했던 것에 비해 파리 협정은 지구가 지속가능하기 위한 기온 상승 목표를 설정하고 이를 바탕으로 지구상의 모든 나라가 감축 목표를 설정했다는 점에서 기후위기 해결을 위한 국제사회의 진전으로 평가된다. 그러나 동시에 파리 협정은 인류에게 도전이며 경제·사회의 새로운 패러다임을 요구한다. 글로벌 경제의 기반이 되어온 에너지와 인프라 체계를 상당 부분 바꿔야 되는 것이다. 이는 분명 글로벌 경제에 부담 요인이지만 이를 해결하지 못하는 리스크는 더 크다.

금융 기능은 자금의 조달자와 공급자 간의 중개intermediation 기능이 핵심이며 금융기관은 이 자금중개 기능을 통해 산업과 기업에 자본을 효율적으로 배분함으로써 경제발전을 지원해 왔다. 기후위기 해결을 위해서도 글로벌 경제는 수조 달러의 재원 조달이 필요한데, 이를 위해서는 공적 금융이 선도적 역할을 수행해야 하지만 이것만으로는 턱없이 부족하기에 민간 금융의 역할이 필수적이다. 민간 금융은 공적 금융에 비해 효율성에 기반한 자금 배분이 가능해서 수익성과 임팩트를 모두 갖춘 산업과 기업을 효과적으로 선별할 수 있는 측면도 있기 때문이다.

글로벌 금융기관들은 오래전부터 지속가능금융 또는 그린 파이낸스의 역할과 필요성을 절감하고 지평을 확대해 오고 있다. 그런데 이들이 단지 '착한 일'을 해야 한다는 의무감이나 책임감에서 그렇게 하고 있는 것은 결코 아니다. 기후와 경제발전을 공존시켜야 하는 경제·사회의 새로운 패러다임하에서 새로운 투자기회를 발견했기 때문이다. 또 금융산업이 맞닥뜨리게 될 리스크 요인은 최소화해야 할 필요성이 커졌기 때문이다.

예를 들어보자. 7조 달러(약 8400조 원)를 운용하는 세계 최대의 자산운용사인 블랙록Blackrock의 래리 핑크 CEO는 2020년 투자자 연례 서한에서 "화석연료 관련 매출이 총매출의 25% 이상인 기업들은 2020년 중반까지 포트폴리오에서 제외하고, 대신 ESG 추종 ETF를 지금의 두 배인 150개로 늘리겠다"고 발표했다. 세계 최대 국부펀드 중 하나인 노르웨이 국부펀드GPFG는 2020년 중 화석연료 관련 투자를 120억 달러 줄이는 대신 재생에너지 투자 상한액을 140억 달러에서 200억 달러로 상향 조정키로 했다. 이처럼 지속가능투자[ESG] 전략을 취하고 있는 전 세계 운용자산AUM은 2018년 말 기준 30.7조 달러로 2016년에 비해 34%가 커졌다. 전체 시장에서 차지하는 비중도 1/3 정도로 커졌다. 지속가능금융 상품 중 대표적인 상품으로 자리 잡은 그린 본드Green bond는 2013년 110억 달러 정도에 지나지 않던 연간 발행 규모가 2019년에는 2577억 달러로 커졌다. 최근 3년간 연평균 성장률 44%라는 폭발적인 성장 추세다.

이처럼 글로벌 금융시장에서 지속가능금융 시장이 메인스트림mainstream화하기 시작하자 관련 시장의 효율성과 건전성을 확보하기 위한 금융 제도와 프레임워크 같은 것들이 속속 마련되고 있다. 그린 본드 발행 관련 기준, 기후변화 관련 기업공시 프레임워크[TCFD] 등이 대표적 사례다. 또한 각국 정부는 지속가능금융 또는 그린 파이낸스 시장으로 자본이 흘러 들어올 수 있도록 금융정책, 감독정책 등을 새롭게 수립하고 있다. EU, 영국 등 유럽 정부가 가장 적극적이지만 일본, 중국도 그린 파이낸스 시장의 주도권을 놓치지 않기 위해 노력하고 있다.

그러면 한국의 기후위기 대응과 그린파이낸스 시장은 어떠한가. 우리나라는 파리 협정 서명국으로서, 2018년 버전 국가 로드맵에 따르면 한국은 2030년까지 배출전망BAU 대비 37%인 총 3.15억 톤의 온실가스를 감축하기로 했다. 그러나 현재까지의 감축 실적은 아주 실망스러운 수준이다. 가장 최근 통계인 2017년 국가 온실가스 배출량은 7.09억 톤인데, 이는 목표배출량을 무려 15.4%나 초과 배출한 실적인 데다 초과 배출 규모도 줄어들기는커녕 오히려 커지고 있다. 이대로 가다가는 2030년 배출목표를 달성하지 못하는 것은 물론이고 배출량 절대치가 지속적으로 증가할 우려까지 있다.

한국은 $CO_2$ 배출량이 세계에서 일곱 번째로 많다. 국제사회에 약속한 온실가스 배출 목표를 가볍게 생각할 수 없는 나라인 것이다. 하지만 기후·에너지 정책에 관한 주요 지표는 세계 최하위 수준이다. OECD 국가 중 $CO_2$ 배출량 증가율이 1위이고, 에너지 전환지수는 하위 5위권이다. 한국의 기후변화 대응이 미흡하다는 국제사회의 목소리가 커지고 있는 이유다. 원인은 여러 가지가 있지만 결국 에너지, 산업, 건물 등 주요 배출원들이 하나같이 저탄소 구조로 '결정적 전환decisive transition'을 이루지 못하고 있기 때문이다. 여전히 석탄발전이 신·증설되는 등 전원믹스가 악화되고, 에너지 다소비의 산업 구조가 지속되고 있다.

또 다른 원인은 한국 금융산업이 그 역할을 다하지 못하고 있는 데서도 찾아볼 수 있다. 지금 전 세계는 '기후변화 대응'과 '경제성장'을 모두 달성해야 하는 '신新기후경제' 시대를 맞고 있다. 새로운 경제·산업 환경에 직면하고 있는 것이다. 언제까지나 제조업 위주의 산업 특성으로 인해 온실가스 배출이 불가피하다는 변명만 늘어놓을 수 없는 상황이 되었다. 더군다나 이제 한국 경제는 거의 선진국으로 분류되어 국제사회에서 이에 상응하는 역할을 요구받고 있다. 한국 경제와 산업계가 이 어려운 과제를 풀어낼 수 있도록 산업의 흐름을 주도하는 역할을 금융이 해야 한다. 글로벌 금융기관들이 신기후경제와 관련된 새로운 판을 짜고 비즈니스 기회를 만들어가듯이 우리 금융기관들도 그린 파이낸스와 관련된 새로운 비즈니스 모델을 만들어내야 한다.

그런데 한국의 금융산업은 한가롭다. 환경 문제를 단지 '기업의 사회공헌CSR' 이슈 정도로 보아왔다. 이런저런 평가기관으로부터 수상을 하거나 지속가능경영과 관련된 특정 지수에 편입되는 것에만 에너지를 집중한다. 금융의 본질적인 기능을 활용해 기업의 기후변화 대응을 유도하고 이를 통해 금융산업에도 새로운 비즈니스 기회를 만들어가려는 시도가 없다. 개별 금융기관들의 대응 방식도 방식이지만 정부와 금융 당국의 접근 방식도 비슷하다. 기후위기 대응은 환경 관련 부처의 책임이고 금융 당국의 역할은 배출권 거래를 활성화하거나 환경 관련 기술투자를 지원하는 정도에 그치면 된다는 식이다. 그린 파이낸스를 금융시장 내 주요 금융 기능의 하나로 변화시킬 수 있는 제도나 프레임워크 검토는 아직 시작도 하지 않았다.

이 책은 이런 문제의식에서 출발했다. 기후변화 대응을 정부나 산업계만의 과제가 아닌 금융산업이 함께 풀어가야 할 총체적 과제로 인식하고 이와 관련한 금융의 역할을 확대하자는 것이다. 금융산업 관점에서도 기후변화 대응과 관련된 새로운 금융시장과 자금수요를 창출하고 기후변화가 가져올 수 있는 리스크를 최소화하자는 것이다. 글로벌 금융시장의 그린 파이낸스 트렌드를 직시하고 공공 부문과 민간 부문이 함께 한국의 그린 파이낸스 시장을 만들어나가자는 것이다.

이 책의 저술은 필자가 걸어온 길을 되돌아 볼 때 어쩌면 필연적이었는지도 모른다는 생각을 한다. 필자는 한국 경제가 본격적으로 도약하기 시작하던 1988년 한국장기신용은행에서의 금융맨 생활을 시작으로 25년 이상을 시중은행, 벤처캐피탈, 보험회사 등 한국의 거의 모든 금융산업을 거치며 다양한 금융업무를 경험했다. 특히 금융기관의 IR 담당 부서장과 CSR(기업의 사회적 책임) 부서장 역할을 수행하면서 금융기관은 주주 이익 극대화와 동시에 사회적·환경적 가치를 위해서도 책임을 다해야 한다는 것을 체득했다. 그 후 서울시 경제진흥본부에서 서울시 금융산업 육성과 관련된 공직을 수행하게 되면서 글로벌 지속가능금융 시장의 최신 흐름을 접할 수 있는 기회가 많았고 한국 그린 파이낸스의 현 상황과 가야 할 길에 대해서도 많은 고민을 하게 되었다. 결국 필자가 걸어온 길과 고민의 결과물이 바로 이 책이라고 하겠다.

그래서 이 책은 필자가 그동안 만났던 수없이 많은 금융맨들, 그리고 공직에서 함께 일한 다양한 분야의 전문가와 공무원 분들의 음덕과 도움으로 만들어졌다고 감히 말할 수 있다. 이 모든 분들께 감사를 드린다. 그린 파이낸스라는 다소 생소한 분야의 출판을 흔쾌히 결정해 주신 한울엠플러스(주)의 김종수 대표님과 부족한 원고를 정성스럽게 꼼꼼히 봐주시고 좋은 의견도 많이 내주신 편집자 분들께도 큰 감사를 드린다. 항상 내 편이 되어주는 사랑하는 아내와 우리 가족 하경, 하민, 영서에게도 사랑과 감사의 말을 전한다.

마지막으로, 이 책을 통해 한국의 금융맨들이 다가오는 기후위기의 본질과 그린 파이낸스 전략에 대해 조금이나마 이해의 폭을 넓힐 수 있는 계기가 되기를 소망한다. 또한 책의 후반부에서 제시된 한국 지속가능금융 시장 확대 방안을 통해서도 우리 금융 당국과 금융시장이 이를 본격적으로 논의할 수 있는 출발점이 될 것을 기대한다.

2020년 9월

김 대 호

제1부는 온실가스를 포함한 지구 기후를 결정하는 지구과학적 요인들의 균형이 어떻게 무너지고 있으며, 이에 따른 기후변화는 어떤 경로로 지구와 인류의 생존에 영향을 주고 있는지 서술했다. 그리고 기후변화의 심각성과 인간 활동의 책임성을 인식한 국제사회가 파리 협약에 이르게 된 과정과 협약의 내용, 의미 등을 살펴본다.

제1부

# 그린 스완이 온다

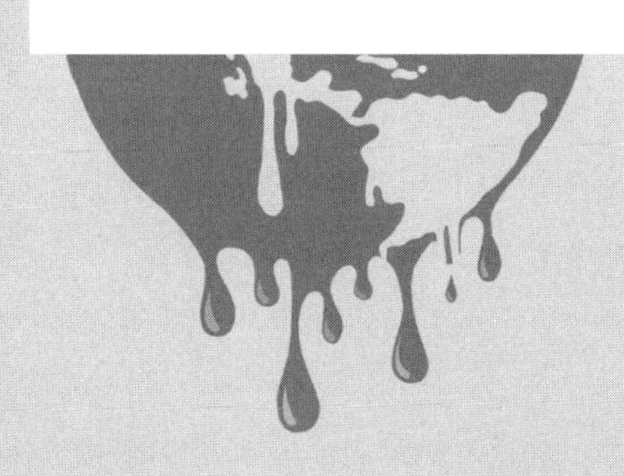

제1장

# 그린 스완의 시대

팻테일 리스크fat tail risk라는 용어가 있다. 통계학의 정규분포에서 파생된 용어로, 정규분포상 테일 리스크의 극단적 형태라고 할 수 있다. 정상적인 정규분포는 평균값을 중심으로 종 모양의 형태를 이루어 가운데 부분은 두껍지만 양쪽 꼬리로 갈수록 길고 얇은 모양이다. 정규분포의 꼬리가 길다는 것은 평균과의 격차가 크다는 것, 즉 이상적unusual 현상임을 의미하지만, 동시에 꼬리 모양이 얇다는 것은 현실에서 일어날 가능성이 매우 희박함을 의미한다. 이처럼 얇은 꼬리가 현실로 나타날 수 있는 위험을 가리켜 테일 리스크tail risk라고 부른다.

팻테일은 정규분포의 일반적 테일과는 다르게 꼬리가 얇지 않고 두꺼운 모양이라고 해서 붙은 이름이다. 꼬리 쪽에 있기 때문에 이상적 현상임은 분명하지만 그럼에도 꼬리가 두껍다는 것은 일어날 가능성이 상당히 커진 이상적 현상이라는 것이다. 사회과학에서는 정치적·경제적·사회적 격변이나 사건을 설명할 때, 아니, 어쩌면 설명할 수 없을 때 팻테일이라는 용어를 사용한다. 한국에서도 주식시장의 급등락을 가리켜 팻테일이 발생했다고 자주

그림 1-1 • 팻테일 리스크

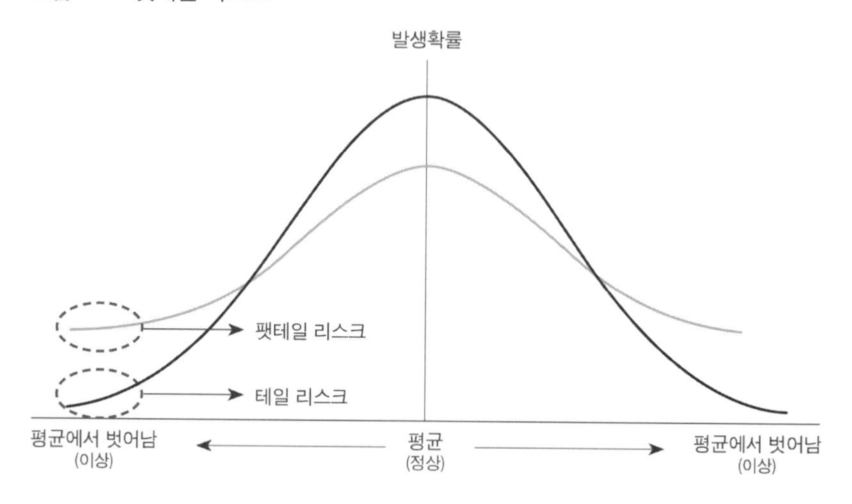


언급하기도 한다.

팻테일 리스크와 유사한 개념을 가진 용어가 블랙 스완black swan이다. 블랙 스완은 나심 니콜라스 탈레브Nassim Nicholas Taleb가 2007년 같은 이름의 저서에서 제시한 개념으로, 그는 블랙 스완에는 세 가지 특징이 있다고 보았다. 첫째, 예측이 불가능하고, 둘째, 엄청난 충격을 동반하며, 셋째, 일단 현실로 나타나면 사람들은 뒤늦게 설명을 시도하지만 다음번 블랙 스완이 언제 출현할지 예측하지 못한다는 것이다. 2001년 9·11 테러, 2008년 서브프라임 모기지 사태에 이어진 세계금융위기와 같은 사건이 블랙 스완의 대표적 사례라고 일컬어지며 파괴적 기술이나 자연재해 같은 것들도 블랙 스완이라고 부른다. 통계적으로 팻테일 리스크와 유사한 개념이며, 따라서 밸류 앳 리스크Value at Risk: VaR[1] 모델과 같은 정규분포 확률적 모델로는 설명

1 밸류 앳 리스크: 자산시장이 정상적인 상황일 때(예를 들어 주식시장의 가격 변동이 정규분포를 따른다고 가정할 때) 어떤 자산이 특정 확률하에서 일정 기간(예: 하루, 한 달) 동안 겪을 수 있는 최대 손실금액을 일컫는다. 자산 가격 분포를 그래프로 그렸을 때 왼쪽 꼬리 부분의 특정 확률에 해당하는 면적으로 계산한다.

할 수 없는 현상이다.

최근 주요국의 중앙은행들은 기후위기가 내재하고 있는 리스크의 심각성을 깨닫고 기후위기가 또 하나의 블랙 스완이라는 생각을 하게 되었다. 기후위기가 2001년 9·11 테러나 2008년 금융위기는 물론이고 2020년의 코로나19 위기와도 비교조차 할 수 없는 재앙적 결과를 가져올 수 있다는 연구 결과들이 나오고 있기 때문이다. 기후변화는 치명적인 임계값인 티핑 포인트Tipping point에 도달하면 대규모의 물리적·경제적 손실과 이로 인한 금융 시스템의 붕괴가 필연적으로 발생할 수밖에 없다. 그런데 더 심각한 문제는 기후변화는 불가역성이라는 특성을 가진다는 것이다. 기존 블랙 스완은 양적 완화와 같은 재정적 조치나 바이러스 백신 개발과 같은 바이오 기술을 통해 블랙 스완 이전 상황으로 복구를 시도할 수 있다. 그러나 지구라고 하는 거대한 생지화학적 순환 시스템biogeochemical cycle의 변화로 인해 촉발된 블랙 스완은 복구를 시도할 엄두조차 내지 못할 수도 있다.

국제결제은행BIS은 이러한 기후 블랙 스완을 '그린 스완green swan'이라고 이름 붙였다. BIS에 따르면 그린 스완은 블랙 스완의 특성을 대부분 가지고 있다. 기후변화와 관련된 물리적 위험과 전환 위험은 불확실성과 비선형성을 가진 전형적 팻테일 분포라고 할 수 있는데, 과거 데이터를 통해서는 발생 확률을 전혀 알 수 없으며(→ 분포의 두꺼움), 극단적 값을 취할 가능성(→ 평균에서 매우 먼 지점에 위치)도 배제할 수 없다. 따라서 정규분포를 가정하고 과거 데이터에 기반한 전통적 방식의 리스크 관리로는 이를 확인하거나 관리할 수 없다. 기후변화 리스크를 평가하고 관리하기 위해서는 '인식론적 단절epistemological break'[2]이 필요한 이유인 것이다.

BIS는 그린 스완이 블랙 스완과 다른 점 세 가지를 들었다. 첫째는, 기후변

---

2 인식론적 단절: 프랑스 과학철학자 가스통 바슐라르Gaston Bachelard가 최초로 도입한 개념으로, 과학에서 하나의 이론적 틀, 패러다임, 혹은 문제설정이 다른 것에 의해 '혁명적'으로 대체되는 것을 말한다.

화 충격은 매우 불확실하지만 한 가지 확실한 것은 미래 어느 시점에 물리적 리스크와 전환 리스크가 어떤 방식으로든 복합된 형태로 실현될 때가 올 것이라는 점이다. 둘째, 기후변화로 인한 재앙은 대부분의 시스템적 금융위기보다 훨씬 끔찍한 재앙이 될 것이며 인류에게 실존적 위협existential threat을 안겨줄 것이라는 점이다. 셋째, 기후변화 위기는 블랙 스완과는 비교가 되지 않을 정도의 복잡한 연쇄작용과 캐스케이드 효과를 일으켜 전혀 예측할 수 없는 환경적·지정학적·사회적·경제적 결과를 초래할 것이라는 점이다.

그린 스완은 어떤 경로로 만들어졌고, 왜 그린 스완이라는 현상이 생겨날까. 그린 스완은 얼마나 심각하며 앞으로 어떤 경로를 통해 지구와 인류에 영향을 미칠 수 있을까. 사실 기후변화 또는 기후위기라는 개념은 오래전부터 뉴스의 토픽이 되어왔고 정부 정책과 환경단체들의 구호를 통해서도 많이 들어온 주제이기 때문에 사람들은 기후위기의 실체에 대해서 어느 정도 안다고 생각하기 쉽다. 우리는 폭염이 기승을 부리고 있다거나 역대급 태풍이 올라오고 있다거나 가뭄으로 인한 대형 산불이 발생했다거나 하는 기사를 거의 매년 보고 듣는다. 그러면서 주변 사람들과 날씨와 기후 걱정을 나누지만 사실 크게 신경은 쓰지 않는다.

그러나 BIS가 지적한 대로 그린 스완이 어떤 방식으로든 현실화될 것이라 가정하면 그린 스완, 즉 기후위기의 실체를 정확하게 알아야 할 것이다. 기후위기에 대해 현재까지 검증되고 알려진 과학적 현상 및 발생 경로, 그리고 앞으로 진행될 시나리오를 정확하게 이해하는 것이 향후 생겨날 그린 스완에 대응하는 첫걸음이 될 것이기 때문이다. 따라서 이 책 제1장과 제2장은 온실가스 등 지구 기후를 결정하는 지구과학적 요인들의 균형이 어떻게 무너지고 있으며, 이로 인한 기후변화는 어떤 경로로 지구와 인류의 생존에 영향을 주고 있는지 살펴본다.

## 1. 태양에너지와 지구의 기후

지구는 46억 년 전에 탄생했다. 지구의 기후는 유동적이고 복잡한 시스템으로 구성되어 있어 늘 일정했던 것이 아니라 시간의 흐름에 따라 변화했다. 변화하는 기후는 인류 문명의 탄생과 몰락에 중요한 역할을 해왔다.

지구의 기후는 태양에너지의 양에 가장 큰 영향을 받는다. 태양에너지의 양은 태양의 활동량과 지구의 공전 궤적에 따라 변한다. 지구의 공전 궤적은 세 가지 요인에 따라 바뀌는데, 지구 공전궤도 이심률, 자전축 경사의 변화, 세차운동이 바로 그것이다. 지구 공전궤도 이심률은 약 10만 년, 자전축은 약 4만 년, 세차운동은 2.6만 년을 주기로 변화하고 있다(이는 밀란코비치가 발견한 원리로, 밀란코비치 사이클이라고도 부른다. 박스 1-1 참고).

박스 1-1 • 밀란코비치 사이클

구舊유고슬라비아 세르비아의 기술자, 수학자, 천문학자인 밀란코비치(1879~1958)는 ① 공전 궤도 이심률, ② 자전축 경사, ③ 세차운동 등을 연구해 이러한 변화들이 지구에 도달하는 태양 복사 에너지의 양과 도달위치를 변화시킨다는 사실을 알아냈다.

- 공전궤도 이심률: 이심률은 타원이 원에서 얼마나 찌그러져 있는지를 나타내는 척도이다. 지구 공전 궤도의 모양은 시간에 따라 거의 원형(0.005의 낮은 이심률)에서 완만한 타원 모양(0.058의 높은 이심률)까지 변화하고 평균 이심률은 0.028이다. 현재 이심률은 0.0167로 거의 원에 가깝다고 할 수 있으며, 이심률에 따른 기후변화는 크지 않다.
- 지구 자전축 경사: 지구 자전축의 경사는 22.1°에서 24.5° 사이에서 변화를 반복하며 그 주기는 약 4만 1000년이다. 자전축 경사가 증가할 때, 여름에는 더 많은 태양 복사 플럭스를 받고 겨울에는 더 적게 받으면서 계절에 따른 태양 복사 에너지의 진폭이 증가한다. 현재 지구 자전축은 궤도 면에서 23.4° 기울어져 있다. 이 경사는 줄어드는 추세에 있으며 서기 약 1만 1800년경에 최솟값에 도달할 것이다.

- 세차운동: 지구 자전축이 중심을 잃은 팽이처럼 회전하면서 경사방향이 바뀌는 운동이다. 주기는 약 2만 6000년이다. 이러한 회전운동은 회전하는 강체인 지구에 작용하는 태양과 달의 조력 때문에 일어나며, 지구가 완벽한 구가 아닌 살짝 찌그러진 모양이기 때문에 발생한다. 현재 지구 북반구는 태양과 근일점에서 겨울을 맞고 원일점에서 여름을 맞는다. 태양과 가까운 지점에서 겨울을 맞으니 겨울이 상대적으로 따뜻하고 먼 곳에서 여름을 맞으니 여름은 덜 덥다. 세차운동으로 자전축이 완전히 반대 방향이 되면 근일점에서 여름, 원일점에서 겨울을 맞게 되므로 여름은 더워지고 겨울은 추워진다. 지구 전체에 미치는 태양 복사에너지의 양은 일정하다.

기후는 태양에너지의 양 외에도 수많은 변수의 영향을 받는다. 예를 들어 지각이 변동하면 해류와 대기순환이 변하면서 기후에 영향을 주게 된다. 또 큰 화산 폭발이 있으면 화산구름이 태양광선을 막아 기온을 떨어뜨린다. 한편 기후는 수많은 상호 작용을 통해 서로 효과를 주고받는데, 예를 들어 기온이 하락하면서 생겨난 빙하는 태양광선을 반사시켜 되돌아가게 하는 역할을 하여 기온 하락을 가속화한다.

그러나 밀란코비치 사이클을 비롯한 자연적 요인들은 아웃라이어outlier가 발생하더라도 항상 이를 원래의 상태로 회귀시키려는 속성을 갖는다. 여러 가지 프록시proxy[3]로 추정한 지난 2000년간 지구의 평균 기온이 오차 범주를 벗어나지 않은 것은 바로 이 때문이다(그림 1-2).

---

3 과학자들은 과거 지구의 기후변화를 추정하기 위해 다양한 프록시 데이터를 사용하는데, 역사적 데이터(농부의 기록 같은), 나무의 나이테, 산호, 화석 꽃가루, 아이스코어, 바다 또는 호수의 퇴적물 같은 것들이다.

그림 1-2 • 2000년간 지구 평균 기온 추정

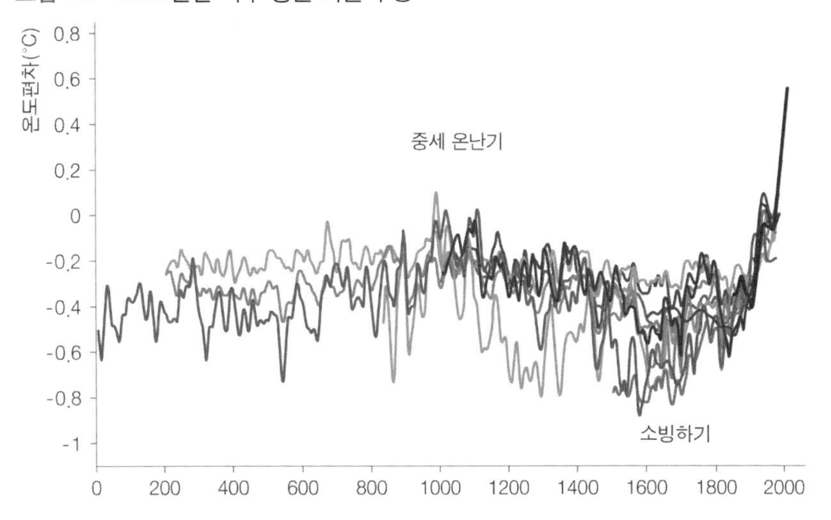


자료: https://commons.wikimedia.org.

## 2. 온실가스와 지구의 기후

태양광선의 양이 지구기후를 결정하는 가장 근본적인 요인이지만 이에 못지 않게 중요한 요인은 바로 온실가스다.

지구는 두께가 수십 Km에 달하는 대기에 둘러싸여 있다. 대기의 주성분은 질소와 산소지만, 그 외에도 다양한 가스가 혼합되어 있는데, 그중에는 온실효과를 일으키는 가스도 있다. 온실가스는 수증기, 이산화탄소, 메탄, 아산화질소, 오존 등으로서, 적은 양이지만 기후에 막대한 영향을 미친다.

우리는 온실가스는 나쁜 것이라고 막연하게 인식하고 있다. 온실가스로 인해 지구 온난화가 악화된다고 하기 때문이다. 그런데 사실 온실가스로 인한 온실효과는 지극히 자연적인 현상이고 지구뿐 아니라 대기를 가진 행성에 공통적으로 나타난다. 특히 지구는 온실효과를 통해 평균기온을 15℃ 정도로 유지할 수 있고, 생명체가 살 수 있는 최적의 환경을 만들 수 있었다. 만일 온실

박스 1-2 • 온실효과의 메커니즘

태양이 방출하는 태양광선은 10%의 자외선, 40%의 가시광선, 50%의 적외선으로 구성된다. 태양광선이 지구의 대기에 도달하면 온실가스가 그중 30%를 반사한다. 20%의 태양광선은 대기를 데우며 흡수된다. 대기를 통과한 50%의 태양광선은 지표면을 데운다. 데워진 지표면은 적외선의 형태로 우주공간으로 다시 열을 발산한다. 그런데 지구가 발산한 열은 모두 우주공간으로 배출되는 것이 아니고 온실가스에 의해 차단되는데, 이것을 온실효과라고 한다.

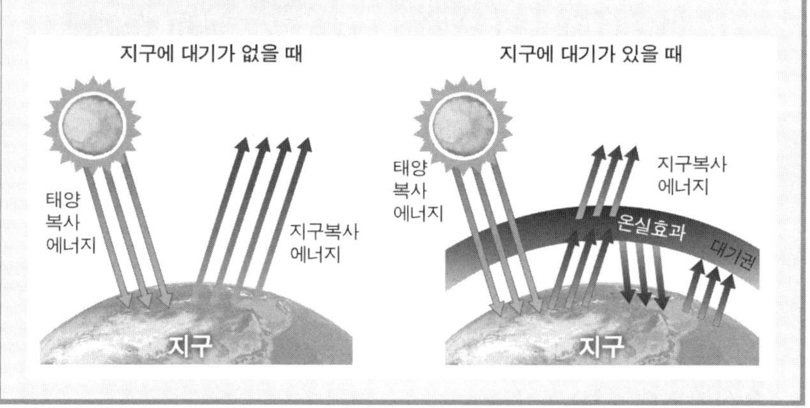


효과가 없다면 지구의 평균기온은 영하 18℃까지 내려갈 것이다. 이 상태에서 물은 액체상태를 유지할 수 없고, 생명체 또한 거의 존속하기 어렵다.

대기가 희박한 화성의 온도는 영하 63℃다. 반면 대기의 95%가 이산화탄소인 금성의 온도는 400℃다. 지구의 대기 중 온실가스가 차지하는 비중은 매우 적으면서도 지구의 기온을 좌지우지할 만큼 중요한 역할을 하고 있다. 태양과 지구의 위치가 기후변화 주기의 메트로놈이라고 한다면, 온실가스는 이를 증폭시키는 역할을 하는 것이다.

이를 과학적으로 증명한 사람이 기후학자 장 주젤Jean Jouzel과 빙하학자 클로드 로리우스Claude Lorius 연구팀이다. 이들은 지구의 기후변화 주기와 온실가스 농도변화가 밀접하게 연결되어 있음을 밝혀냈다. 기온이 상승하는 시기에는 대기 중 이산화탄소의 농도가 상승했고, 이산화탄소는 다시 온실효

그림 1-3 • 80만 년간 지구 기온의 변화와 이산화탄소 변화 추이

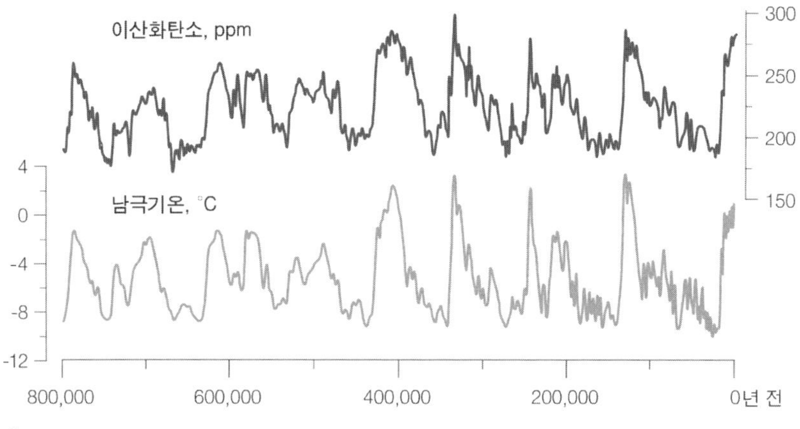


자료: https://commons.wikimedia.org.

과를 강화해 지구 기온을 더욱 상승시켰다는 것이다.

지구는 대략 10만 년마다 빙하기와 간빙기를 반복하는데, 45만 년 전부터 빙하기-간빙기 패턴이 더욱 뚜렷하게 나타나고 있다. 지구는 이 기간 중 네 차례의 빙하기와 다섯 차례의 간빙기를 거쳐 왔고, 현재는 약 1만 1000년 전에 시작된 홀로세Holocene라는 간빙기에 위치해 있다.

그림 1-3을 보면, 지난 80만 년 동안 지구 기온이 올라가는 시기에는 이산화탄소 농도가 상승하고, 빙하기에는 이산화탄소 농도가 하락하는 패턴이 정확하게 일치함을 알 수 있다. 이는 지구 시스템에 존재하는 여러 가지 생지화학 순환 중 하나인 탄소순환carbon cycle이 각 저장소(대기권, 수권, 생물권, 암석권) 간에 동적인 평형상태를 이루며 지속되어 왔기 때문이다. 이처럼 탄소순환이 평형을 이룬 덕분에 간빙기의 대기 중 이산화탄소 농도는 300ppm을 넘지 않았고, 빙하기 때는 200ppm을 다소 하회하는 수준을 반복했다.

지구 시스템은 관리자 없이도 평형과 균형 상태를 수백, 수십만 년간 반복적으로 유지해 온 것이다.

## 3. 지구 시스템의 이상

그러나 안정적인 상태를 유지하던 지구 기후 패턴에 변화가 생기기 시작했다. 그림 1-4는 1961년부터 1990년까지의 기온을 기준선으로 한 지구 평균기온의 패턴을 보여주는데, 최근 지구의 평균기온은 연도별 등락은 있었지만 뚜렷한 상승패턴을 그리고 있다. 구체적으로 보면, 2016~2018년 평균기온은 기준선 대비 0.7℃ 상승했고, 이를 기후데이터가 측정되기 시작한 1850년대와 비교하면 1.1℃ 상승한 것으로 나타난다.

혹 이렇게 생각할지도 모른다. '150년 전에 비해 지구의 평균 기온이 고작 1℃ 정도 상승한 거잖아. 그게 그렇게 호들갑을 떨 일인가?'

어찌 보면 맞는 얘기다. 그런데 우리는 그 1℃의 기온 상승이 결코 가벼이 넘길 일은 아닐지도 모른다는 것을 어렴풋하게 느끼고 있다. 매일같이 전 세계가 이상기후로 몸살을 앓는다는 기사가 쏟아져 나오고 있고, 이제는 이상기후로 인한 문제나 불편함이 뉴스에서만 보고 넘기는 남의 일만은 아니라

그림 1-4 • 1961~1990년을 기준선으로 한 지구평균기온 변화 추이

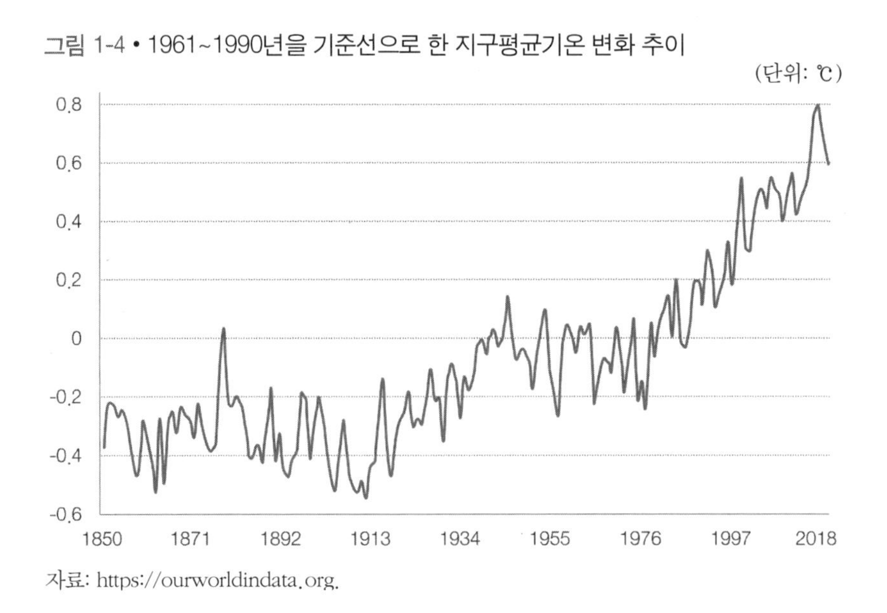


자료: https://ourworldindata.org.

는 생각이 드는 것이다.

평균기온이 고작 1℃ 상승했을 뿐인데 이상기후 현상은 '이상extreme'이라는 이름을 붙이기에도 민망할 정도로 일상화되고 있다.

최근 3년간 이상기후 사례 몇 가지만 나열해 보자. 2017년 8월 말 미국 남부에 상륙한 허리케인 하비는 역대 최고 강수량인 1320mm를 기록하면서 재산피해액도 사상 최고인 약 180조 원을 기록했다. 그해 스페인, 프랑스, 이탈리아 등 유럽은 사상 최악의 6월 폭염을 경험했는데 서유럽의 평균기온이 평년 대비 3℃ 상승했고, 프랑스는 6월 셋째 주 최고기온이 37℃를 기록하기도 했다.

2018년에는 이번에는 노르웨이 등 북유럽에서 7월 관측사상 최고 폭염을 기록했고 8월에는 스페인에서 최고 기온 44℃를 기록했다. 여름뿐 아니라 겨울에도 이상기후가 반복적으로 나타났는데, 미국은 1월 북동부 한파로 최저기온 영하 38.0℃(체감온도 영하 69℃)를 기록하는가 하면 일본은 2월 서부지역에서 관측사상 최고 기록인 4m의 폭설이 내리기도 했다.

2019년은 이상기후로 인한 인명·재산상의 손실은 물론 소중한 자연자원이 심각한 피해를 입었던 해로 기록된다. 유럽지역은 여름 폭염이 최고기록을 연이어 갱신하는 가운데, 프랑스 1435명, 네덜란드 400명 이상 등 폭염 사망자도 크게 증가했다. 호주는 12월 중 최고기온 40℃ 이상을 기록한 일수가 11일로 호주 기상 관측사상 최고를 기록했는데, 호주의 폭염은 2019년 초부터 계속된 장기 가뭄과 함께 역사상 최악의 산불의 원인이 되었다. 호주의 산불은 호주 산림 약 18만 6000km²를 태우고야 비로소 진화되었는데 이는 남한의 1.8배에 해당하는 면적이다. 러시아에서도 7~8월에 중부 시베리아 지역에서 수많은 산불이 발생했는데 전체 피해 면적은 남한 면적의 3분의 1 정도인 3만 km²에 달했다.

이상기후 현상은 한반도라고 예외는 아니다. 우리 기상청은 매년 이상기후 보고서 발간을 통해 한반도의 이상기후를 모니터링하는데, 최근 발간된 「2019 이상기후 보고서」에서는 과거 10년간의 이상기후 분석을 통해 과거에 경험하지 못한 폭염과 열대야, 태풍 등 이상기후 현상이 일상화되고 있음을 지적했다.

보고서에 따르면, 한반도 연평균 기온은 2010년 이후 평균 13.0℃를 기록했는데 이는 1981~2010년 평균보다 0.5℃가 높은 수치다. 하루 최고기온이 33도 이상인 날을 뜻하는 폭염도 크게 늘었는데, 1980년대 해마다 평균 9.4일이던 폭염이 1990년대엔 10.9일로, 다시 2000년대엔 10일로 다소 줄었다가 2010년대 15.5일로 급증했다. 폭염은 2018년에 절정에 달했는데, 전국의 폭염일수는 31.4일에 달했고, 광주의 경우 36일간 폭염이 지속되기도 했다.

## 4. 온실가스 균형 이상

이렇게 지구 이상기후가 일상화되어 버린 가장 큰 원인은 온실가스의 균형이 깨지기 시작한 데 있다. 그림 1-5에서 보듯이 수십만 년 동안 평형과 균형

그림 1-5 • 이산화탄소 사이클의 붕괴

자료: https://ourworldindata.org.

그림 1-6 • 1100년 이후 이산화탄소 농도 추이

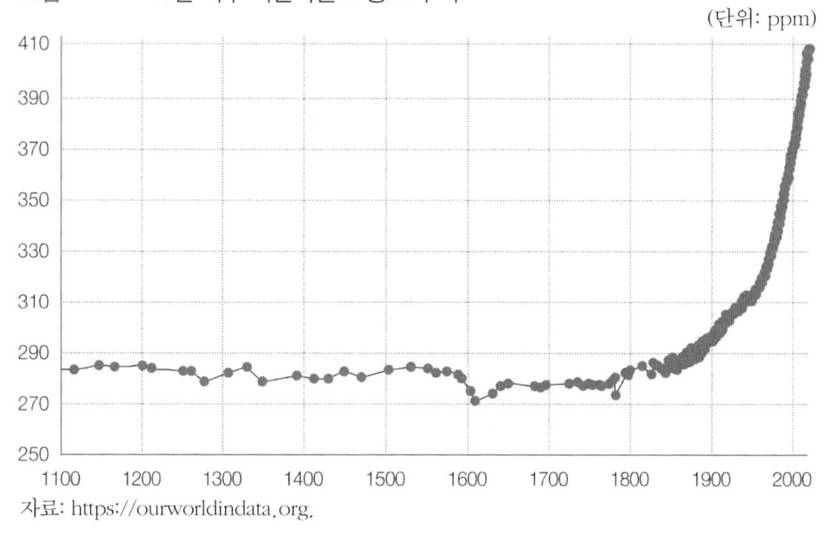


자료: https://ourworldindata.org.

상태에 있던 지구 이산화탄소 사이클이 무너져 버린 것이다.

그림 1-5 중 오른쪽 부분을 확대해 1100년 이후만 나타내면 그림 1-6과 같은 모습을 볼 수 있는데, 이산화탄소 농도가 치솟기 시작하는 시기는 바로 산업혁명이 본격화하는 1850년경이다. 이 시기부터 인간이 화석연료를 대량으로 연소시키면서 이산화탄소가 자연적 탄소순환의 범주 안에 머무르지 못하고 대기 중 축적이 심화되었다. 그래서 수백 년 동안 280ppm 수준에서 유지되던 지구 대기 중 이산화탄소 농도는 1850년 이후 급격하게 상승해 지금은 400ppm을 훌쩍 넘고 있다.

## 5. 이산화탄소 배출 급증

인류가 배출한 이산화탄소는 산업혁명이 시작되는 1850년 전까지는 연간 1억 톤 내외에 머물렀다. 지구 시스템은 인류가 그 정도의 이산화탄소를 배출

그림 1-7 • 전 세계 이산화탄소 배출 추이

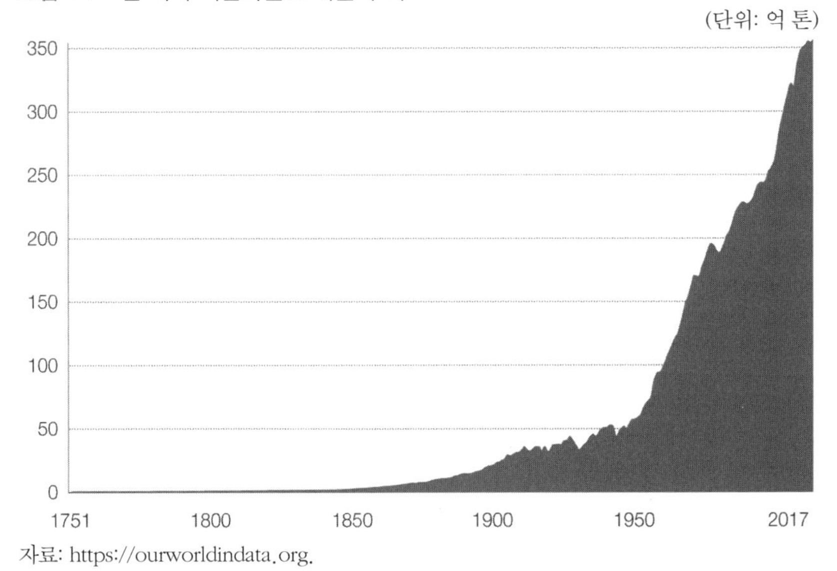

자료: https://ourworldindata.org.

하더라도 탄소순환을 통해 이산화탄소를 다시 해양과 토양에 저장할 수 있어 큰 영향을 받지 않았다. 그런데 산업혁명으로 인해 화석연료가 에너지원으로 사용되면서 이산화탄소 배출이 급증하기 시작했다(그림 1-7).

이산화탄소 배출은 1900년에 20억 톤(2기가톤)으로 크게 증가했는데, 1950년 58억 톤, 1970년 148억 톤, 2000년 246억 톤, 2017년 361억 톤으로 폭발적으로 증가했다. 2017년은 1850년에 비하면 연간 350배의 이산화탄소가 배출되고 있는 것이다.

2017년 지구에서 배출된 이산화탄소 361억 톤을 배출국가별로 구분해보면 중국이 98억 톤(27.2%)으로 가장 많았으며, 미국이 53억 톤(14.6%), EU가 35억 톤(9.8%)이었다. 한국도 6.2억 톤(1.7%)의 배출량을 기록하여 단일 국가로는 상당히 높은 순위에 랭크되었다(그림 1-8).

그림 1-8 • 국가별 이산화탄소 배출 현황(2017년)

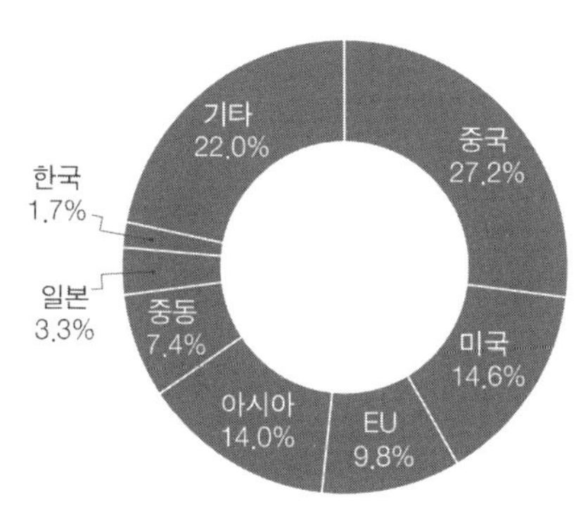


자료: https://ourworldindata.org.

제2장

# 그린 스완 리스크

그린 스완은 앞으로 어떤 경로를 통해 지구와 인류에 어떤 영향을 미칠 것인가. 이는 과학계뿐 아니라 정부, 언론, 시민단체 등 많은 이해관계자들이 정확한 실체를 알고 싶어 하는 주제다. 환경운동에 비판적 관점을 가진 측에서는 지구 온난화가 실체에 비해 부정적 전망만 심하게 부풀려졌다고 본다. 반면 환경주의자들은 각국 정부와 금융기관, 산업계 등이 기후변화로 인한 위기감을 인식하지 못하고 있으며 오히려 시간이 얼마 남지 않았음을 지속적으로 경고한다. 어느 쪽이 맞을까.

국제사회가 기후변화로 인한 위험을 객관적으로 평가하고자 설립한 기관이 IPCC다. IPCC는 '기후변화에 관한 정부 간 협의체Intergovernmental Panel on Climate Change'의 약자로, 1988년 국제연합의 전문기관인 세계기상기구 WMO와 UN 환경계획 UNEP이 설립했다.

IPCC는 독자적인 연구를 수행하거나 기상관측을 하는 조직은 아니다. 발간된 연구물을 분석·평가함으로써 인간이 유발한 기후변화의 리스크와 잠재적 영향, 그리고 기후변화 적응·완화 방안 등에 대한 과학적·기술적·사회

경제적 정보를 제공하는 것을 주요 기능으로 한다. 수천 명의 과학자와 전문가가 참여하여 1차로 보고서를 작성하고, 각국 정부관계자들이 이를 다시 수차례 리뷰하고 승인하여 최종 보고서가 완성된다.

2014년 발간된 「제5차 평가보고서Assessment Report 5: AR5」가 현재까지 나온 최종 보고서인데,[1] 국제사회는 이를 기반으로 하여 COP 21에서 파리 협정을 채택했다(파리 협정은 제3장에서 구체적으로 살펴본다). IPCC의 보고서가 과학계로부터 100% 지지를 받는 것은 아니지만 현재로서는 다수의 과학자, 정부 및 국제사회가 가장 신뢰하고 인용하는 종합적·과학적 보고서다. 이하에서는 IPCC 「제5차 평가보고서」를 중심으로 그린 스완이 어떻게 전개되어 나갈지 살펴본다.

## 1. IPCC 보고서와 미래 시나리오

IPCC의 「제5차 평가보고서AR5」는 4차에 걸친 보고서와 그동안 이루어진 새로운 연구물들을 바탕으로 하여 기후 시스템에서 관측된 변화를 심층적으로 검토하고 이를 토대로 향후 전망과 대응방안을 제시했다.

보고서에서는 기후 시스템의 온난화는 명백하며, 1950년 이후 관측된 많은 변화는 지난 수십 년에서 수천 년간 전례가 없었던 현상이라고 지적했다. 대기와 해양이 따뜻해지고 눈과 빙하의 양이 줄어들며, 해수면이 상승하고 온실가스의 농도가 증가한 것은 사실상 확실하다고 결론을 냈다.

또한 기후 시스템에 대한 인류의 영향이 명백함을 다시 한 번 확인했다.

---

1 최초 보고서인 「제1차 평가보고서」(1990)는 1992년 UN 기후변화협약UNFCCC 채택의 근간이 되었고, 「제2차 평가보고서」(1995)를 기반으로 1997년 「교토 의정서」가 채택되었으며, 「제4차 평가보고서」(1907)가 발간된 이후 IPCC는 기후변화 심각성을 전 세계에 전파한 공로로 노벨 평화상 수상을 하기도 했다(엘 고어 공동 수상).

즉, '인간이 기후 시스템에 영향을 미치고 있다는 점이 확실하며, 그 정도가 점차 심화되고 있을 뿐 아니라, 지구상의 전 대륙과 해양에 걸쳐 관측되고 있다는 것'을 확인했다. 통계적으로도 최근 지구 온난화의 주원인이 인간이라는 것이 95% 확실하다고 밝혔다. 기후 시스템을 방해하는 인간 활동이 많아질수록 관련 위험은 더욱 심각해지고, 인간 및 생태계에 돌이킬 수 없는 영향을 끼쳐 기후 시스템의 모든 요소가 장기적으로 변화할 수 있다는 점도 밝혔다. 그러나 기후변화와 그 위험을 제한할 방법이 있으며, 다양한 수단을 마련하여 경제 및 인간의 개발을 지속할 수도 있다는 점도 제시했다.

IPCC는 지구 온난화 미래 시나리오를 더욱 정교하게 분석했다. IPCC의 미래 시나리오는 통상 '대표적 농도 경로Representative Concentration Pathway'의 영문 약자를 따서 RCP 시나리오라고 부른다. 이는 온실가스 배출량과 온실가스 대기 중 농도가 2100년까지 어떻게 변화할까를 가정한 것이며 4개 시나리오로 되어 있다. 이는 RCP 8.5, 6.0, 4.5, 2.6의 4개로, 쉽게 표현하면 RCP 2.6

그림 2-1 • IPCC AR5의 온실가스 시나리오

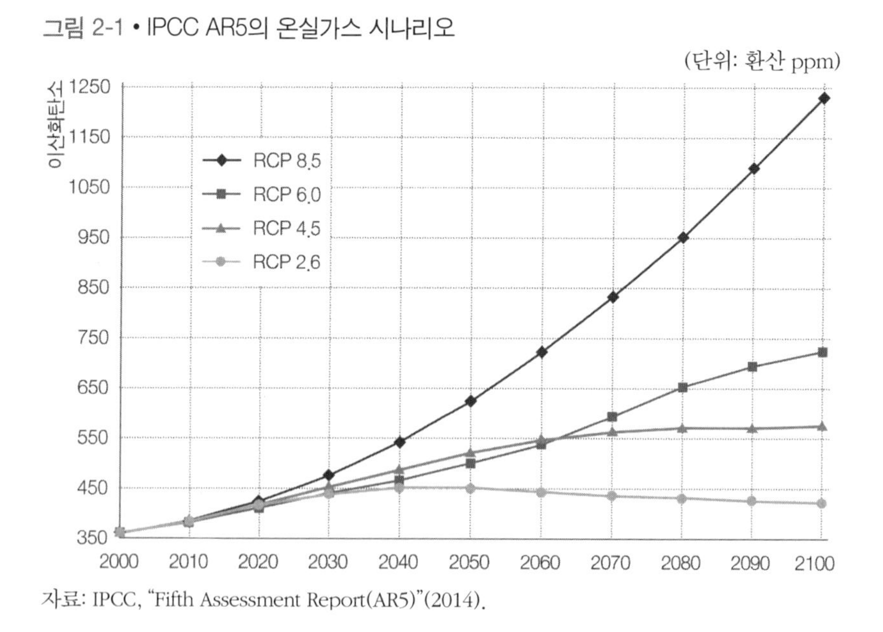

자료: IPCC, "Fifth Assessment Report(AR5)"(2014).

은 배출량 통제에 성공하는 경우이고 8.5는 배출량 감축을 위한 어떤 노력도 이루어지지 않아 배출량이 급격하게 증가하는 경우다. 6.0과 4.5는 중간 정도 시나리오다.[2]

## 2. 지구 평균기온 상승

IPCC 보고서에 따르면, 최악의 시나리오(RCP 8.5)를 가정했을 때, 2046~2065년 평균기온은 2000년대 초반에 비해 2.0℃가 상승하며, 2081~2100년 평균기온은 3.7℃가 상승하는 것으로 추정된다. 산업혁명 시기인 1850~1900년 평균기온에 비해서는 각각 2.6℃, 4.3℃ 상승하게 되는 것이다.

표 2-1 • IPCC 시나리오별 평균기온 상승

(단위: ℃)

| IPCC 시나리오 | 2046~2065년 | | 2081년~2100년 | |
|---|---|---|---|---|
| | 범위 | 평균 | 범위 | 평균 |
| RCP 2.6 | 0.4~1.6 | 1.0 | 0.3~1.7 | 1.0 |
| RCP 4.5 | 0.9~2.0 | 1.4 | 1.1~2.6 | 1.8 |
| RCP 6.0 | 0.8~1.8 | 1.3 | 1.4~3.1 | 2.2 |
| RCP 8.5 | 1.4~2.6 | 2.0 | 2.6~4.8 | 3.7 |

자료: IPCC, "Fifth Assessment Report(AR5)"(2014).

2 4개 시나리오의 숫자는 복사강제력, 즉 온실가스가 에너지의 평형을 변화시키는 영향력 정도를 의미하며, 단위는 Watt/m²이다. 지상에 도달하는 태양에너지는 약 238Watt/m²이므로, 예를 들어 8.6Watt/m²는 태양에너지의 약 3.6%에 해당하는 영향력을 의미한다. 1750~2011년 인위적 복사강제력을 온난화효과로 계산하면 약 2.3Watt/m²다.

그림 2-2 • 평균 지표온도의 변화(1986~2005년 대비)

(단위: ℃)

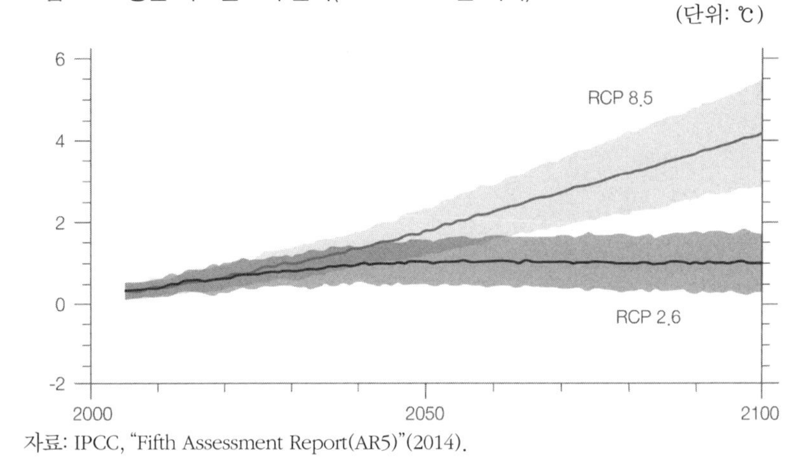


자료: IPCC, "Fifth Assessment Report(AR5)"(2014).

## 3. 해수면 상승

현재 이미 진행되고 있는 해수면 상승도 그 속도가 더욱 빨라질 것이다. 해수면이 상승하는 원인은 두 가지가 있다. 첫 번째 원인은 육지의 얼음이 녹는 것이다. 육지 얼음은 빙하glaciers와 빙상ice sheets의 형태로 엄청난 양의 물을 저장하고 있는데, 전 세계 육지의 얼음이 급속하게 녹고 있다. 두 번째 원인은 바닷물 온도 상승인데, 바닷물이 따뜻해짐에 따라 바다가 팽창하는 것이다.

IPCC는 2019년 특별보고서 형태로 「바다와 빙권 특별보고서Special Report on the Ocean and Cryosphere」를 발표했다. 보고서에 따르면 1901년부터 2016년 사이에 전 세계 해수면은 0.16m 상승했는데, 과거 2000년 동안 상승한 것보다 19세기 산업혁명 이후 상승분이 훨씬 크다. 문제는 상승 속도인데, 20세기 상승속도보다 2006~2016년 상승속도가 2.5배 빠르다는 것이다. 보고서에서는 2007년까지는 바닷물 온도 상승에 따른 해수면 상승이 더 큰 요인이었지만 이제는 육지의 빙하/빙상 융해가 주요 요인이 되고 있고, 그 속도가 빨라지고 있다고 분석했다. 그러면 해수면은 앞으로 얼마나 상승할까.

표 2-2 • IPCC 시나리오별 평균 해수면 상승

(단위: m)

| IPCC 시나리오 | 2046~2065년 | | 2081~2100년 | |
|---|---|---|---|---|
| | 범위 | 평균 | 범위 | 평균 |
| RCP 2.6 | 0.17~0.32 | 0.24 | 0.26~0.55 | 0.40 |
| RCP 4.5 | 0.19~0.33 | 0.26 | 0.32~0.63 | 0.47 |
| RCP 6.0 | 0.18~0.32 | 0.25 | 0.33~0.63 | 0.48 |
| RCP 8.5 | 0.22~0.38 | 0.30 | 0.45~0.82 | 0.63 |

자료: IPCC, "Fifth Assessment Report(AR5)"(2014).

그림 2-3 • 전 지구 평균 해수면 상승 추정(1986~2005년 대비)

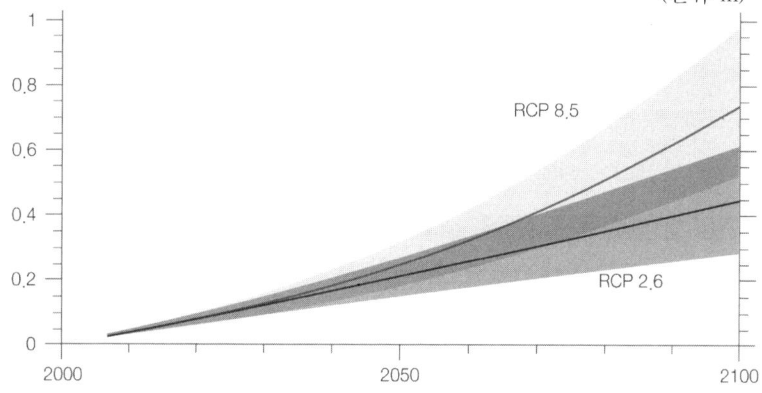

자료: IPCC, "Fifth Assessment Report(AR5)"(2014).

IPCC 「제5차 평가보고서」에서는 21세기 후반에는 시나리오별로 현재시점보다 최소 0.40m에서 0.63m가 상승할 것으로 추정했다.

그런데 문제는 우리가 이산화탄소 배출을 지금 완전히 중단한다고 가정해도 해수면 상승 추세를 멈추게 할 수 없다는 것이다. 유명한 기후과학자인 컬럼비아대학교의 제임스 핸슨James Hansen 교수 및 기후과학자 16인은 현재의 지구 온난화 추세로 21세기 말이 되면 해수면 상승은 3m에 달할 것이라는 연구결과를 발표하기도 했다.[3]

해수면이 1m 상승하면 해안선은 뒤로 평균 100m가 물러난다고 한다. 맨 먼저 태평양의 산호섬, 몰디브와 같은 지역이 물에 잠기기 시작할 것이다. 이어 중국, 방글라데시, 인도 등 아시아와 아프리카의 저지대 해안주거지역이 침수될 것이다. 해수면이 2m, 3m 상승하면 지구는 현재의 모습을 잃게 된다. 인구 1000만 명이 넘는 선진국 메가시티 중 뉴욕, 마이애미, 오사카, 리우데자네이루, 베니스, 오클랜드 등 많은 해안 도시들도 상당부분 물에 잠기게 된다. 영화의 장면이 현실이 되는 것이다.

## 4. 해양 온난화

전 지구 해양은 21세기 동안 지속적으로 온난화할 것이다. 열은 해수면에서 심해까지 전달되어 해양순환에 영향을 미칠 것이며, 가장 강력한 해양 온난화는 열대와 북반구 아열대의 해양표층에서 나타날 것으로 전망된다. 남빙양에서는 온난화가 해양표층보다는 심해에서 가장 뚜렷하게 나타날 것이다. 21세기 말까지 상층부 100m에서 해양 온난화의 추정치가 약 0.6℃(RCP 2.6)~2.0℃(RCP 8.5) 정도이고, 약 1000m 깊이에서는 0.3℃(RCP 2.6)~0.6℃(RCP 8.5) 정도다.

해양 온난화에서 주목해야 할 것은 대서양 자오선 역전 순환류Atlantic Meridional Overturning Circulation: AMOC다. AMOC는 지구 기후 시스템의 중요한 구성요소 중 하나로, 대서양 상층부의 따뜻하고 짠 해류의 북쪽 흐름과 깊은 대서양의 차가운 해류의 남쪽 흐름으로 이루어져 있다. 일종의 지구 열 전달 벨트와 같은 것인데, 이 과정에서 무거운 한류가 심해로 가라앉으면서 바다에

3 https://www.tvnz.co.nz/one-news/new-zealand/simulation-shows-unavoidable-3m-auckland-sea-level-rise-q02974.

그림 2-4 • 영화 〈투모로우〉

용해된 이산화탄소를 심해로 가두기 때문에 대기 중 이산화탄소를 제거하는 효과도 갖는 등 지구 기후 시스템의 안정적 유지에 결정적 역할을 하고 있다.

AMOC의 흐름이 약화될 경우에는 해양의 이산화탄소 흡수량이 줄어들 뿐 아니라 한류의 남쪽 흐름과 난류의 북쪽 흐름이 줄어들게 되어 북반부, 특히 서유럽 지역에 한파와 같은 극한 기후가 올 수도 있다. 이러한 극단적 상황을 영화로 만든 것이 2004년 상영된 재난영화 〈투모로우〉(원제 The day after tomorrow)다.

그동안 과학자들은 AMOC의 변화동향을 주시해 왔고, AMOC가 약해질 수도 있음을 경고해 왔다. IPCC 보고서에서도 AMOC에 대한 언급이 있었는데, AMOC는 21세기 전반에 걸쳐 약화될 가능성이 매우 높음을 경고했다. IPCC 보고서는 RCP 시나리오별로 AMOC 약화 정도를 추정했는데, RCP 2.6 시나리오에서 11%(1~24%), RCP8.5에서 34%(12~54%) 감소하는 것으로 추정되었다. 다만 IPCC는 AMOC가 21세기에 갑작스럽게 변하거나 붕괴할 가능성은 매우 낮다고 평가했다. 따라서 AMOC가 갑자기 붕괴되어 영화 같은 재난 상황은 오지 않을 것이나, AMOC 약화 추세는 확실히 나타나고 있어 이에 따른 해양 이산화탄소 용해 감소와 이것이 다시 AMOC를 약화시키는 악순환 효과는 지속될 것으로 보인다.

## 5. 바다얼음과 빙하 감소

IPCC 보고서에서는 모든 RCP 시나리오에서 연차적인 북극 바다얼음의 감소가 추정되었다. 특히 RCP 8.5 시나리오에 따르면 21세기 중반이 되면 9월의 북극해에서 얼지 않는 바다를 보게 될 것이라고 한다. 남극에서도 바다얼음의 범위와 부피는 감소할 것으로 추정되었으나 신뢰도는 높지 않았다.

평균 지표 온도가 상승함에 따라 북부 고위도까지 분포되어 있는 지표 근처 영구동토층도 감소가 확실할 것으로 보인다. 토양 상층의 3.5m까지인 지표 근처 영구동토층은 RCP 2.6하에서 37%, RCP 8.5하에서 최대 81%까지 감소할 것으로 추정되었다. 영구동토층이 녹으면 동토층 아래에 묻혀 있던 이산화탄소가 대기 중으로 방출되고 이는 다시 기후온난화를 촉진하는 악순환을 초래한다. 지구 전체 빙하량(남극 대륙 주변 빙하 제외)은 RCP 2.6에서 15~55% 감소하고, RCP 8.5에서 35~85% 감소할 것으로 예상되었다.

그림 2-5 • 매년 9월 기준 북극 바다얼음 면적 전망

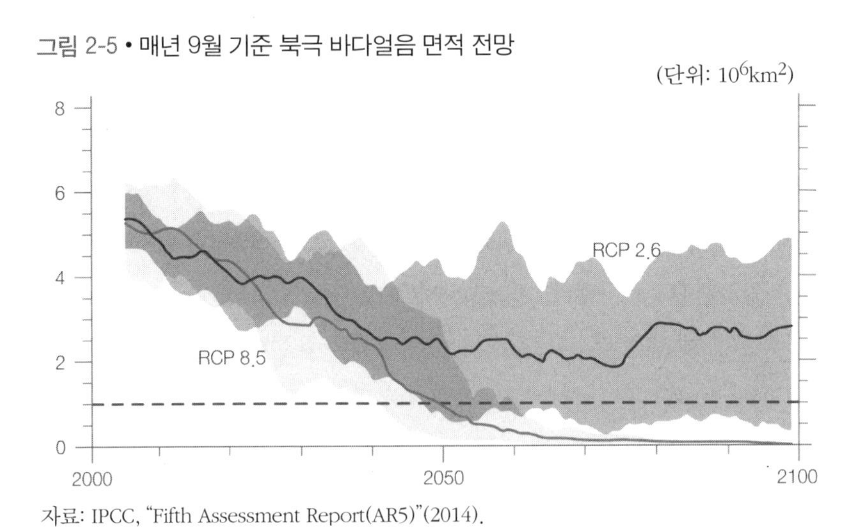


자료: IPCC, "Fifth Assessment Report(AR5)"(2014).

## 6. 자연과 인간이 경험할 새로운 위험

기후변화는 자연과 인간계에 지금까지 경험하지 못한 새로운 위험을 가져온다. 위험은 선진국, 개발도상국을 가리지 않고 찾아오지만 취약 계층과 특정 지역이 상대적으로 큰 위험에 노출된다. 생물다양성과 자연생태계는 말할 것도 없고, 인간들도 식량, 물, 거주지역 등 기본적 생존환경 측면의 안전을 위협받는다.

과거 수백만 년 동안 육지와 해양의 자연적 기후변화는 현재의 인위적 기후변화보다 훨씬 느리게 진행되었음에도 종의 멸종을 포함하여 상당한 수준의 생태계 변화를 가져온 바 있다. 앞으로 기후변화가 가속화함에 따라 생물생태계는 변화 속도에 맞추어 서식에 적합한 조건을 찾지 못할 가능성이 더욱 커지게 된다. 이미 산호초와 극지방 생태계는 심각한 위험에 처해 있는데, 바다얼음의 감소, 강수량 감소, 해양 산성화 등은 서로 상호 작용하면서 생물종 멸종의 위험을 더욱 높이고 있다. 서식지 개발, 쓰레기, 오염, 자원개발 등으로 인한 멸종 위험은 제외해도 말이다.

특히 바다의 생물 다양성이 감소하게 되면, 일부 지역(특히 저위도 지역)에서는 수산업 생산성 및 관련 서비스의 공급이 유지되기 어려울 것이다. 21세기 중반까지는 저위도 어장의 북쪽 이동으로 인해 중고위도 지역은 어획고가 일시적으로 증가할 수도 있다. 그러나 2100년까지는 해양 산소가 감소하면서 전체 지구의 어류 서식지가 감소할 것이다. 여기에 수산물 소비 증가에 따른 남획은 문제를 더욱 어렵게 만들 것이다.

육상 식물은 21세기 동안 많은 지역에서 고사가 증가할 것으로 전망되며, 이는 탄소 저장, 생물다양성, 목재 생산, 수질, 생활 편의시설 및 경제활동에 상당한 위험으로 작용할 것이다. 또한 영구동토층이 녹으면서 상당한 양의 탄소와 메탄이 배출될 위험이 높은데, 이는 가장 낙관적 시나리오인 RCP 2.6 시나리오하에서도 나타날 것으로 추정된다.

자연계뿐 아니라 인간계에도 위험이 점점 다가오고 있다. 먼저 기후변화는 건조 아열대 지역의 가뭄을 악화시키고 지표수·지하수 자원을 고갈시킬 것이다. 여기에 가뭄 기간 동안 오염물질 농도가 증가하여 수자원의 질을 떨어뜨리게 되면 지역 간 수자원 경쟁이 심화될 것이다.

수자원에 이어 식량 공급도 기후변화의 영향을 받게 된다. 폭염·저온 등 극한 기후 빈발, 해충·병원균·잡초 등으로 인한 생산성 감소, 강수량의 변화 등으로 농업 생산성에 변화가 발생하는 것이다. 다만, 농업생산성 감소는 저위도 지역에서 발생할 가능성이 크며 고위도 지역은 온난화로 인해 생산성이 오히려 증가할 수 있다. 그러나 지구 기온이 20세기 후반에 비해 4℃ 이상 상승할 경우 전 세계는 위도와 관계없이 전례 없는 식량위기 상황을 맞을 것이다.

박스 2-1 • 러시아의 가뭄이 아랍의 봄을 유발했다?

2010년 여름, 러시아는 극심한 가뭄과 폭염, 산불을 겪는 바람에 밀 수확량의 3분의 1이 감소했다. 그리고 반년 후 아랍의 봄이 시작되었다.

이 둘의 연결고리는 바로 이렇다. 중동과 북아프리카는 세계에서 식량 안전이 가장 취약한 지역 중 하나다. 이들은 세계 최대 밀 수출국 중 하나인 러시아에서 수입되는 곡물에 크게 의존하고 있다. 그런데 러시아 정부가 자국의 식량안보를 위해 그해 밀 수출을 크게 감소시켜 버린 것이다. 중동과 북아프리카의 밀 가격이 급등하고 빵을 구하기가 어려워졌다. 이러한 상황이 다른 정치적 요인과 결합되면서 아랍 지역의 대중적 불만이 폭발했던 것이다.

세계 식량안보는 옥수수, 밀, 쌀, 콩이라는 네 가지 작물의 무역에 달려 있다. 옥수수, 밀, 쌀은 세계 에너지 섭취량의 60%를 차지한다. 콩은 동물의 단백질 사료가 되어 전 세계 단백질의 65%를 공급하는 역할을 한다. 콩은 미국, 브라질, 흑해 지역 등 소수 수출국의 비중이 매우 크다. 그런데 이러한 작물의 이동은 전 세계 14개의 운송 관문(초크 포인트choke point) 운송에 영향을 받는다.

서구와 아시아 시장을 연결하는 파나마 운하는 가장 중요한 해상 운송 관문 중 하나다. 미국 옥수수 수출의 36%, 미국 대두 수출의 49%가 매년 이를 통과한다. 또 하나는 흑해 생산국과 세계시장을 연결하는 터키 해협이다. 러시아, 우크라이나, 카자흐스탄의 밀 수출의 77%가 이 해역을 통과한다. 내륙의 수로, 도로, 철도 또한

자료: wikimedia.org.

중요하다. 미국 농산물의 60%는 강과 지류의 네트워크로 구성된 1만 2000마일 해상 교통 시스템IMTS을 통해 농장에서 항구로 진출한다.
만약 이 운송 관문이 어떤 이유로든 끊기거나 닫혀버린다면 전 세계에 식량위기가 오거나 전쟁이 발생할 것이다. 운송 관문은 종종 정치적·외교적 긴장으로 불안한 상황을 겪는다. 만약 이런 긴장상황이 미국의 홍수, 러시아의 가뭄과 함께 발생한다면? 세계적인 식량 부족, 경기후퇴는 물론이고 폭동이나 전쟁 등의 상황까지 일어날 수 있다.

## 7. 기후변화의 불가역성

지구 온난화 문제 해결을 어렵게 만드는 요인 중 하나는 기후변화의 불가역성이다. 온실가스의 배출이 지금 당장 중단된다고 해도, 즉 인위적 이산화탄소의 순배출량net emission이 0에 수렴한 후라도, 현재 기후변화의 양상 ―지표 온도가 상승하고 해수면이 올라가며 이상기후가 반복되는―은 앞으로 수백 년 동안 지속된다.

이는 지구 평균 지표온도의 변화와 선형 함수관계를 갖는 것은 온실가스 배출량이 아니라 누적 배출량에 따른 온실가스 농도이기 때문이다. 따라서 그림 2-6에서 보는 것과 같이 인간에 의한 인위적 배출량을 획기적으로 감소시켜야 누적배출량(농도)을 그나마 현 상태로 유지시킬 수 있다.

그림 2-7처럼 배출량을 현 상태로 유지하는 것은 누적배출량과 농도를 지속적으로 증가시키게 되어 지구 온난화도 지속될 수밖에 없다.

따라서 2100년 이후에도 RCP 2.6을 제외한 모든 시나리오하에서 온난화는 계속될 것이다. 또한 평균 지표 온도를 안정화시킨다고 해서 기후 시스템의 모든 측면을 안정화시킬 수 있는 것도 아니다. 기후변화로 인한 생물 군계, 토양 탄소, 빙하, 해양 기온 및 해수면의 변화는, 그 본질적 특성상 오랜 기간 지속되기 때문에, 지구 지표면의 기온이 안정화된 후에도 수백 년 혹은 수천 년까지 남아 있을 것이다.

그림 2-6 • 온실가스 배출량 감소 시 온실가스 농도 유지 가능

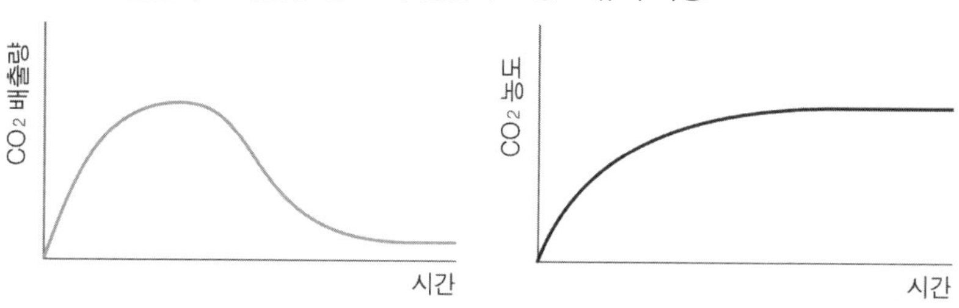


그림 2-7 • 온실가스 배출량 유지 시 온실가스 농도 상승

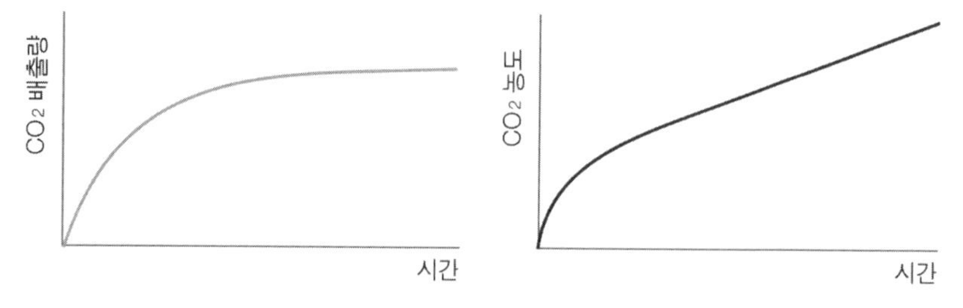

## 8. IPCC의 권고

IPCC 「제5차 평가보고서」는 현재 관측된 변화와 그 원인을 설명하고 미래 기후변화 위험을 예측하는 데 그치지 않고, 인류와 국제사회가 기후변화에 대처하기 위한 방안과 경로를 제시했다.

IPCC가 제시한 전략은 크게 완화 전략과 적응 전략이다.

완화Mitigation[4] 전략은 온실가스 배출을 감축하거나 흡수원sink을 확대하는 과정으로 미래의 기후변화 및 그 영향을 완화하는 방안이다. 적응Adaptation은 이미 발생했거나 혹은 발생할 것으로 예상되는 기후변화와 그로 인한 영향에 인간과 사회 시스템이 적응하는 과정을 의미한다. 적응은 기후변화로부터 발생하는 피해를 최소화하는 과정은 물론이고 기회를 찾는 과정도 포함한다.

만약 지금 이루어지고 있는 노력 외에 추가적 완화 노력이 없다면 2100년 지구 평균기온은 산업화 이전에 대비해 3.7~4.8℃ 상승할 것이 전망된다. 기온 상승이 4℃를 상회할 경우 기후 시스템은 고장 나기 시작하여 생물종 멸종, 인간의 주거 및 식량난 가중 등이 발생한다. 치명적인 임계값인 티핑 포인트에 도달하면 시스템 복구가 어려워져 되돌아갈 방법이 아예 없어진다.

IPCC 보고서에서는 각 분야별 완화 전략을 표 2-3과 같이 제시했다.

완화 전략에는 몇 가지 요인을 고려해야 한다.

첫째, 에너지 공급 부문의 탈탄소화를 위해서는 저탄소 또는 제로 탄소의 전력 생산 기술을 확대하는 것이 필요하다.

저농도 안정화 시나리오로 가기 위해서는 저탄소 전력공급(재생가능 에너지, 원자력 및 BECCS를 포함한 CCS로 구성) 비율을 현재의 30% 수준에서 2050년까지

4 Mitigation은 '완화'로 번역 시 그 의미를 완전히 전달하기 어려운 측면이 있어 '감축'으로도 종종 표현된다. 이 책에서도 문맥에 따라 '완화'와 '감축'을 혼용하기로 한다.

표 2-3 • IPCC의 기후변화 완화 전략

| 분야 | 완화 전략 |
| --- | --- |
| 에너지 공급 | • 화석연료를 재생가능 에너지로 대체<br>• 화석연료를 CSS 기술을 사용한 화석 에너지로 대체<br>• 메탄 누출 방지, 포집 또는 처리 |
| 운송 | • 연료의 탄소 집약도 감소<br>• 에너지 집약도 감소<br>• 압축도시+운송시설 개선, 전환 운송modal shift |
| 건물 | • 온실가스 집약도 감소<br>• 기존 건물 재건축, 모범 신규 건물 건축, 에너지효율적 장비 |
| 산업 | • 온실가스 배출 집약도 감소<br>• 신新공정 프로세스 및 기술 도입으로 에너지 효율성 개선<br>• 제품의 효율성, 재활용성 제고 |
| AFOLU(농업, 산림 및 기타 토지이용) | • 산림 전용·산림 황폐화·산불 발생의 감소, 신규 조림afforestation을 통한 탄소저장량 증가, 바이오에너지 원료 제공 등 |
| 거주 및 기반시설 | • 집중개발 및 기반시설 구축<br>• 접근성 증가 |

자료: IPCC, "Fifth Assessment Report(AR5)"(2014).

80% 이상으로, 2100년까지는 90% 이상으로 확대되어야 하며, CCS[5]가 없는 화석연료 발전은 2100년까지 사라져야 한다. 저탄소 에너지 기술 중에서 재생에너지 기술은 규모의 경제 수준까지 발전했으나 원자력의 비중은 1993년 이후 감소하고 있다. IPCC 보고서는 첨단·고효율의 천연가스 복합발전소 또는 열병합발전소로 석탄발전소를 대체할 것을 제시했다.

둘째, 다양한 기술, 활동 및 정책을 적절하게 조합하여 온실가스 배출 감소를 달성해야 한다.

IPCC 보고서에서는 어떤 시나리오하에서도 2100년까지 이산화탄소 농도

---

5 CCSCarbon Dioxide Capture and Storage(이산화탄소 포집 및 저장): 산업·에너지 관련 배출원으로부터 상대적으로 순수한 이산화탄소를 분리(포집), 처리, 농축 및 장기적 저장하는 프로세스.

박스 2-2 • BECCS와 CDR

- BECCSBioenergy and Carbon Dioxide Capture and Storage(바이오에너지 및 탄소포집): 바이오에너지 전환 프로세스에 탄소포집Carbon Dioxide Capture: CCS 기술을 적용하는 것으로, 대기의 이산화탄소 순배출 제로를 실현할 수 있는 잠재기술로 여겨진다. BECCS 기술은 매년 최대 220억 톤의 음(−)의 배출효과를 가질 수 있다. 2019년 현재 전 세계적으로 5개 설비가 BECCS 기술을 활용하고 있으며 매년 1500만 톤의 이산화탄소를 포집하고 있다.
- CDRCarbon Dioxide Removal(이산화탄소 제거): 대기 중의 이산화탄소를 직접 제거하는 기술을 통칭한다. 일반적 방법은 ① 탄소에 대한 자연적 흡수원sink 확대, ② 화학공학 방식을 활용하여 대기 중 이산화탄소 농도 감소 등이 있으며, 그 외에도 철분의 바다 살포iron fertilization, 대규모 조림, 화학적 방식으로 대기 중 이산화탄소 직접 포집 등의 방식이 있다. CDR은 지구공학geoengineering의 범주로 들어가기도 하며 완화전략mitigation의 하나로 인정되고 있다.

의 경로가 일시적인 오버슈트(이산화탄소 농도가 최고점을 기록한 후 하락하는 패턴)를 보일 것이라고 전망했다. 이에 따라 BECCS, 조림(산림 조성) 등 이산화탄소 제거CDR 기술이 다양한 수준에서 활용될 가능성을 열어두었다.

2℃ 이하 시나리오는 2050년까지 배출량 40~70% 감소 및 2100년 배출 제로를 달성해야 함을 의미하는데, 만일 2050년까지 배출량이 목표한 대로 감소하지 않으면 CDR 기술에 의존하지 않을 수 없게 된다.

한편, 적응 전략은 IPCC 「제4차 평가보고서」 이후 이해와 논의 수준이 크게 향상되었으며, 적응의 효과/비용, 적응과 지속가능 발전과의 관계 등에 대한 지식도 늘어나게 되었다. IPCC가 제시한 분야별 적응 전략은 표 2-4와 같다.

완화와 적응 전략을 추진하면서 고려해야 할 요인은 다음과 같다.

첫째, 완화와 적응은 기후변화의 위험을 감소시키고 관리하기 위한 상호보완적 전략으로 이해하고 두 가지 전략의 최적 조합을 선택해야 한다.

표 2-4 • IPCC의 기후변화 적응 전략

| 분야 | 적응 전략 |
| --- | --- |
| 농업 | • 가뭄 및 병충해 적응력 강화 및 생산성 증가<br>• 영농기업의 지속적 운영을 위한 재정안정망 제공<br>• 농작물 생산성 유지 및 증가, 해충 및 외래종으로부터 보호 |
| 생물 다양성 | • 기후변화에 대한 자연의 적응 및 변화 능력 향상<br>• 기후 및 비기후적 변화로 위험에 처한 생물종의 보호를 위한 규제 강화<br>• 보호 생물종 서식지 이동 |
| 해안 | • 자산을 침수/침식 위험으로부터 보호<br>• 자연적 해안과 생태적 프로세스 보호<br>• 대중의 건강, 안전 보호, 재산 피해 위험 최소화 |
| 수자원 관리 | • 수자원 공급의 신뢰성 확보 및 가뭄 적응력 강화<br>• 수자원 관리 및 사용 효율 극대화 및 유연성 확대<br>• 가용 수자원의 효율성 향상 |

자료: IPCC, "Fifth Assessment Report(AR5)"(2014).

완화 전략은 효과가 큰 대신 대부분 상당한 시간과 비용을 투자해야 하는 옵션들이다. 에너지 공급원을 화석연료에서 재생가능 에너지로 대체한다든지, 운송수단의 탄소배출량을 획기적으로 감소시키는 방안 등은 국가적·사회적 대규모 투자를 필요로 한다. 반면 적응 전략은 상대적으로 적은 비용으로 기후변화 영향을 감소시킴으로써 우리에게 시간을 벌어주고 궁극적 비용 감소의 효과도 가질 수 있다.

둘째, 완화와 적응은 모두 기후변화 위험을 감소 및 조절하는 긍정적 효과가 있지만 부수적으로 발생할 수 있는 위험 요인도 있음을 감안하여 실행방안을 수립해야 한다.

박스 2-3 • 이산화탄소 제거CDR 및 태양복사 관리SRM 기술의 의미와 위험 요인

지구공학Geoengineering 분야는 기후 시스템을 인위적으로 통제·조절하기 위한 신기술을 다수 개발하고 있는데, 대표적인 방법이 이산화탄소 제거CDR 기술 및 태양복사 관리SRM 기술이다. CDR은 대기 중 이산화탄소 농도 증가를 늦추거나 농도 자체를 감소시키는 기술이며, SRM은 기후 시스템으로 흡수되는 태양 복사열을 감소시켜 지구 온난화를 방지하는 기술이다.
CDR 기술 중 대표적인 것이 BECCS(바이오에너지 및 탄소포집)와 조림afforestation인데, 현실적으로 배출을 제로 수준으로 떨어뜨리기 쉽지 않기 때문에 많은 시나리오에서 CDR 기술을 가정한 경로를 상정하고 있다. 그러나 CDR 기술을 통해 감축한 온실가스 배출량을 정량적으로 수치화하기에는 생지화학적·기술적·사회적 한계와 부작용 등 위험 요인도 있는 것이 사실이다. 예를 들어 조림은 지표면의 태양에너지 반사율을 감소시키는 측면도 있다. 철분 바다 살포iron fertilization는 해양의 산소를 감소시킨다. 육지의 CDR 기술은 토지사용 기회비용이 수반되며, 해양의 CDR 기술은 해양 생태계에 심각한 위험 요인이 된다.
SRM 기술은 성층권에 에어로졸을 주입하거나 구름을 표백하여 밝게 만들어 햇빛을 반사함으로써 지구를 냉각시키는 기술인데, 지구 냉각만 놓고 보면 CDR 기술보다 효과가 크다. 그러나 SRM 기술의 실효성은 아직 검증되지 않았으며 오히려 강수량 감소, 극성층권 오존농도 상승 등 생태계에 미칠 불확실성과 부작용이 지적된다. 또한 SRM이 수십 년 동안 도입되었다가 어떤 이유로든 갑자기 중단되면 그동안 축적되어 있던 온실가스의 효과가 한꺼번에 나타나면서 지구 기온 상승이 걷잡을 수 없게 되는 심각한 문제가 발생할 수 있다.

제3장

# 기후위기 극복을 향한 국제사회의 대응

1980년대까지만 하더라도 지구 온난화나 기후변화에 따른 지구 시스템의 지속가능성에 대한 문제제기는 소수 학자나 시민단체의 의견일 뿐이었다. 오히려 기온 상승과 자연재해의 여러 가지 정황을 한데 모아 지구 온난화를 주장하는 것은 비논리적이고 비약일 뿐이라는 목소리가 적지 않았다. 지구의 온도는 오르기도 하고 내리기도 하는데, 지금은 오르는 국면일 뿐이라는 것이었다. 실제로 1950년대부터 1970년대까지는 빙하기가 다시 도래한다고 생각될 정도로 추웠던 시기이기도 했고, 미국해양기상청NOAA은 1964년부터 1972년 사이에 미국 지표면에 도달하는 태양광이 1.3% 감소했다고 발표하는 등, 실제로 빙하기 도래를 우려하는 의견도 있었다.

『쥐라기 공원』 소설의 작가인 마이클 크라이튼Michael Crichton 같은 대중적 유명인사도 지구 온난화 부정 논리에 동참했다. 그는 현재의 지구 온난화는 열섬 현상에 기인한 것이며, 지구 온도 사이클의 순환 과정 중 간빙기에 나타나는 현상이라고 일축하면서, 1970년대 빙하기 도래를 우려하던 과학자들이 지금은 지구 온난화를 우려하는 방향으로 선회한 것은 난센스라고 비웃었다.

그는 의회 청문회에 증인으로도 출석했는데, 지구 온난화 대응을 위한 교토 의정서 체제는 과학적인 발견에 기반을 두지 않았으며 정치적인 목적으로 추진된 것이라는 입장을 견지하기도 했다.

사람들은 대부분 이성적이지만 때로는 음모론에 귀가 솔깃해진다. 특히 생산-소비를 지속적으로 확대시켜야만 하는 산업 진영은 지구 온난화가 과장된 담론에 지나지 않으며 필시 정치적 목적이 있을 것이라는 주장을 상당 부분 지지하게 된다.

그러나 21세기에 들어서 지구 온난화의 허구설과 관련한 논란은 거의 종식되었다고 할 수 있다. 먼저 지구 온난화가 실제 일어나는 현상인가에 관해서는 이를 부인하는 학계 또는 일반인은 거의 없다. 지구 온난화가 실제 일어나는 현상이라면 그것이 인간의 활동에 의해 가속되었는가에 대해서도 IPCC는 95%의 확률로 그렇다는 점을 명확하게 밝혔다. 기후변화의 심각성과 인간 활동의 책임에 대한 경고가 이어지자 국제사회는 인류가 공동으로 이에 대응해야 한다는 인식을 공유하고 행동에 나서기 시작했다.

## 1. 국제사회의 기후변화 최초 대응, UN 기후변화협약

기후변화에 대한 국제사회의 첫 번째 대규모 행동은 1992년 브라질에서 개최된 '리우 정상회의Rio Summit'[1]이다.

리우 정상회의는 전 세계 185개국 정부대표단과 114개국 정상 및 정부수반이 참여하여 최초로 지구의 환경보전 문제를 논의한 역사적 회의다. 냉전시대 이후 개발과 지구의 지속가능성 이슈를 논의할 필요성이 증대된 가운

1 리우 정상회의: 정식 명칭은 '환경 및 개발에 관한 UN 회의United Nations Conference on Environment and Development: UNCED'이다. 1992년 6월 3일부터 6월 14일까지 브라질 리우데자네이루에서 개최되었으며 지구 정상회의Earth Summit라고도 부른다.

박스 3-1 • 「브룬트란트 보고서」

1983년 12월 UN의 하비에르 페레스 데 케야르 제5대 사무총장은 노르웨이 총리를 지낸 브룬트란트Ms. Gro Harlem Brundtland에게 위원회 하나를 주재해 달라고 긴급히 요청한다. 위원회의 이름은 '세계환경발전위원회World Commission on Environment and Development'(브룬트란트 위원회라고도 부름)로서, 위원회의 미션은 '사람, 자원, 환경, 발전 간의 상호 관계를 고려하여 지속가능한 발전sustainable development을 성취하기 위한 장기적인 환경전략을 제안하는 것'이었다.
위원회는 약 900일간 정부 관계자, 과학자, 전문가, 산업계 종사자, NGO 등 다양한 분야의 사람들의 의견을 종합하여 1987년 보고서를 최종 제출하는데, 이것이 지속가능 발전 분야의 획기적인 보고서라 일컬어지는 「우리 공동의 미래Our Common Future」, 일명 「브룬트란트 보고서Brundtland Report」다.
보고서의 요지는 ▲최근 환경 변화는 지구를 근본적으로 바꾸고 있고 인류와 많은 생물종의 생명을 위협하고 있다, ▲많은 형태의 발전이 막상 그 토대를 이루는 환경을 침식하는 등 경제발전을 환경문제와 분리시킬 수 없다, ▲우리에게는 새로운 발전 경로, 즉 소수의 장소에서 소수의 사람만 진보를 지속시킬 수 있는 경로가 아니라, 먼 미래까지도 이 지구의 모든 곳에서 진보를 지속시킬 수 있는 경로가 요구된다, ▲50억 인구가 살아가는 우리 세계는 유한한 환경 속에 또 다른 인류가 살아갈 수 있는 여지를 남겨두어야 한다, ▲미래 세대의 요구를 충족하는 능력을 손상하지 않으면서 현재의 필요를 충족시킬 수 있는 '지속가능한 발전'을 추구해야 하며, 이를 위한 정책방향, 국제 협력, 제도 개혁이 절실히 요구된다 등이 있다.
브룬트란트 위원회의 활동과 그 결과물인 「브룬트란트 보고서」는 국제사회에 큰 반향을 일으켰는데, 1992년 리우 회의와 선언이 출범하는 데에도 큰 영향을 미쳤다.

데 이를 개별 국가들이 다루기에는 이슈의 범위가 너무 커져서 이를 논의할 플랫폼이 마련된 것이다.

리우 정상회의에서 세계 정상들은 UN 기후변화협약에 서명하게 되는데, 협약의 정식 명칭은 '기후변화에 관한 국제연합 기본협약United Nations Framework Convention on Climate Change: UNFCCC'이다. UNFCCC는 1992년 5월 9일 채택되어 1994년 3월 21일 발효되었는데[2] 협약의 목표는 '인간이 기후체계에 위험한 영향을 미치지 않을 수준으로 대기 중의 온실가스 농도를 안정화'시키는 것이며 주요 내용은 다음과 같다.

- 기후변화에 대응하여 행동할 때는 '형평성equity', '공통의 그러나 차별화된 책임common but differentiated responsibility', '개별 국가의 능력respective capability'을 고려해야 한다. 개발도상국, 특히 기후변화에 취약한 국가들의 필요와 상황을 충분히 고려하며, 선진국은 기후변화로 나타나는 부정적 영향에 솔선하여 대응해야 한다.
- 모든 당사국은 온실가스 배출량 통계를 작성, 갱신해야 하며, 기후변화를 완화하는 국가 정책을 수립하고 시행해야 한다.
- 산업화 이후 선진국이 더 많은 온실가스를 배출했기 때문에 선진국에는 '역사적 책임historical responsibility'이 있고, 선진국은 온실가스 배출량을 감축할 의무도 부담한다.
- 부속서 IAnnex I에는 OECD 회원국 등 선진국을 중심으로 온실가스 감축 의무를 부담하는 국가들을 명시하여, 이들 국가가 온실가스 배출량을 1990년도 수준으로 되돌리는 것을 목표로 삼도록 한다.[3]

리우 정상회의는 기후변화 위험과 이에 대응하기 위한 최초의 국제협력회의라는 의의가 있으나, 한계도 많았다. 미국 등의 반대로 국가별 온실가스 감축을 어떻게 이행해야 하는지 구체적 감축 의무를 규정하지 않았으며, 생물학적 다양성 보전조약, 삼림 보전 원칙 등도 많은 논의가 있었음에도 참여 국가가 미미한 편이었다.

---

2 2016년 5월 현재 협약의 당사국party은 196개 국가와 유럽연합EU을 더하여 197개국이다.

3 부속서 I 외의 국가들은 비非부속서 Inon-Annex I 국가로 호칭한다. 부속서 I 국가 중에서도 경제성장을 이룬 국가를 부속서 II에 별도로 명시하여, 이들 국가는 개발도상국이 기후변화에 대응하는 것을 돕기 위해 재원과 기술을 지원하도록 했다. 한국은 1992년 당시 OECD 국가가 아니었기 때문에 비부속서 I 국가로 분류되었다.

그러나 리우 정상회의를 계기로 당사국 총회Conferences of the Parties: CoP를 매년 개최하는 성과를 거두었는데, 우리가 언론을 통해 자주 접하는 COP 총회가 바로 이것이다. COP 총회는 2019년까지 26차에 걸쳐 회의가 개최되었는데, 지금은 모든 국가가 머리를 맞대고 기후변화의 대응책을 논의하는 자리로 자리매김했다. 첫 번째 당사국 총회인 COP 1은 1995년 독일 베를린에서 열렸고, 1997년 일본 교토에서 열린 COP 3에서는 「교토 의정서」를 채택했다. 2015년 파리에서 결린 COP 21에서는 파리 협정Paris Agreement을 체결하는 성과를 거두었다.[4]

## 2. 「교토 의정서」, 기후체제를 열다

UN 기후변화협약은 기후변화의 심각성에 대해 공감하고 전 세계적인 해결 방안을 모색한 최초의 노력이었다는 점에서 의의가 있었지만, 각국의 구체적인 의무를 제시하지 않아 선언적이었다는 한계가 있었다. 이런 한계를 극복하고 진일보한 행동으로 나간 것이 교토 의정서 체제이다.

1997년 12월 제3차 당사국 총회COP 3가 열린 일본 교토에서는 온실가스 감축에 관한 각국의 구체적인 의무와 그 이행방안을 담는 「교토 의정서Kyoto Protocol」를 채택하는 성과를 거두었는데, 이를 교토 의정서 체제라고 한다.[5]

「교토 의정서」는 감축해야 하는 온실가스의 목록, 감축 의무를 부담하는 국가와 구체적 감축량까지 세부적으로 규정했다.

---

4 당사국 총회의 전체 목록은 이 장의 부록 1을 참고하기 바란다.

5 「교토 의정서」는 1997년 12월 11일 일본 교토의 국립 교토 국제회관에서 개최된 지구 온난화 방지 교토 회의 제3차 당사국 총회COP 3에서 채택되었으며 발효는 2005년 2월 16일에 이루어졌다. 정식 명칭은 「국제연합의 기후변화 기본협약에 대한 교토 의정서 Kyoto Protocol to the United Nations Framework Convention on Climate Change」다.

박스 3-2 • 「교토 의정서」상 감축 대상 온실가스 및 감축 목표

• 감축 대상 온실가스(6종)[6]
  - 이산화탄소Carbon Dioxide($CO_2$)
  - 아산화질소Nitrous Oxide($N_2O$)
  - 과불화탄소Perfluorinated Compounds(PFCs)
  - 메탄Methane($CH_4$)
  - 육불화황Sulphur Hexafluoride($SF_6$)
  - 수소불화탄소Hydro Fluoro Carbon(HFCs)
• 부속서Annex B[7]에 속한 38개 선진국 전체의 온실가스 배출량을 제1차 공약기간 (2008~2012년)까지 1990년 수준보다 최소 5.2% 감축을 목표
  - 유럽연합은 일괄적으로 8% 감축 목표를 설정했으나, EU 회원국 간 실제 분배 비율은 최대 28% 감축(룩셈부르크)부터 27% 증가(포르투갈)까지 국별로 상이
  - 미국은 7% 감축, 일본은 6% 감축을 목표로 설정
  - 대한민국은 당시 개발도상국으로 분류되어 감축 의무 국가에서 제외

또, 「교토 의정서」는 적은 비용으로 효과적인 감축을 달성하기 위해 시장 메커니즘을 도입했는데, 공동이행제도JI, 청정개발제도CDM, 배출권거래제ET 등이다. 특히 배출권거래제는 국가들 간에 온실가스 감축량을 이전할 수 있으며 할당받은 배출권을 거래소를 통해 거래할 수 있게 하는 등 시장원리 도입을 통해 감축효과를 높이기 위한 시도라는 점에서 큰 의의가 있었다.

「교토 의정서」는 제1차 공약기간 만료 직전인 2012년 12월 COP 18(카타르 도하)에서 제2차 공약기간을 2013년부터 2020년까지로 정하고, 그 기간 동안

6 온실가스에 대한 세부 설명은 이 장의 부록 2 참고.

7 UN 기후변화협약UNFCCC에서는 부속서 I에 선진국을 중심으로 감축 의무를 부담하는 국가를 명시하고 이들을 부속서 I 국가라고 불렀다. 「교토 의정서」에서는 부속서 A는 감축해야 하는 온실가스 목록을 명시하고 부속서 B에서 감축 의무 국가와 그들의 감축량을 규정했다.

표 3-1 •「교토 의정서」의 시장 메커니즘

| 시장 메커니즘 | 조항 | 주요 내용 |
|---|---|---|
| 공동이행제도<br>Joint Implementation: JI | 제 6 조 | 부속서 1 국가(A국)가 다른 부속서 1 국가(B국)에 투자하여 온실가스 배출을 감축하면 그 일부를 A국의 감축으로 인정 |
| 청정개발제도<br>Clean Development Mechanism: CDM | 제12조 | 부속서 1 국가(A국)가 비非부속서 1 국가(C국)에 투자하여 온실가스 배출을 감축하며 그 일부를 A국의 감축으로 인정 |
| 배출권거래제<br>Emission Trading: ET | 제17조 | 온실가스 감축 의무가 있는 국가들에 배출 할당량을 부여한 후, 해당 국가들이 서로 배출권을 거래할 수 있도록 허용 |

온실가스 배출량을 적어도 18% 감축하자는 '도하 개정안Doha Amendment'을 채택했다. 그러나 개정문이 발효되기 위해서는 당사국(192개국)의 4분의 3에 해당하는 144개국이 비준해야 하는데 2016년 5월 현재 비준한 국가가 65개에 지나지 않아 효력을 상실한 상태다.

교토 의정서 체제는 다음과 같은 성과를 거둔 것으로 평가된다.

- 「교토 의정서」 부속서 B 국가들은 제1차 공약기간(2008~2012년) 동안 온실가스 배출량을 1990년에 비해 평균 22.6%를 감축하여, 목표했던 5.2%를 크게 상회했다. 이는 이산화탄소 15억 톤 이상을 추가로 감축한 것과 같은 효과를 거둔 것이다.
- 세계 128개국에서 약 8000개에 달하는 청정개발제도CDM 사업이 수행되었는데, 개발도상국은 선진국에게 감축량을 판매하여 95억~135억 달러의 수익을 획득했고, 선진국도 CDM이 없었더라면 소요되었을 35억 달러 정도의 비용을 절감할 수 있었다.

「교토 의정서」의 한계로 다음과 같은 사항이 지적된다.

- 세계에서 가장 많은 온실가스 배출국인 미국은 부시 대통령이 2001년

취임하면서 협약에서 탈퇴했고, 캐나다는 제1차 공약기간 후 탈퇴했다. 일본, 러시아, 뉴질랜드는 탈퇴는 하지 않았지만 제2차 공약기간에는 참여하지 않겠다는 의사를 밝혔다.

- 이에 비해 중국이나 인도처럼 온실가스를 많이 배출하는 국가들은 개발도상국이라는 이유로 감축 의무가 없었다. 제1차 공약기간이 시작되기 직전인 2007년 중국의 전 세계 온실가스 배출 비중은 21.0%로 미국의 19.9%보다 많았는데도 말이다. 이에 따라 제1차 공약기간 동안 감축 의무를 지는 국가들의 전 세계 온실가스 배출량 비중은 22%에 지나지 않았다.
- 매번 새로운 공약기간을 정하고 개별 국가의 감축 목표를 설정하는 것은 매우 어려운 작업이었다.

교토 의정서 체제는 국제사회가 최초로 구체적 행동으로 나서게 했다는 의미 있는 성과를 거두었지만, 기후변화의 부정적 영향이 점점 커지는 상황에서 기후변화에 효과적으로 대응하기 위해서는 이전과는 다른 새로운 체제가 필요하다는 인식이 국제사회에 확산되기 시작했다. 파리 협정이 탄생하게 된 배경이다.

## 3. 신新기후체제, 파리 협정

교토 의정서 체제가 많은 성과도 있었지만 선진국만 감축 의무를 부과한 데다 제2차 공약기간은 발효조차 하지 못하는 등 한계도 있었던 것이 사실이다. 국제사회는 2011년 COP 17(남아프리카공화국 더반)에서 2020년 이후 적용될 새로운 기후체제를 설립할 것을 합의하고 포스트 2020 협상을 2015년까지 완료하기로 했는데, 이를 '더반 플랫폼Durban Platform for Enhanced Action'이라고 일컫

박스 3-3 • 신기후체제

파리 협정으로 신기후체제가 출범했다고 표현하는데, 여기서 '체제regime'란 '국제레짐international regime'을 의미한다. 통상 국제레짐은 '국제관계의 특정 영역에서 행위자들의 기대가 모여 만들어진 원칙principle, 규범norms, 규칙rules, 의사결정과정decision making procedures의 집합'을 말한다.
따라서 기후체제는 '기후변화에 대응하기 위해 국제사회가 필요하다고 생각되는 규범적 규칙normative rules과 이를 결정하여 이행·강제하고 발전시키는 기관institutions, 그리고 그 과정에서 사용되는 절차적인 수단procedural tools'이라고 할 수 있다.
「교토 의정서」에 기반한 기후체제를 '교토 체제'라고 하며, 파리 협정에 따른 새로운 기후체제를 '신기후체제'라고 부른다.

는다. 더반 플랫폼에 따라 15회에 걸친 협상을 거쳐 2015년 12월 12일, 프랑스 파리에서 열린 제21차 당사국 총회COP 21에서 '파리 협정Paris Agreement'이 채택되었다. 역사적인 신기후체제new climate regime가 출범한 것이다.

파리 협정의 주요 내용은 다음과 같이 정리할 수 있다.

첫째, 지구의 온도 상승을 2℃ 이하로 유지하기로 했다.

1992년 UN 기후변화협약UNFCCC은 기후체계에 '위험한 영향을 미치지 않을 수준'으로 대기 중 온실가스의 농도를 안정화시키는 것을 목표로 했으나, 그 수준이 어느 정도인지에 대한 언급이 없었다. EU는 1990년대부터 목표 온도를 2℃로 주장하여 2010년 칸쿤 협의에서 공식화되었는데, 파리 협정에서 비로소 이를 명문화한 것이다. '2℃ 목표'란 산업화(1870년대) 이전 수준과 비교하여 지구의 평균 온도가 2℃ 이상 상승하지 않도록 온실가스 배출량을 감축하는 것이다.

한편, 군소도서 개발도상국Small Island Developing States: SIDS이 생존하려면 2℃가 아닌 1.5℃ 정도는 달성해야 가능하다는 점이 부각되면서, '노력 목표'로 "1.5℃로 온도 상승을 제한하는 노력을 추구"한다는 내용이 협정에 반영되었다.

박스 3-4 • 주요국의 NDC 현황

주요국 NDC

| 국가명 | 감축 목표(%) | 목표년도 | 기준년도 | 목표 유형 | 국제 탄소시장 |
|---|---|---|---|---|---|
| 한 국 | 37 | 2030 | - | BAU | ○ |
| 미 국 | 26~28 | 2025 | 2005 | 절대량 | × |
| 중 국 | 60~65 | 2030 | 2005 | 집약도 | - |
| E U | 40 | 2030 | 1990 | 절대량 | × |
| 러시아 | 25~30 | 2030 | 1990 | 절대량 | × |
| 일 본 | 26 | 2030 | 1990 | 절대량 | ○ |
| 인 도 | 33~35 | 2030 | 2005 | 집약도 | ○ |
| 멕시코 | 40 | 2030 | - | BAU | ○ |

※ 목표유형

- 절대량: 기준년도 배출량에 대비하여 목표 설정
- BAU: 목표년도의 배출전망치Business As Usual(감축조치를 취하지 않을 경우 배출량 추정치) 대비 목표 설정
- 집약도: 국내총생산GDP 1단위당 온실가스 배출량(배출량/GDP) 기준으로 목표 설정

※ 국제 탄소시장: 감축 목표를 달성하기 위해 국제 탄소시장 활용 여부

참고로, UNFCCC 사무국에 따르면 지구의 평균온도 상승을 2℃ 이하로 유지하기 위해서는 1870년(산업화)부터 2100년(목표기간)까지 이산화탄소 환산량($CO_2eq$) 누적배출량이 약 2890Gt이어야 한다. 2011년까지 이미 1890Gt이 배출되었으므로 앞으로 약 1000Gt까지 온실가스를 배출할 여력이 있는 것으로 계산된다.

둘째, 참여국들이 감축 목표를 스스로 설정하되bottom-up, 법적 구속력은 부여하지 않았다.

교토 의정서 체제하에서는 감축 의무를 톱다운Top-down 방식으로 결정함에 따라 국가 간 합의에 이르기까지 오랜 시간이 소요될 뿐 아니라 의견 대립

도 심했다. 그래서 파리 협정은 보다 많은 국가들의 참여를 유도하고 기후변화에 대응력을 높이기 위해 각 당사국이 자국의 상황을 고려하여 자발적으로 목표를 설정하도록 했는데, 이를 '국가결정기여Nationally Determined Contribution: NDC'라고 한다.

NDC는 기후변화에 대응하기 위해 분야별로 당사국이 스스로 결정하여 제출한 목표를 말하며, 감축Mitigation·적응Adaptation·재원Finance·기술Technology·역량 배양Capacity building·투명성Transparency의 6개 분야를 포괄한다. 파리 협정 채택 이전에 제출된 것을 별도로 구분하여 이를 의도된Intended NDC라고 한다.

파리 협정은 모든 당사국에 NDC를 제출할 의무는 부과했으나, NDC 이행에는 법적 구속력을 부과하지는 않았다. 이에 따라 NDC를 달성하지 못한 데 따른 법적 구속력은 없으나, 당사국은 NDC를 달성하기 위한 국가정책을 시행하고, 주기적으로 새로운 NDC를 제출할 의무는 있다. 절차상 구속력을 부여함으로써 당사국이 목표를 달성하도록 유도한 것이다.

셋째, 당사국은 5년마다 이행여부를 점검하고 감축 목표를 높여 제출해야 한다.

당사국은 제출한 NDC가 2℃ 목표에 부합하는지 5년마다 검토한다. 이를 글로벌 이행점검global stocktake이라고 한다. 이 과정을 통해 각 당사국은 기후변화 대응을 위한 진전사항을 점검하고 새로운 NDC를 제출한다. 새로운 NDC는 이전보다 더 높은 수준의 목표를 담고 있어야 한다(이를 진전 원칙principle of progression이라 한다).

또한 당사국은 되도록 빨리 전 세계가 온실가스 배출량 최고치global peaking of GHG emissions에 도달하고 21세기 후반부에는 배출한 만큼 흡수[8]하여 온실

8 파리 협정 조항 중 온실가스 배출과 흡수 간에 균형을 달성하기 위해 중요한 내용을 담은 조항이 제5조이다. 제5조를 REDD+ 조항(산림조항)이라고 부르는데, REDD Reducing Emissions from Deforestration and forest Degradation는 개발도상국이 산림을 전용deforestration하거나 황폐forest degradation하게 만드는 것을 방지하여 온실가스 배출량을

가스 배출과 흡수 간에 균형을 달성하는 데 기여해야 한다.

넷째, 국제 탄소시장을 통해 감축 목표를 달성한다.

국제 탄소시장 메커니즘International Market Mechanism: IMM은 교토 체제하의 공동이행제도JI, 청정개발제도CDM 같은 제도를 통해 활성화된 바 있다. 다른 나라의 온실가스 감축사업에 투자하고 이를 자국의 감축으로 인정받는 동 제도는 자국의 감축 부담을 최소화하면서 감축 성과를 거둘 수 있는 좋은 수단이었다. 그러나 CDM은 실제 자국 감축을 하지 않은 숫자상 감축을 달성한 것에 지나지 않았고, 감축 목표 부여 국가가 아닌 경우 CDM의 의미가 없다는 비판이 제기되어 왔다.

이에 따라 파리 협정에서는 새로운 개념의 메커니즘을 제안했는데, ① 협력적 접근법cooperative approaches, ② 파리 협정 당사국 총회의 권한과 지침에 따라 설립될 새로운 시장 메커니즘(지속가능 발전 메커니즘Sustainable Development Mechanism: SDM), ③ 비시장 접근법Non-Market Approaches: NMA이 그것이다.

사실 파리 협정에서는 '시장 메커니즘'이라든지 '탄소시장'이라는 용어를 명시적으로 사용하지 않는다. 또한 협력적 접근법에 따라 '국제적으로 이전된 감축 결과Internationally Transferred Mitigation Outcome: ITMO'를 NDC 달성에 사용할 수 있으나, 이중 계산 등을 방지할 수 있는 엄격한 회계 방식을 따라야 한다고 규정함으로써 배출 거래를 통한 직접적인 감축효과가 있어야 함을 강조했다. 새로운 시장 메커니즘SDM의 경우도 실질적으로 온실가스 배출량을 감축하는 방식으로 운영되어야 하며, 감축량이 이중으로 계산되어서는 안 된다는 원칙을 제시함으로써 실질적 감축을 강조했다.[9]

---

감축하는 것을 말하며, 여기에 산림 보전, 탄소 흡수 능력 향상 개념 등을 추가한 것이 REDD+이다. 산림 전용과 황폐화로 인한 온실가스 배출량은 전체 배출의 약 20%에 달하는데, 이는 에너지 분야 배출량 다음으로 높고 수송 분야 배출량보다 높은 비중이다.

9 파리 협정에서 제시된 지속가능 발전 메커니즘SDM은 몇 년째 논의만 계속하고 있으며, 2019년 스페인 마드리드에서 열린 COP 25에서도 프레임워크에 대한 결론을 내리

다섯째, 온실가스 감축Mitigation 노력과 더불어 기후변화 적응Adaptation에도 노력한다.

국제사회는 온실가스 감축을 통해 기후변화 악화를 방지하는 노력과 더불어 이미 발생했거나 발생할 온실가스 때문에 발생할 기후변화에도 대응해야 하는데, '적응'은 이미 발생했거나 발생할 것으로 예상되는 기후변화와 그로 인한 피해를 완화하고 회피하며 기회를 찾는 모든 과정을 의미한다.

파리 협정에서는 '적응'이 기후변화에 대응하는 주요 요소라고 명시하여 적응의 중요성을 강조하고 있다. 또한 감축을 많이 할수록 추가적 적응 수요와 적응 비용이 감소할 것이라고 명시했다. 파리 협정은 적응 부문에서도 보고 의무를 규정하고 있어, 당사국은 적응 보고서를 제출하고 주기적으로 갱신해야 하며, 글로벌 이행 점검도 함께 실시된다.

여섯째, 기후변화 대응을 위해 충분한 재원을 확보한다.

선진국은 개발도상국의 감축 및 적응과 관련된 의무 이행을 지원하기 위한 재원을 지원해야 한다. 재원 조성에도 진전 원칙progression beyond previous efforts을 적용하며, 감축과 적응 간의 균형을 달성해야 한다.

선진국들은 2009년 코펜하겐에서 개도국 지원을 위해 연간 1000억 달러를 조성하겠다고 합의한 바 있는데, 파리 협정에서는 2025년까지 연간 1000억 달러 수준의 재원 동원을 계속하기로 합의했다.

파리 협정은 특히 '적응'에 대한 재원 지원 필요성을 강조하는데, 이는 2014년 OECD 보고서에서 세계 기후금융의 16%만이 기후 적응을 지원한다고 했던 것에서 알 수 있듯, 기후변화의 영향에 취약한 계층에 대한 적응 지원이 시급하기 때문이다.

그러나 파리 협정에 대한 비판이 없는 것이 아니다. 비판론자들은 각국이 제출한 감축 목표로는 지구 온난화를 멈추게 할 수 없다고 주장한다. 설사

---

지 못했다.

박스 3-5 • 녹색기후기금

녹색기후기금Green Climate Fund: GCF은 UNFCCC의 기후재원을 담당하는 주요 기금이다. 2010년 멕시코 칸쿤에서 열린 COP 16에서 선진국들은 연간 1000억 달러의 재원을 조성하고, 이를 기반으로 녹색기후기금을 설립하기로 합의했다. GCF는 2012년 10월 사무국을 인천 송도에 설치한 후, 2013년 12월부터 활동을 시작했다. GCF는 개도국의 온실가스 감축 및 기후변화 적응을 위해 아래와 같은 분야의 사업을 지원하되, 최빈개도국, 군소도서국, 아프리카의 사업을 우선 지원하기로 했다. 지구환경기금Green Environment Facility: GEF과 같은 기존 기금과 다른 점은 환경 전반이 아닌 기후변화 문제에 집중적으로 재원을 투입한다는 점이다.

**GCF 지원사업 유형**

| 구분 | GCF 지원 분야 |
|---|---|
| 온실가스 감축 | 저탄소 에너지 생산 및 보급<br>저탄소 교통<br>건물, 도시, 산업 및 기기의 에너지 효율 개선<br>산림 및 토지 이용 |
| 기후변화 적응 | 기후변화에 취약한 주민과 지역사회의 생계<br>기후적응 인프라 및 인공 환경<br>보건, 식량, 물 안보<br>생태계 및 생태계 서비스 |

표 3-2 • 교토 의정서 체제와 파리 협정 체제의 비교

| | 「교토 의정서」 | 파리 협정 |
|---|---|---|
| 목표 | 온실가스 배출량 감축<br>(1차: 5.2%, 2차: 18%) | 2℃ 목표<br>1.5℃ 노력 목표 |
| 범위 | 주로 온실가스 | 온실가스 감축은 물론 적응·재원·기술이전·역량 배양·투명성 포함 |
| 감축 의무 국가 | 주로 선진국 | 모든 당사국 |
| 목표 설정방식 | 하향식 | 상향식 |
| 목표 불이행 시 징벌 의무 | 징벌적(미달성량의 1.3배를 다음 공약기간에 추가) | 비징벌적 |
| 목표 설정 기준 | 언급 없음 | 진전 원칙 |

각국이 감축 목표를 달성한다 하더라도 '2℃보다 훨씬 낮게well below 2℃'는 불가능하도록 각국의 목표가 설정되어 있다는 것이다. 실제로 MIT대학교는 2016년 그들의 글로벌 기후 모델링 시스템Integrated Global System Modeling을 활용하여 파리 협정이 지구 온도 변화에 미칠 영향을 연구했는데, 아무 조치를 취하지 않을 경우를 포함한 몇 가지 시나리오에 대한 지구 온도 변화Surface Air Temperature: SAT를 추정했다. 그 결과 파리 협정은 2050년까지 0.1℃, 2100년까지 지구 온도를 0.6~1.1℃ 내릴 수 있을 뿐이라는 결과를 얻었다. 즉, 그들은 파리 협정이 유익하긴 하지만 목표했던 '2℃보다 훨씬 낮게'는 달성하지 못할 것이라고 결론지었다.[10]

또한 캐서린 리처드슨Katherine Richardson의 연구에 따르면, 지구의 온도는 어떤 임계점이 지나면 자기강화 피드백에 의해 4~5℃까지 상승할 것인데, 그 임계점은 파리 협정이 목표로 하는 2℃ 이하에 있다. 지구는 역사상 한 번도 산업화 이전보다 2℃ 따뜻한 상태로 안정화된 적이 없으며, 설사 우리가 온실가스 배출을 중단한다고 해도 계속 더워지기를 '원할 것'이라고 주장했다.[11]

이와 같은 과학적 관점의 비판 외에도, 파리 협정은 구속력 있는 집행 메커니즘이 부족하다는 비판도 있다. 전직 NASA 과학자인 제임스 핸슨은 대부분의 협정이 약속promise 또는 목표aim로 표현되어 있을 뿐 확고한 약속firm commitment이 아니라고 비판한 데 이어 파리 협정을 "행동하지 않고 약속만 하는 사기"라고 표현했다.

미국의 파리 협정 탈퇴도 파리 협정의 동력을 떨어뜨리는 요인이 되었다. 2017년 6월 1일 도널드 트럼프 미국 대통령은 파리 협정에 대한 모든 참여를 중단하겠다고 발표했다. 그는 대선 기간 중 "파리 기후협정은 미국 경제를

---

10 Mark Dwortzan, "How much of a difference will the Paris Agreement make?" *MIT News*(2016.4.22).

11 "Domino-effect of climate events could push Earth into a 'hothouse' state". *The Guardian*(2018.8.7).

박스 3-6 • IPCC 1.5℃ 특별보고서와 제6차 평가보고서AR6

IPCC는 현재 제6차 평가보고서AR6를 작성하고 있다. 2014년에 발간된 AR5가 2005년까지의 기후변화를 기준으로 작성된 것에 비해 AR6은 2014년까지의 기후변화를 반영하며 에어로졸, 대기화학, 탄소순환, 해양생지화학 등 더 복잡한 기후변화 과정이 모델에 추가될 예정이다. AR6 최종 종합보고서는 2022년에 발간될 예정인데, IPCC는 그 사이에 특별보고서의 형태로 「1.5℃ 지구 온난화 영향에 관한 특별보고서(IPCC 1.5℃ 특별보고서)」를 발간, 승인했다.

UN 기후변화협약 당사국 총회는 파리 협정 체결 직후 IPCC에 1.5℃ 목표의 영향, 감축경로 등을 평가하는 보고서 작성을 요청했다. IPCC는 이 보고서를 작성하여 2018년 한국 인천시에서 개최된 제48차 IPCC 총회에서 195개 회원국의 만장일치로 이를 승인했는데 이것이 1.5℃ 특별보고서다. 원래 파리 협정에서는 지구의 온도 상승을 산업화 이전 수준 대비 2℃ 이하로 유지할 것으로 목표로 했고, 도전 목표로 1.5℃ 온도 상승 목표를 추가해 놓았다. 그런데 IPCC 1.5℃ 특별보고서에서는 1.5℃ 시나리오가 2℃ 시나리오에 비해 그 영향이 분명하게 차이가 있음을 강조했다. 예를 들어 해수면은 1.5℃가 2℃ 상승에 비해 10cm 덜 상승하는 효과를 보일 것으로 분석되는데, 이 10cm 차이는 1000만 명의 인구가 해수면 상승 위험에서 벗어날 수 있는 차이이다. 북극해 해빙이 사라질 확률은 2℃ 상승에서는 10년에 한 번 발생하여 복원이 어려운 데 비해 1.5℃ 상승은 100년에 한 번 발생할 확률이어서 복원이 가능한 것으로 분석된다. 즉, 지구와 인류가 지속가능하려면 2℃ 목표로는 부족하고 1.5℃ 목표를 달성해야 한다는 것이다.

IPCC는 보고서에서 지구 평균온도는 현재 약 1℃ 상승한 상태인데, 이를 2100년까지 1.5℃ 상승으로 제한하려면 모든 부문에서 신속하고 광범위하며 전례가 없는 변화를 가져와야 할 것이라고 주장한다. 지구 온난화가 현재 속도로 지속된다면 2030년에서 2052년 사이에 1.5℃ 상승에 도달할 가능성이 아주 높고 잔여탄소배출 총량, 즉 탄소예산carbon budget의 관점에서도 시간이 많지 않기 때문이다. IPCC의 보고서에 따르면, 산업화 시기부터 2017년까지 전 지구의 온실가스 배출 총량은 2,200±320Gt이며, 50%의 확률로 1.5℃ 상승을 달성하기 위한 탄소예산은 580Gt, 66%의 확률로 1.5℃ 상승을 달성하기 위한 탄소예산은 420Gt에 지나지 않는다. 이를 연간 탄소예산으로 환산하면 25~35Gt 정도인데 현재 파리 협정에 따라 제출된 국가별 감축 목표를 이행하더라도 2030년 연간 온실가스 배출량은 52~58Gt에 이르러 탄소예산을 크게 초과한다는 것이다.

IPCC는 이를 오버슛overshoot이라고 표현하며 현 상황을 감안할 때 불가피한 것으로 본다. 이 오버슛을 해결하기 위해서는 결국 대규모 이산화탄소 흡수Carbon Dioxide Removal : CDR 기술에 의존할 수밖에 없는데, 문제는 CDR 기술이 아직 그 효과도 불확실한 데다 리스크가 분명히 있다는 것이다. 따라서 오버슛을 최대한 제한적으로 가져가면서 1.5℃ 목표를 달성하기 위해서는 2030년까지 온실가스 배출량을 최소 45% 감축하고 2050년까지 순배출량 '0',즉 넷제로net zero를 달성할 수 있는 방안이 마련되어야 한다는 것이 IPCC 1.5℃ 특별보고서의 핵심이다.

해칠 것이며 미국을 불리한 상태로 만들 것"이라면서 파리 협정 탈퇴를 공약했었는데, 대통령 당선 이후 '미국 우선주의America First' 정책에 따라 실제로 탈퇴를 실행한 것이다. 백악관 로즈 가든에서 TV로 중계된 발표에서 트럼프 대통령은 "미국과 미국 시민을 보호해야 한다는 나의 엄숙한 의무를 이행하기 위해 파리 기후협정에서 탈퇴할 것"이라며, 이 협정이 이행되면 "미국이 3조 달러의 GDP 손실과 650만 명의 일자리를 잃게 될 것"이라고 주장했다. 트럼프 대통령은 GCF에 대해서도 "부자 나라에서 가난한 나라로 부를 재분배하려는 계획"이라고 비판했다.

파리 협정이 미국에서 발효될 때 이는 「교토 의정서」와 달리 법적 구속력이 있는 조약이라기보다는 행정 협정으로 간주되어, 미국 의회가 이 협정을 비준해야 할 필요는 없었다. 이에 따라 오바마 대통령은 본인의 임기가 끝나기 전인 2016년 4월 파리 협정에 서명했으며 11월에는 이 협정이 정식으로 발효되었던 것이다. 미국이 탈퇴 선언을 했지만 실제 탈퇴는 협정 발효 4년 뒤인 2020년 11월 4일이 이후에야 탈퇴가 유효하게 되는데, 이 날짜는 아이러니하게도 차기 미국 대통령 선거 다음 날이다.

미국은 유효한 탈퇴일까지는 온실가스 배출량을 UN에 계속 보고해야 하는 등 파리 협정의 요건을 준수해야 한다. 그러나 유효한 탈퇴가 성립할 경우, 미국 내 반발이 많았음에도 미국은 UNFCCC 회원국으로서는 전 세계에서 유일

그림 3-1 • 미국 25개 대표 기업이 트럼프 대통령에게 보낸 공개서한

**Dear President Trump,**

**As some of the largest companies based or operating in the United States, we strongly urge you to keep the United States in the Paris Agreement on climate change.**

Sincerely,

Adobe · Apple · Blue Cross Blue Shield of Massachusetts · Danfoss · Dignity Health · Facebook · Gap, Inc. · Google · The Hartford · Hewlett Packard Enterprise · Ingersoll Rand · Intel Corporation · Johnson Controls · Levi Strauss & Co. · Mars Incorporated · Microsoft · Morgan Stanley · National Grid · PG&E Corporation · Royal DSM · Salesforce · Schneider Electric · Tiffany & Co. · Unilever · VF Corporation

하게 파리 협정의 비당사국이 될 것이며, 이는 파리 협정의 동력을 떨어뜨리는 요인이 된다. 한편 미국이 파리 협정을 탈퇴하더라도 미국의 온실가스 배출량이 급격하게 상승하지는 않을 것으로 보인다. 지금까지 미국의 온실가스 배출이 국제법적 의무를 준수하기 위한 수준으로 맞추어 있던 것은 아니기 때문이다. 그러나 미국이 탈퇴를 계기로 GCF에 출연을 중단한다면 전 세계적 온실가스 감축 노력에 부정적 영향이 있는 것은 사실이다. 또한 장기적으로 미국의 산업 및 기업에 대한 온실가스 감축 부담이 경감된다면 미국 기업이 상대적으로 비용 경쟁력이 높아질 수도 있으며, 경쟁국가들의 감축 노력에 부정적 영향이 있을 수 있다.

그러나 대부분 미국 기업들은 이미 배출량을 줄이기 위해 수십억 달러의 투자를 했기 때문에 온실가스 감축 노력을 갑자기 중단하지는 않을 것이다. 실제도 미국 최대 자동차 업체인 제너럴 모터스는 "기후변화에 대한 우리의 입장은 변하지 않았다"면서 기후 공약에 대한 지지를 재차 강조한 바 있다. 또 트럼프가 파리 협정 탈퇴를 예고한 날, 미국의 25개 대표적 기업이 《뉴욕타임스NYT》와 《월스트리트저널WSJ》에 트럼프 대통령에게 보내는 공개서한

을 올려 파리 협정의 존속을 촉구하기도 했다(그림 3-1). 이들은 서한에서 파리 협정이 미국 기업과 경제에 많은 측면에서 도움이 된다고 지적했는데, 구체적으로 ▲미국 기업들의 경쟁력 유지에 필수적이고 ▲혁신적 신기술 도입 등을 통해 일자리와 시장을 창출하며 ▲기업 설비 손상, 글로벌 공급망 체계 와해 등 비즈니스 리스크 요인을 감소시킬 수 있음을 강조했다.

심지어는 엑손모빌, 세브론, 셸과 같은 에너지 기업들도 파리 협정 지지를 재확인했으며, 금융과 IT 산업의 리더들도 심각한 우려를 표명했다. 로이드 블랭크페인 골드만삭스 CEO는 트럼프 대통령의 결정을 "환경 그리고 미국의 세계 리더십 지위에서의 후퇴"라고 표현했으며, 구글의 순다이 피차이 CEO는 트위터를 통해 "오늘의 결정에 실망했다. 구글은 더 깨끗하고 번영된 미래를 위해 계속해서 노력할 것이다"라고 말했다. 테슬라의 일론 머스크는 트럼프 대통령의 결정에 반발하여 대통령 자문위원회 두 군데에서 사임하기도 했다. 한편 미국의 주지사들은 연방이 탈퇴했음에도 미국기후동맹United Climate Alliance을 결성해 주 차원에서 파리 협정의 목표를 달성하겠다는 의지를 표명하기도 했다. 2019년 7월 1일 현재 미국 내 23개 주와 푸에르토리코가 이 동맹에 가입했다.

표 3-3 • UN 기후변화협약 당사국 총회 현황

| 회차 | 개최 년도 | 명칭[12] | 개최 장소 | 비고 |
|---|---|---|---|---|
| 1 | 1995 | COP 1 | 독일 베를린 | |
| 2 | 1996 | COP 2 | 스위스 제네바 | |
| 3 | 1997 | COP 3 | 일본 교토 | 「교토 의정서」 채택 |
| 4 | 1998 | COP 4 | 아르헨티나 부에노스 아이레스 | |
| 5 | 1999 | COP 5 | 독일 본 | |
| 6 | 2000 | COP 6 | 네덜란드 헤이그 | |
| 7 | 2001 | COP 6 | 독일 본 | |
| 8 | 2001 | COP 7 | 모로코 마라케시 | |
| 9 | 2002 | COP 8 | 인도 뉴델리 | |
| 10 | 2003 | COP 9 | 이탈리아 밀라노 | |
| 11 | 2004 | COP 10 | 아르헨티나 부에노스 아이레스 | |
| 12 | 2005 | COP 11/CMP 1 | 캐나다 몬트리올 | |
| 13 | 2006 | COP 12/CMP 2 | 케냐 나이로비 | |
| 14 | 2007 | COP 13/CMP 3 | 인도네시아 발리 | 발리행동계획 채택, 포스트 2012 협상 시작 |
| 15 | 2008 | COP 14/CMP 4 | 폴란드 포즈난 | |
| 16 | 2009 | COP 15/CMP 5 | 덴마크 코펜하겐 | 포스트 2012 협상 결렬 |
| 17 | 2010 | COP 16/CMP 6 | 멕시코 칸쿤 | 칸쿤 합의 |
| 18 | 2011 | COP 17/CMP 7 | 남아프리카공화국 더반 | 더반 플랫폼, 「교토 의정서」 공약기간 연장, 포스트 2020 협상 개시 |
| 19 | 2012 | COP 18/CMP 8 | 카타르 도하 | |
| 20 | 2013 | COP 19/CMP 9 | 폴란드 바르샤바 | |
| 21 | 2014 | COP 20/CMP 10 | 페루 리마 | |
| 22 | 2015 | COP 21/CMP 11 | 프랑스 파리 | 파리 협정 채택, 신기후체제 |
| 23 | 2016 | COP 22/CMP12/CMA 1 | 모로코 마라케시 | |
| 24 | 2017 | COP 23/CMP 13/CMA 1-2 | 독일 본 | |
| 25 | 2018 | COP 24/CMP 14/CMA 1-3 | 폴란드 카토비체 | |
| 26 | 2019 | COP 25/CMP 15/CMA 2 | 스페인 마드리드 | |

박스 3-7 • 6대 온실가스와 그 주요 특성

**6대 온실가스**

| | 지구 온난화 지수GWP[13] | 배출원 | 주요 특성 |
|---|---|---|---|
| 이산화탄소($CO_2$) | 1 | 연료사용/산업공정 | 에너지원 |
| 메탄($CH_4$) | 21 | 폐기물/농업/축산 | 비점오염형태로 포집 난해 |
| 아산화질소($N_2O$) | 310 | 산업공정/비료사용 시 | 배출원에 따라 포집 난이성 존재 |
| 과불화탄소(PFCs) | 6,500~11,700 | 냉동기, 소화기, 세정 | 대기 중 잔존기간 길고 화학적으로 안정적 |
| 육불화항($SF_6$) | 23,900 | 충전기기 절연가스 | |
| 수소불화탄소(HFCs) | 140~11,700 | 냉매, 용제, 발포제, 세정 | |

① **아산화질소**Nitrous Oxide($N_2O$)

질소 산화물 중 하나로 정식 명칭은 일산화이질소이며, 산화이질소라고도 하지만 흔히 아산화질소로 부른다. 주로 웃음가스로 알려진 화학물질로, 흡입 시 기분이 좋아지고 몸이 붕 뜨는 느낌이 나며 웃음이 나온다. 치과에서 사용되는데, 구토반사가 심해 치과 진료가 어려운 환자나 무서워하는 아이들의 기분을 좋게 하여 공포심을 줄이는 용도로 사용하기도 했다. 또한 연소반응의 촉매역할을 하는 물질이기도 하다. 이것을 분사하여 순간적으로 출력을 상승시키는 장치가 달린 자동차도 있다. 크레이지레이싱 카트라이더 게임에서 부스터에 적혀 있는 화학기호도 아산화질소이다.

② **과불화탄소**Perfluorinated Compounds(PFCs)

탄소와 불소의 화합물로 온실가스의 한 종류이다. 주로 반도체 제조 공정에서 사용된다. 세계반도체협의회는 전 세계 반도체 기업의 과불화탄소 배출량을 2010년까지 1995년 기준으로 평균 10% 이상 감축하기로 합의한 바 있다.

③ **육불화항**Sulphur Hexafluoride($SF_6$)

황 원자를 중심으로 플루오린 원자가 정팔면체 구조를 취하고 있는 화합물로, 지구

---

12 COP: 당사국 총회the Conference of the Parties.

CMP: 교토 의정서 당사국 회의 역할을 하는 당사국 총회the Conference of the Parties serving as the Meeting of the Parties to the Kyoto Protocol.

CMA: 파리 협정 당사국 회의 역할을 하는 당사국 총회the Conference of the Parties serving as the meeting of the Parties to the Paris Agreement.

온난화를 일으키는 온실 기체의 하나이다. 비활성 기체로 화학적으로 안정하여, 열적 안정성과 절연성 또한 높아 1960년대부터 변압기, 절연 개폐 장치 등의 절연제에 사용되기 시작했다. 이후 액정 패널이나 반도체 제품의 제조 과정, 어뢰의 엔진 연료, 소화기, 가스차단기, 폭발방지물에 사용되는 등 지속적으로 수요량이 늘어나고 있다. 인체에는 무해하다. 반감기는 3200년으로 배출된 이후 소멸까지 수천 년이 걸리며, 이산화탄소보다 지구 온난화지수가 약 2만 3900배 이상 높다.

④ **수소불화탄소**Hydro Fluoro Carbon(HFCs)
오존층 파괴물질인 프레온가스, 즉 CFC(염화불화탄소)의 대체물질로 개발되었으며, HFC-134-a, HFC-152-a, HFC-32, HFC-125 등의 종류가 있다. HFC는 대기권 내에서의 수명이 짧고 염소를 포함하지 않으므로 성층권에서의 오존 손실을 막을 수 있는 최선의 대체물로 여겨지고 있다.

13 지구 온난화지수: 이산화탄소를 1로 환산한 단위 질량당 지구 온난화 효과.

제2부는 '기후변화 대응'과 '경제성장'을 공존시켜야 하는 신기후 경제 패러다임의 도래, 그리고 새로운 패러다임하에서 저탄소 기후 인프라 구축을 위한 금융 기능인 지속가능금융과 그린 파이낸스 기능의 작동이 절실한 이유를 알아본다. 또 실제로 각국 정부가 지속가능금융을 메인스트림 금융 기능의 하나로 정착시키기 위해 추진하고 있는 지속가능금융 관련 정책적 거버넌스와 그 실행 방안을 구체적으로 살펴본다.

제2부

# 그린 스완과 전 세계 지속가능금융

제4장

# 신기후경제와 그린 파이낸스

국제사회는 오랜 논의 과정을 겪은 후 2015년 파리 협정에서 비로소 기후변화의 중요성과 심각성을 재확인하고, 지구의 평균 온도를 산업화 이전 수준에 비해 2℃ 상승 이내로 유지하며, 동시에 기후변화의 부정적 영향을 최소화하기 위한 적응력 향상에도 힘쓸 것을 합의했다. 파리 협정은 2015년 제70차 UN 총회에서 제시된 SDGsSustainable Development Goals(지속가능 발전 목표)와 함께 수십, 수백 년 동안 유지되어 왔던 경제·사회의 운영 패러다임을 근본적으로 바꿀 수 있는 계기가 될 것으로 기대되고 있다.

그동안 인류는 GDP로 표시되는 경제성장을 위해 효율Efficiency과 수익성Profitability을 최고의 가치이자 목표로 삼았고, 이를 위해 일부 환경파괴와 경제적 양극화도 감수해 왔던 것이 사실이다. 언제까지나 존재할 것만 같은 풍부한 화석연료와 자연자원을 마음껏 꺼내 쓰는 방식으로 인간의 멈추지 않는 욕망을 충족시켜 왔지만, 그 과정에서 발생하는 사회적·환경적 비용은 크게 개의치 않은 것이다.

그러나 현재의 성장 모델이 자연환경에 미치는 영향이 이제는 거꾸로 경제성장 기반을 위협하게 되었으며, 인간의 활동으로 인한 기후변화가 미래의 안녕과 생태계에 중대한 리스크 요인이 되기 시작했다. 사람들도 환경과 기후가 심상치 않다는 것을 피부로 느끼기 시작했고, 성장만을 지향하는 모델은 먼 미래는 말할 것도 없고 겨우 몇십 년 후조차도 안녕과 복지를 장담할 수 없을 거라는 걸 알게 되었다. 기후문제를 해결하면서 동시에 경제성장도 추구해 나가지 않으면 안 된다는 것을 깨달은 것이다. 이는 일찍이 「브룬트란트 보고서」가 지적한 지속가능 발전의 의미, 즉 '미래 세대가 그들의 필요를 충족시킬 능력을 저해하지 않으면서 현재 세대의 필요를 충족시키는 발전development that meets the needs of the present without compromising the ability of generations to meet their own needs'을 추구해 나가야 한다는 것을 이해하기 시작한 것이다.

이러한 사고의 전환의 결과물이 바로 파리 협정이다. 사실 기후 분야는 국제적 협력이 필수적임에도 협상 결과를 이끌어내기가 매우 어려운 분야다. 경제·무역 관련 다자간 협상이나 군사·영토 관련 국가 간 협상과 같이 형태가 있는 협상이 아닐뿐더러 인과관계도 불투명하다. 현재 기후 시스템에 책임이 큰 유럽 등 선진국은 상대적으로 기후 문제에 적극적이지만, 개발도상국은 왜 하필 지금이냐고, 왜 우리에게 성장의 기회를 박탈하느냐고, 유예기간을 부여해야 한다고 주장한다. 다른 나라가 하지 않는데 왜 자국만 부담을 져서 자국의 경쟁력이 훼손되어야 하느냐는 죄수의 딜레마prisoner's dilemma 현상도 나타난다.

그러나 기후 문제는 지구 시스템을 한 순간에 셧다운시켜 모두에게 파국적 상황을 가져올 수 있다는 위기 인식이 이와 같은 모든 부정적 시각을 압도하게 되었고, 국제사회가 파리 당사국 총회에서 도장을 찍기에 이른 것이다. 이에 따라 대부분 파리 협정 서명 국가들이 국가감축목표NDC와 국가별 행동계획을 제출했다.[1]

---

1 2020년 6월 말 현재 파리 협정 서명국은 197개국으로 지구상의 모든 국가가 협정에

## 1. 신기후경제의 기회와 리스크

그렇다면 파리 협정으로 상징되는 새로운 경제·사회의 패러다임, 즉 새로운 기후경제new climate economy는 어떤 모습이며 어떤 리스크와 기회 요인을 가지고 있는 것일까.

파리 협정에 따라 각국이 제출한 NDC를 달성하고 이를 통해 지구 온난화를 1.5~2℃ 이내로 억제하기 위해서는 무엇보다 에너지와 인프라 부문에 과감한 '전환transition'이 이루어져야 한다. 에너지와 인프라 체계의 전환이란 저배출low-emission이고, 에너지 효율적energy-efficient이며, 기후회복력climate-resilient 있는 에너지와 인프라 체계로 바뀌어야 한다는 것이며 동시에 이러한 체계로 전환이 이루어지도록 투자가 집중되어야 하는 것이다.

OECD 보고서[2]에 따르면 2016년부터 2030년까지 에너지, 운송, 물, 통신 등 인프라에 필요한 투자는 기후대응을 고려치 않더라도 95조 달러에 달할 것으로 추정되는데, 이는 연간 6.3조 달러에 해당하는 규모다. 이 중 운송이 43%, 에너지가 34%를 차지하며 60~70%가 개발도상국의 수요다. 그런데 66% 2℃ 시나리오[3]를 충족하기 위한 인프라 투자는 향후 15년간 매년 6.9조 달러로 약 10%가 증가하게 된다. 반면 66% 2℃ 시나리오하에서 2030년까지 화석연료 비용은 매년 1.7조 달러 감소할 것으로 예상된다.

에너지 인프라만 따로 보자면, 저탄소 실현을 위해서는 에너지 생산 및 소비 방식의 근본적 전환이 필요하게 되므로 에너지 섹터에만 29%의 투자 증

---

서명했으며, 가장 마지막으로 서명한 국가는 내전을 겪던 시리아였다. 197개 서명국 중 NDC를 제출한 국가는 186개국이며 여기에는 미국은 물론 북한도 포함되어 있다.

2 OECD, Investing in Climate, Investing in Growth — A Synthesis"(2017.7).

3 66% 2℃ 시나리오: IPCC의 AR5 보고서상 1870년대 대비 2100년에 온난화가 2℃ 이하일 확률이 66% 이상이 되도록 누적 온실가스 배출량을 관리하는 시나리오를 말한다. 66%의 확률로 2℃ 이하로 제한하기 위한 총누적 온실가스는 2900기가톤인데, 2011년까지 약 1900기가톤이 배출되었다.

그림 4-1 • 66% 2℃ 시나리오 달성 위한 인프라 투자 규모(~2030년)

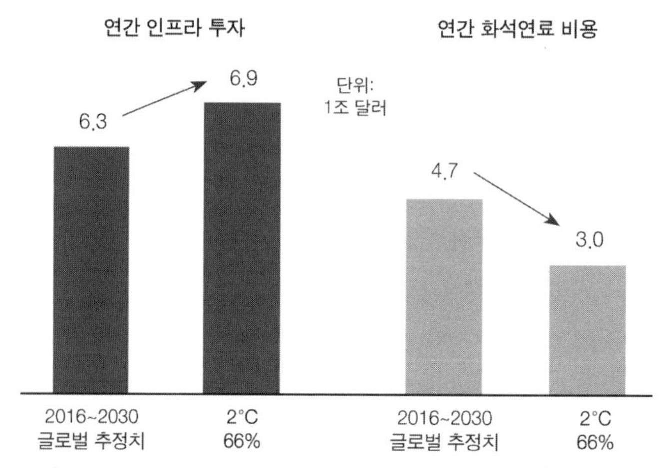


자료: OECD, "Investing in Climate, Investing in Growth - A Synthesis"(2017).

가가 필요해진다. 국제에너지기구IEA의 66% 2℃ 시나리오하에서는 2050년까지 95%의 전기가 저탄소로 전환되어야 하고, 신차의 70%가 전기차로 전환될 것이다. 현재 건물들도 모두 개량될 것이며, 산업 분야의 이산화탄소 집약도도 현재보다 80% 낮아질 것이다.[4] 이를 달성하기 위해서는 에너지 공급을 저탄소 에너지원으로 전환하는 투자의 대전환이 필요하며 수요 측면에서도 에너지 효율적인 경제로 전환하기 위한 상당한 투자가 필요하다.

저탄소 실현을 달성하기 위해 단기간에 많은 투자가 필요한 것은 사실이지만, 2050년까지 저탄소 시나리오를 달성하기 위한 장기적 총투자는 예상되는 시나리오보다 낮을 수는 있다. 왜냐하면 저탄소 운송으로의 전환교통modal shift[5]이 이루어지면 교통수단과 주차공간이 줄어들어 여기서 비용절감

4 IEA, "Perspectives for the Energy Transition: Investment Needs for a Low-Carbon Energy System"(2017.3).

5 전환교통: 도로를 통해 운송하던 여객 또는 화물을 친환경 운송수단인 철도 또는 연안 해운으로 운송수단을 전환하는 것을 말한다.

이 되기 때문이다. 또한 장기적으로 세계가 화석연료에 덜 의존하게 되면 항구 규모가 작아도 되고, 석유·가스의 탱크 수가 줄어들며, 석탄운송용 내륙 기차가 덜 운행해도 된다. 반면 에너지 시스템이 디지털화·스마트화하면서 통신 시스템에 추가 투자가 필요해진다.

에너지 공급 부문에서도 저탄소 에너지원으로 전환하는 투자의 대전환이 필요하다. G20 국가들의 현행 에너지원 용량 현황과 발전소 파이프라인을 분석해 보면 앞으로 새로운 에너지 투자의 방향이 그려진다. 그림 4-2를 보면 2016년 현재 전 세계 에너지 믹스는 석탄 38%, 석유 5% 등 화석연료 에너지가 43%며, 재생에너지 32%, 원자력 5% 등으로 구성되어 있다. 그런데 IEA의 66% 2℃ 시나리오하에서는 2050년까지 94%의 전기가 저탄소로 전환되고 석유·석탄은 6%로 감소하는 급격한 전환이 이루어져야 한다(그림 4-2의 오른쪽 막대그래프). 그러나 현재 계획된 발전소 파이프라인을 보면 재생에너지 투자로 전환이 시작되기는 했지만 여전히 건설 중인 프로젝트의 22%가 아직 석탄 기반이다(그림 4-2의 중간 막대그래프). 따라서 2050년까지 목표로 하는 에너지 믹스를 달성하기 위해서는 전 세계적 에너지 분야 투자 규모는 신재생에너지를 중심으로 현재보다 20% 이상 늘어날 것으로 보인다.

한편 에너지 수요 측면에서도 대규모의 새로운 투자가 필요한데, 우선 신차의 70%가 전기차로 전환됨에 따라 관련 산업이 재편되면서 대규모 투자가 이루어질 것이다. 현재 건물들도 모두 개량될 것이며, 산업 분야의 이산화탄소 집약도도 현재보다 80% 정도 낮춰야 하므로 신기술과 투자가 수반되어야 한다(IEA 66% 2℃ 시나리오, 2017).

반면 새로운 기후경제하에서는 기존 자산 또는 비즈니스 중 탄소집약도가 높은 부문이 우선적으로 좌초stranded할 것이다. 좌초자산[6]은 시장 환경의 변

6 좌초자산이라는 표현은 stranded asset을 직역한 것으로, 일본에서 먼저 사용한 것으로 보이나 이해가 쉽지 않은 측면이 있다. 좌초자산에 관해서는 제7장에서 자세히 살펴본다.

그림 4-2 • 2℃ 시나리오 달성을 위한 에너지 포트폴리오 변화

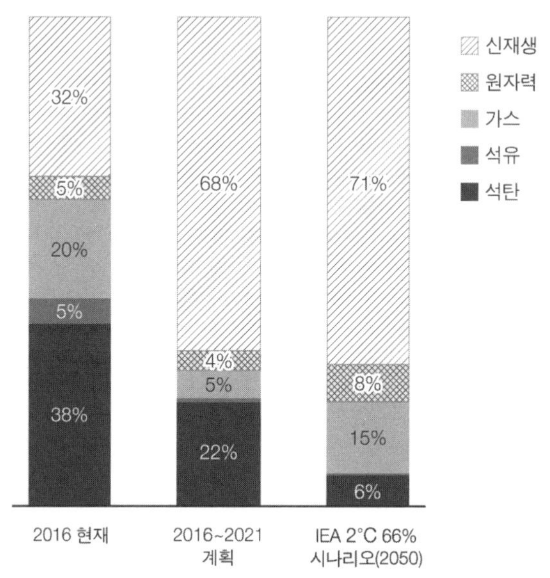


자료: OECD, "Investing in Climate, Investing in Growth—A Synthesis"(2017.7).

화로 자산가치가 하락하여 상각되는 자산을 말하는데, 전 세계적인 기후변화 대응에 따라 화석연료를 기반으로 한 발전설비 또는 산업설비의 사용가치가 급격하게 하락하는 것을 주로 일컫는다. 이로 인해 관련 산업에 문제가 생기면 산업 내 고용이 줄고, 세수가 감소하여 일시적으로 소비와 경기에도 부정적 영향을 줄 수 있다.

또 일반 기업과 산업계는 직접적인 좌초 단계까지 이르지는 않지만 에너지 비용 증가, 저탄소 설비 추가 투자, 탄소 투명성 확보 위한 추가적 사무비용 등 비용 증가와 이에 따른 경쟁력 약화를 우려할 것이다. 그러한 우려와 걱정은 결코 과장된 것만은 아니며 단기적으로는 수익성 하락 등 우려가 현실화될 가능성도 상존한다.

사실 기후변화로부터 발생할 수 있는 미래 손실 위험은 너무 멀고, 단기적 이익은 너무 가깝다. 저탄소로 가는 것이 올바른 방향이라는 것은 알겠지만

그림 4-3 • 기후변화 대응에 따른 글로벌 총산출 효과

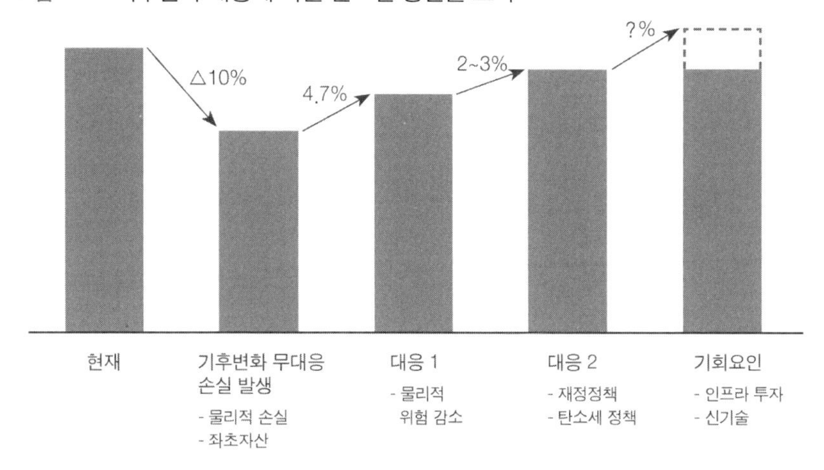


먼 미래에나 할 일이며 현재의 저렴한 고탄소 옵션이 가져다줄 것으로 생각되는 단기적 이익이 더 크게 느껴진다. 매년 우상향의 매출과 손익 성과를 내야 하는 기업에게는 아무리 단기적이라 하더라도 기후변화 대응이라는 주제가 영 마땅치 않을 것이다. 그렇지만 이 길은 가지 않을 수 없는 길이고 포기할 수 없는 길이다. 거시경제적 측면에서는 말할 필요도 없고, 개별 기업 관점에서도 피할 수 없는 길이다.

OECD의 분석에 따르면 기후변화에 적극 대응할 경우가 그렇지 않을 경우에 비해 전 세계 총산출량이 더 크다. 이는 기후변화로 인한 물리적 손실이 워낙 크기 때문인데, OECD에서는 기후변화에 대응하지 않을 경우 추정되는 물리적 손실 규모가 전 세계 GDP의 10%에 이를 수 있다고 분석한 반면, 기후변화 대응 행동을 통해 손실을 회피하게 되면 2050년 총산출량은 무대응에 비해 4.7% 더 클 것으로 추정했다. 이 모델링은 물리적 손실의 선형적인 예측치만 반영한 것으로 이상기후 이벤트의 빈도·강도 증가 등 비선형적이고 예측불가의 상황이 발생할 경우 경제적 손실은 더 커질 것이다.

OECD는 여기에 더해 각국 정부가 탄소세 정책을 통한 적극적 재정정책을 통해 2~3%의 추가적인 산출 증대가 있을 것으로 추정했다. 기후변화 대응은

화석연료 집약적 산업에 대해 산출 감소, 비용 상승 등 부담 요인을 주는 것은 사실이지만, 탄소세 수입을 활용한 적극적 재정정책을 활용하면 그 긍정적 효과가 좌초자산, 에너지비용 증가 등 부정적 영향을 상쇄하고 남을 것으로 판단한 것이다.

OECD는 기후변화 대응행동이 지연될 경우 효과도 산출했는데, 각국이 정치·사회적 요인으로 인해 행동에 나서지 않다가 나중에야 나서는 경우도 시뮬레이션해 보았다. 즉 기후변화 대응 행동을 당장 실행하는 시나리오와 2025년 이후부터 가속화하는 시나리오를 분석·비교했는데, 행동을 지연하는 경우 G20 국가의 10년 후 GDP 손실이 평균 2%에 달했다. 이는 어떤 이유든 지연이 발생하면 구조 전환 비용이 더 발생하고, 실제 행동을 해야 할 때 급격한 조정을 필요로 하기 때문이다. 고탄소 인프라는 한꺼번에 영향을 받게 되고 경제 전반에 걸쳐 대규모 좌초자산이 발생하는 등 더 큰 충격파가 온다.

신기후경제 패러다임은 비용 증가 요인만 있는 것이 아니고 새로운 투자와 신기술 개발을 수반하게 되므로 성장에 기여하는 측면도 있다. 현재의 기술수준으로도 저탄소 성장의 경로를 밟아나갈 수 있지만, 완전한 저탄소 전환을 위해서는 첨단 기술 혁신과 더불어 새로운 인프라와 비즈니스 모델이 요구되기 때문이다. 신기술의 사례로는 발전 또는 산업공정상 배출되는 온실가스를 포집·저장하는 CCScarbon capture and storage 기술, 변동성을 가진 재생에너지 비중이 커짐에 따른 에너지 저장장치energy storage system: ESS 기술 등이 있다.

## 2. 신기후경제에서 금융의 역할

기후변화 대응을 위해 국제사회는 죄수의 딜레마를 극복하고 긴밀한 공조, 협조를 통해 공동 대응해야 하며, 각국 정부는 전 관계부처를 통합한 방식inter-ministry, whole-of-government approach으로 기후대응정책을 펼쳐야 한다. 그런데 이에 못지않게 큰 역할을 해야 할 분야가 민간 부문이며 그중에서도 저탄소 기후 인프라 구축에 필요한 금융 기능 작동이 무엇보다 필요하다.

금융 기능은 자금의 공급자와 조달자 간의 중개intermediation 기능이 핵심이며, 이를 위한 금리 등 가격 결정pricing, 리스크 관리risk management 기능을 수행하는 것이다. 금융기관은 이런 자금중개 기능을 통해 산업과 기업에 자본을 효율적으로 배분함으로써 산업의 성장과 발전을 지원해 왔다. 그런데 지금까지 금융산업은 환경 및 기후대응 문제가 우리 시대의 가장 중요한 이슈임에도 이 문제를 투자와 수익의 관점보다는 비용적 관점 혹은 사회공헌 관점으로만 바라보아 왔다. 나와 관계가 없거나 관계가 있더라도 피하고 싶었던 것이다. 그러나 이제 금융기관들이 기후대응 문제를 팔짱만 끼고 바라볼 시기가 지나고 있다. 남의 일이 아닌 것이다. '그린 스완'이라는 거대한 시스템 리스크가 도래하고 있는 것이다.

금융기관은 다양한 방법으로 자산 포트폴리오에 닥칠 수 있는 위험을 관리한다. 그러나 시스템 리스크는 그 정의상 분산 불가능한 위험non-diversifiable risk[7]으로 회피할 수 없는 위험이다. 1997년 외환위기가 도래했을 때 금융기관은 그 위험을 막을 방법이 없었다. 시스템 리스크였기 때문이다. 당시 수많은 우량은행들이 도산했다. 은행이 도산하면 경제에 미치는 충격은 순환효과를 일으켜 더 확대된다.

파리 협정에서 약속된 2℃ 목표를 달성하기 위해서 글로벌 경제가 수조 달러의 재원을 마련해야 하는 것은 분명히 엄청난 도전이지만, 이 목표를 달성하지 못함으로써 야기되는 결과는 그보다 더 큰 도전이 될 것이다. 이 재원

---

7 주식투자와 관련된 위험은 체계적 위험systematic risk과 비체계적 위험non-systematic risk로 구분된다. 비체계적 위험은 특정 기업에만 영향을 미치는 요인에 의해 발생하기 때문에 분산투자를 통해 제거할 수 있으며 이를 분산가능위험diversifiable risk이라고 한다. 반면 체계적 위험은 경기변동, 정부정책과 같이 모든 기업에 공통적으로 영향을 미치는 요인으로 발생하기 때문에 분산 불가능 위험이라고 한다.

은 공공 또는 민간 단독으로만 조달될 규모가 아니기 때문에 민간 금융산업이 나서야 하는 것이다. 그런데 기후변화 대응을 위한 자금 수요도 결국은 다른 자금 수요와 다르지 않다. 자금 조달자의 자금 수요가 있는 곳에 자금 공급자와 투자자의 기회가 있다. 이를 효율적으로 중개하는 것이 결국 '신기후경제의 금융 기능'이다.

신기후경제하에서 금융산업이 적극적인 변화에 나서야 하는 이유를 도식화해서 설명하면 그림 4-4와 같다. 만약 그린 스완이라는 거대 시스템 리스크가 도래하고 있음에도 금융산업이 변화에 나서기를 주저하면 시스템 리스크의 현실화는 피할 수 없고 이는 결국 경제·금융 시스템의 붕괴와 더 나아가 금융산업 자체의 붕괴를 가져올 것이다. 그러나 금융산업이 죄수의 딜레마를 극복하고 함께 기후변화 대응에 나설 경우 시스템 리스크 현실화를 막을 수 있고 경제·금융 시스템도 소프트랜딩하거나 현재 환경을 유지할 수 있다. 거시경제적 관점 외에 금융산업 관점에서도 신기후경제와 관련된 새로운 파이낸싱 서비스 기회를 창출하여 금융기관의 새로운 수익 모델로 정착시킬 수 있으며, 좌초자산 리스크를 최소화함으로써 리스크 관리도 강화할

그림 4-4 • 신기후경제하 금융산업의 선택

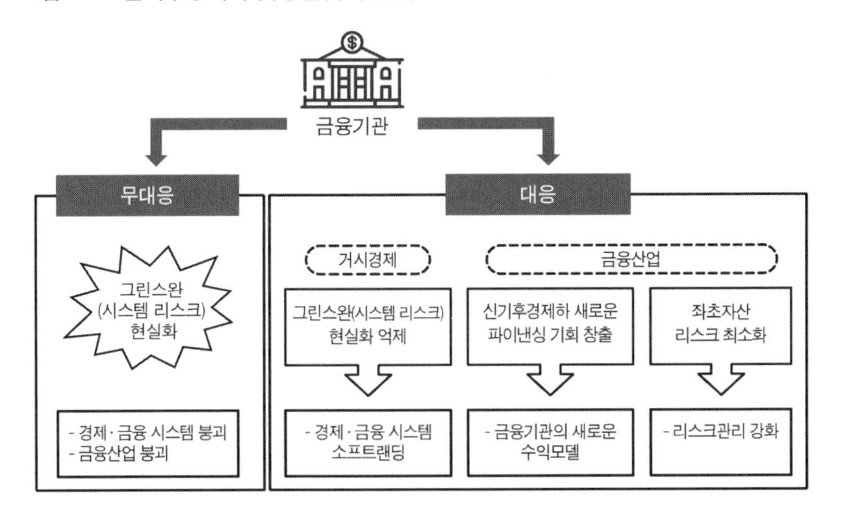

수 있게 된다. 글로벌 금융기관들이 신기후경제하에서 새로운 파이낸싱 기회를 어떻게 만들어내고 있는지는 제7~10장에서 구체적으로 살펴본다.

### 3. 국제연합의 지속가능금융 확대 노력

기후변화 대응을 위한 금융산업의 변화와 행동을 가장 선도적으로 이끄는 기관은 국제연합UN이다. 국제연합이 지구 환경 문제를 실질적이고 주도적으로 이끌어가기 위해 산하기관으로 창설한 UN 환경계획UN Environment Program: UNEP[8]은 세계의 지속가능 발전을 위한 경제구조 전환을 위해서는 금융섹터의 적극적 참여가 필수적이라는 인식하에 'UN 환경계획 금융 이니셔티브UN Environment Program Financial Initiative: UNEP FI'를 출범시켰다.

UNEP FI는 UN 환경계획과 글로벌 금융섹터 간의 파트너십 프로그램으로 탄생되었는데, 1992년 지속가능 발전을 위한 민간 금융의 참여를 독려하기 위해 최초로 시작되었다. UNEP FI는 현재 280개 이상의 글로벌 금융기관과 100개 이상의 지원기관이 참여하고 있는데, UNEP FI는 기후금융에만 국한하지 않고 지속가능금융, 즉 환경·사회·지배구조ESG 요인을 통합한 금융서비스 확대를 위한 노력을 지속적으로 기울이고 있다(기후금융과 지속가능금융의 개념과 차이에 대해서는 제5장 참고).

UNEP FI는 지속가능성을 금융시장의 주요 원리로 확립할 수 있도록 하기 위해 각 금융섹터별로 지속가능금융 원칙 프레임워크를 만들고 글로벌 금융

---

8 UN 환경계획의 주요 역할은 ▲지구 환경을 감시하고, ▲각 국가 정부를 비롯한 국제사회가 환경의 변화에 따라 적절한 조치를 취할 수 있도록 도우며, ▲환경정책에 대한 국제적 합의를 이끌어내는 것이다. 구체적으로는, 세계 환경활동의 기반이 되는 IPCC 보고서 출간을 지원하고 있으며, 2005년 「교토 의정서」 발효, 2015년 파리 협정 출범 등 지구 환경 문제를 실질적으로 이끌어가고 있다.

표 4-1 • 지속가능금융 원칙

| 지속가능 금융 원칙 | 출범 시기 | 개요 |
|---|---|---|
| 책임은행 원칙 PRB | 2019년 | • 6개 원칙으로 구성<br>• USD 47조의 자산을 보유한 130개 글로벌 은행이 서명기관으로 참여 |
| 지속가능보험 원칙PSI | 2012년 | • 4개 원칙으로 구성<br>• USD 14조의 자산을 보유한 120개 이상의 글로벌 보험사가 서명기관으로 참여(전 세계 수입보험료의 25% 차지) |
| 책임투자 원칙 PRI | 2006년 | • 6개 원칙으로 구성<br>• 2621개의 투자관련기관이 서명기관으로 참여 |

기관들을 이 원칙에 서명기관으로 참여하도록 유도함으로써 지속가능금융을 촉진하고 있다. UNEP FI가 제정한 지속가능금융 원칙은 은행, 보험 그리고 금융투자업을 대상으로 한 다음 세 가지다.

① 책임은행 원칙Principle of Responsible Banking: PRB

② 지속가능보험 원칙Principle of Sustainable Insurance: PSI

③ 책임투자 원칙Principle of Responsible Investment: PRI

UNEP FI가 출범시킨 이 지속가능금융 원칙 세 가지는 UN의 SDGs와 2015년 파리 협정에서 설정한 어젠다를 달성하기 위해 각각의 민간 금융섹터가 수행해야 할 역할의 표준과 규준의 기초를 제공한다는 점에서 큰 의미가 있다 하겠다.

한편 2012년 UNEP FI는 UNCTAD, UN 글로벌 콤팩트UN Global Compact 그리고 PRI와 함께 '지속가능 증권거래소 이니셔티브Sustainable Stock Exchange Initiative: SSEI'도 출범시켰는데, 현재 전 세계 거의 모든 거래소인 90개의 거래소가 참여하고 있으며 한국거래소도 회원거래소로 참여하고 있다.

## 4. G20의 그린 파이낸스 리더십

세계 경제를 이끄는 주요 20개 국가들의 모임인 G20도 국제 금융시장 관련 최우선 논의 주제로 지속가능금융 이슈를 선택했다. 2016년에 G20은 '그린 파이낸스 스터디그룹Green Fianance Study Group: GFSG'을 구성키로 하고, 지속가능 투자를 위한 민간 자본을 원활하게 동원할 수 있는 금융 시스템 구축 방안을 논의하기 시작했다. GFSG는 금융 시스템 내에서 지속가능성 관련 정보 흐름 개선 문제, 민간금융기관이 즉시 활용할 수 있는 자발적 시장 기준 정립 문제, 정책 당국이 추진할 필요가 있는 정책 옵션 문제 등을 논의했다.

그 결과 2016년 중국 항저우에서 개최된 2016년 G20 정상회의에서 각국 정상은 GFSG의 작업에 기초한 공동 발표문을 발표하고 GFSG가 제시한 방안들을 추진할 것을 다짐했다. 즉, 정상들은 공동발표문에서 "전 세계의 환경적으로 지속가능한 성장을 지원하기 위해 그린 파이낸싱의 확대scale-up, 특히 민간 자본이 참여가 반드시 필요하다"는 데 의견을 모았으며, 그린 인베스트먼트에 대한 민간자본 조달 환경 조성과 관련해 GFSG가 제시한 방안을 환영한다고 밝혔다. GFSG가 제시한 민간 그린 파이낸스 확대 방안은 박스

박스 4-1 • G20의 민간 그린 파이낸스 확대 방안

① SDGs와 파리 협정의 목표를 달성하기 위한 명확한 경제적·환경적 정책 시그널과 프레임워크를 수립하라
② 그린 파이낸스의 주요 분야와 관련한 운영 원칙을 수립하고 적용하라
③ 지속가능금융 역량 강화를 위한 플랫폼을 확장하라
④ 국가별 그린 본드 시장 개발을 지원하라
⑤ 국가 간 그린 본드 투자 활성화를 위한 국제 협력을 강화하라
⑥ 환경 리스크 분석 체계 수립을 위한 지식을 공유하라
⑦ 그린 파이낸스 활동 및 그 임팩트를 분석하라

자료: G20 Green Finance Study Group, "G20 Green Finance Synthesis Report"(2016.9).

4-1의 일곱 가지인데, 그린 파이낸스 확대에 관해 고민하고 있는 정책 당국자들에게 참고가 될 것이다.

한편, 2018년 아르헨티나에서 열린 G20 회의에서는 '그린Green'의 개념을 '지속가능Sustainable'으로 확장하여 GFSG를 '지속가능금융 스터디그룹Sustainable Finance Study Group: SFSG'으로 명칭을 개정했다. SFSG는 지속가능금융을 UN의 지속가능 발전 목표SDGs에 직·간접으로 기여할 수 있는 금융서비스·상품·프로세스로 정의하고, 사회적·경제적 임팩트와 함께 환경적 임팩트를 만들어낼 수 있는 투자를 확대하는 방안을 모색하고 있다. SFSG는 매년 「지속가능금융 현황 보고서Sustainable Finance Progress Report」를 발간하여 GFSG가 2016년 제시한 '민간 그린 파이낸스 확대 방안'이 G20 국가별로 어떻게 실행되고 있는지를 조사, 발표하고 있다.

## 5. 금융안정위원회의 기후 관련 재무정보공시 추진

BIS와 함께 국제 금융감독기준을 만드는 G20 금융안정위원회Financial Stability Board: FSB[9]는 기후 관련 재무정보에 관한 정보공개 요청이 커지자 2015년 12월 민간 주도의 '기후 관련 재무정보공시 태스크포스Task Force on Climate-related Financial Disclosure: TCFD'를 설치했다. TCFD는 회사의 기후 관련 재무적 리스크

9 금융안정위원회: 아시아 금융위기 이후 세계 금융시장 안정을 위해 1999년 4월 선진 7개국G7 재무장관과 중앙은행 총재 등이 모여 설립한 금융안정화포럼Financial Stability Forum을 2009년 4월 G20 런던 정상합의에 따라 확대 개편해 새로 출범한 기구. 바젤위원회와 협력해 국제 금융감독기준을 만드는 또 다른 국제기구다. 한국을 비롯하여 G7, 네덜란드, 스위스, 호주, BRICs, 멕시코 등 총 24개국 52개 기관이 회원사이며 각국 중앙은행 총재와 금융감독기관장들이 참석한다. FSB는 세계적 금융위기 재발을 방지하기 위해 ▲시스템적으로 중요한 대형 은행G-SIBs 선정 및 규제, ▲은행 자본·유동성 규제, ▲장외파생상품 시장 개혁 등의 일을 수행하고 있다.

를 투자기관, 대출기관, 보험사 등 관련 기관에 자발적이고 일관된 방식으로 공개하는 프레임워크를 개발하는 것을 목표로 설치되었다. 블룸버그사의 마이클 블룸버그가 의장을 맡고 전 세계 주요 금융기관 및 금융 관련 기관들이 태스크포스의 회원으로 참가하여 공동으로 프레임워크를 개발했다.

TCFD는 2017년 6월 최종 보고서를 발간하여 기후 관련 정보공개 프레임워크 최종 권고안을 제출했다. 권고안은 크게 지배구조, 전략, 리스크 관리, 지표와 목표수준의 네 가지 주제에 관한 재무정보공시 방안을 마련했다. TCFD의 권고안은 제11장에서 자세하게 살펴본다.

## 6. 금융 안정성 관점에서 중앙은행의 기후변화 대응

중앙은행은 한 나라의 통화정책에 대한 책임을 지면서 통화의 수요와 공급 그리고 경제 시스템 내의 신용창출 규모를 결정한다. 통화정책은 명목 인플레이션 목표로 정의되는 물가 안정을 목표로 한다. 국가별로 중앙은행의 미션은 금융 시스템의 안정성 유지에 국한되지 않고, 개별 금융기관을 규제·감독하는 역할을 담당하기도 한다.

최근 중앙은행들은 자신들의 미션인 금융 안정성 감독이라는 관점에서 기후위기가 가지는 중요성에 대해 인식하기 시작했다. 최근 수많은 연구를 통해 기후변화와 기후위기는 대규모의 물리적·경제적 손실 초래는 물론이고 금융 시스템의 안정성에도 심각한 위협 요인이 된다는 점이 명백해지고 있기 때문이다. 예를 들어 기후변화로 이상기후 현상이 급증하게 되면 기후 관련 위험을 담보했던 보험사들의 손실이 확대되고, 이는 보험사의 보험계약 인수(언더라이팅) 여력을 축소시키게 되어 가계와 기업 자산이 물리적 손실 가능성이 커지며, 결국 은행의 부실로까지 이어질 수 있는 것이다.

따라서 금융시장 안정성을 유지하기 위해서 궁극적으로 저탄소 경제로의

그림 4-5 • 기후변화가 금융 안정성에 미치는 영향의 경로

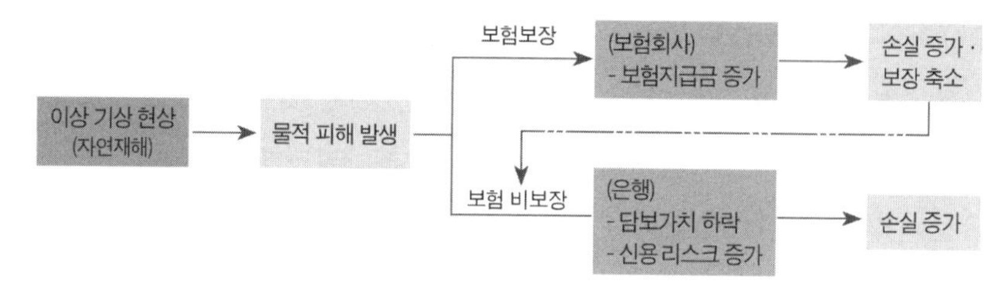


자료: 한국은행, 「기후변화와 금융안정」, 《BOK 이슈노트》, 제2018-6호.

전환이 절실하다 할 수 있는데, 이와 같은 경제의 구조 전환은 전환 리스크, 특히 좌초자산stranded assets 리스크를 수반한다. 즉, 파리 협정의 2℃ 목표를 달성하기 위해서는 상당한 규모의 석유·석탄·천연가스가 채굴되지 않고 매장 상태로 유지되어야 하므로 이 자산을 보유한 기업 자산의 상각이 불가피해진다. 또한 발전설비, 부동산, 수송 인프라 및 탄소집약적 산업기술 중 일부도 가치를 상실할 것이다. 이는 다시 고용감소, 주식시장 충격 등 제2, 제3의 연쇄작용을 불러와 경제·금융 시스템을 붕괴시킬 수 있다.

주요 국가의 중앙은행과 감독기관들이 '그린 금융 시스템을 위한 중앙은행 및 감독기관 네트워크Central Banks and Supervisors Network for Greening the Financial System: NGFS'를 결성하고 목소리를 내기 시작한 것도 이런 이유에서다.[10] 영란은행Bank of England의 마크 카니Mark Carney 총재도 현 세대가 미래 세대에게 기후변화의 재앙적 결과를 떠넘기고 있다고 지적하고 이를 '시간의 비극Tragedy of the Horizon'이라고 이름 붙이면서, 일단 기후변화가 금융 안정성에 명백한 위험 요인임을 알게 되는 순간 그때는 이미 이를 되돌리기 어려울 것이라고 우려를 표명했다.[11]

---

10 한국은행도 2019년 11월에 가입했다.

11 Mark Carney, "Resolving the climate paradox—Speech in Arthur Burns Memorial Lecture"(2016.9.22).

그러나 기후 관련 리스크 분석을 금융 안정성 모니터링과 금융기관 건전성 감독 업무 체계 안에 통합하는 것은 쉽지 않은 문제다. 이는 기후변화와 관련된 물리적 리스크와 전환 리스크라는 것이 매우 복잡하고 광범위하고 비선형적으로 발생하며 연쇄반응을 일으키는 등의 다양한 속성이 있기 때문이다. 또 기후변화라는 것이 어떤 티핑 포인트를 지나버리면 재난적 상황이 닥쳐오는데 이는 되돌릴 수 없어서 이로 인한 재무적 손실을 계량화하는 것 자체가 불가능하기 때문이다.

그래서 국제결제은행BIS은 기후변화를 '그린 스완'이라고 명명하면서 가까운 미래에 발생할 시스템적 금융위기의 원인이 될 것으로 지목했다. 기후 관련 물리적 위험과 전환 위험은 비선형적이고, 서로 상호 작용하며, 전혀 예측할 수 없는 환경적·지정학적·사회적·경제적 결과를 초래할 것이라는 것이다. 사실 기후변화는 그 자체가 극도의 불확실성에 기반하고 있어, 과거 데이터, 그것도 정규분포를 가정한 과거 데이터에 기반한 전통적 방식의 리스크 평가 모델로는 기후변화가 초래할 시스템 리스크를 제대로 인식조차 하기 어렵다. 이러한 이유로 금융산업에도 '인식론적 단절epistemological break'이 필요하다는 것은 제1장에서도 살펴본 바 있다.

이제 중앙은행도 방관자적 관점에서 벗어나 '물가와 금융 안정성 확보'라는 본연의 목적 달성을 위해서라도 기후변화와 관련된 금융 시스템 개혁에 나서야 한다. 국제결제은행도 근원적이고 시스템적 레벨의 행동을 취하지 않는 한 기후 리스크를 헤지Hedge할 수 없을 것이라면서 기후변화의 시대에 중앙은행은 지금까지 가보지 않은 길을 가야 할 것이라고 지적했다. 만약 중앙은행이 뒷짐만 지고 있는 상태에서 그린 스완 사태가 발생해 금융 시스템이 붕괴된다면 결국 중앙은행도 금융과 물가안정 책임을 다하지 못했다는 비난을 받을 수밖에 없다. 비난 속에서도 중앙은행은 금융 시스템을 구조하기 위해 '최후의 기후 구조자climate rescuers of last resort'가 되어 엄청난 양의 가치하락 자산을 매입해 줘야 될 수도 있다. 그런데 그렇다고 해서 중앙은행이

표 4-2 • 기후변화 대응 위한 중앙은행의 역할

| | 중앙은행, 감독기관 자체 행동 | 중앙은행의 타 부문(정부, 민간섹터, 시민사회) 행동 지원 |
|---|---|---|
| 기후 위험 인식 및 관리 | 기후 위험을 다음 분야에 통합하여 인식<br>- 건전성 규제<br>- 금융 안정성 모니터링 | - 민간 섹터의 자발적 기후 위험 공시TFCD |
| 외부 요인의 내부화 (장기적 관점 확대) | 중앙은행의 장기적 관점 확대<br>- 중앙은행 자체 포트폴리오 결정 시 ESG 반영<br>- 금융 안정성 정책 수행 시 지속가능성 접근방법 고려 | - 탄소 비용 부과carbon pricing<br>- 민간 섹터에서 ESG 기반 의사결정의 체계적 확산 |
| 포용적·저탄소 글로벌 경제 시스템으로 구조적 전환 | 기후 안정성과 금융 안정성을 유지하기 위해 다음 정책을 시행<br>- 기후 관점의 통화-재정-건전성 정책 추진<br>- 기후와 사회경제 시스템의 복잡한 상호작용 분석 위해 비균형 모델 및 정성적 접근방식 활용<br>- 기후 안정성과 금융 안정성을 상호 연관된 공공재로 인식하고 이를 근거로 국제 통화·금융 시스템 개혁 | - 기후변화 대응 위한 재정 정책<br>- 정책 믹스 변화 위한 사회적 논의<br>- 자연 자원을 국가 및 기업 회계 시스템에 통합<br>- 국제 통화·금융 시스템이 기후 안정성을 공공재로 인식하고 지원 |

자료: Bank for International Settlement, "The Green Swan - Central banking and financial stability in the age of climate change"(2020. 1).

정부나 민간 부문을 완전히 대체할 수도 없는 노릇이다. 도덕적 해이(모럴 해저드Moral hazard)가 발생할 수도 있기 때문이다.

그래서 국제결제은행은 중앙은행이 방관자적 관점에서 벗어나되, 일정 부분은 자체적인 행동을, 일정 부분은 다른 부문의 행동을 지원하는 역할이 필요하다고 보고 이를 표 4-2와 같이 제시했다. 중앙은행의 자체적 행동은 현재 수행되고 있는 중앙은행의 미션과 별개의 미션이 아니라 통합적으로 수행될 수 있다. 즉, 새로운 모델링 방식과 분석 툴을 활용해 기후 관련 리스크를 감안한 건전성 감독과 금융 안정성 모니터링을 수행하는 방법이다. 이는 탄소배출 업종에 대한 익스포저 규모와 이에 대한 손실률 가정을 통해 단순한 잠재손실 규모를 파악하는 수준의 모니터링이 아니라, 기후 관련 과학적 시뮬레이션 또는 시나리오 분석에 기반한 모델링과 분석이어야 함은 물론이다. 또한 자체 포트폴리오 결정 및 금융 안정성 정책 수행 시에도 지속가능성 기준을 반영함으로써 금융시장 내의 장기적 관점을 확대하고 이를 통해 '단기 관점주의의 폐해tragedy of the horizon'를 극복할 수 있다.

한편, 중앙은행은 기후위기 대응의 다른 당사자들, 즉 정부, 민간 섹터, 시민사회 및 국제사회 등이 취하는 조치와 행동들을 지원하고 흐름을 함께할 필요도 있다. 탄소 비용 부과carbon pricing 또는 TCFD와 같은 기후 관련 리스크 공시 체계가 안착될 수 있도록 하는 방안이 하나의 사례가 될 것이다.

국제결제은행은 중앙은행이 기후위기의 시대에 '기후 안정성'과 '금융 안정성'을 상호 연관된 공공재로 인식하고 새로운 관점의 통화-재정-건전성 정책을 추진할 것을 주문했다. 중앙은행의 미션과 기능에 '인식론적', '방법론적' 단절이 필요한 때다.

제5장

# 메인스트림 금융, 유럽연합의 지속가능금융

우리는 앞에서 파리 협정으로 상징되는 새로운 경제·사회의 패러다임, 즉 신기후경제New climate economy가 새로운 금융 기능을 필요로 하고 있음을 살펴보았다. 새로운 금융 기능은 경제·금융시장의 자율적 기능을 통해서 나타나는 것이 일반적이지만, 신기후경제가 요구하는 금융 기능은 공공 부문이 주도하는 톱다운Top-down 방식으로 시작되었다. 이에 따라 여러 국제기구와 각국의 중앙은행들이 기후변화에 대응하는 새로운 금융 시스템을 만들 것을 논의하고 제안했으며 때로는 직접 선도적 역할을 맡기도 했다. 하지만 한 나라의 금융 시스템과 금융 기능을 만드는 것은 결국 각국 정부의 역할이다. 금융 시스템이란 글로벌 금융시장에서 어느 정도 호환성을 가지면서도 무엇보다 각국 고유의 경제와 산업 특성에 맞도록 운영되어야 하기 때문이다. 글로벌 금융 시스템은 역사적으로 유럽 국가들과 미국이 주도해 왔으며, 그린 스완에 대응하기 위한 지속가능금융과 그린 파이낸스도 이들이 그 틀을 주도적으로 만들어나가고 있다. 이번 장에서는 가장 선도적으로 지속가능금융 시스템을 만들어나가는 유럽연합이 어떻게 이를 추진하고 있는지 살펴본다.

## 1. 지속가능금융과 그린 파이낸스의 개념

우리는 앞에서 국제사회가 파리 협정에서 약속한 2℃ 목표를 달성하기 위해서 금융 기능이 반드시 필요함을 살펴보았다. 그런데 기후변화 대응을 위한 금융을 이야기하는 기관마다 사용하는 용어가 조금씩 다른 것을 발견할 수 있다. 예를 들어 UNEP FI는 '지속가능금융'이라는 표현을 기본으로 하되 책임은행 원칙Principle of Responsible Banking: PRB에서와 같이 '책임성responsible'이라는 용어를 다수 사용했다. G20의 그린 파이낸스 스터디그룹GFSG은 '그린 파이낸스', '그린 인베스트먼트' 등 '그린'이라는 용어를 주로 사용했다. TCFD는 '기후' 관련 재무정보를 공시하는 프레임워크를 만들었다. 어떤 용어가 맞는 것일까.

박스 5-1 • 지속가능금융'은 정확하게 무엇인가?What exactly is 'sustainable finance'?

지속가능금융은 고객과 사회가 지속적으로 수혜를 받을 수 있도록 하기 위한 환경·사회·지배구조ESG 기준을 통합한 금융 서비스를 일컫는다. 이는 장기적인 사회적 목표를 지향해야 하며, 지속가능한 경제·사회·환경적 발전을 선제적으로 뒷받침해야 한다. 또한 금융 시스템의 안정성에 영향을 줄 수 있는 '지속가능성' 리스크에 관한 인식수준 및 투명성을 제고하는 활동도 포함한다.
지속가능금융은 ESG 요소 중 '그린 파이낸스' 비중이 가장 높은데, 그린 파이낸스는 친환경적·저탄소·기후탄력적 경제발전에 도움이 되는 프로젝트·제품·기업으로 자본조달capital raising 및 금융투자financial investments를 실행하는 것이다. 파리 협정에서 재원 조달의 필요성이 강조된 부분이고, 실제로도 엄청난 투자가 필요한 부분이다. 다른 지속가능 요소는 보완적이거나 덜 중요하지만 새로운 경제모델로 전환하는 데 직·간접적으로 기여를 한다고 볼 수 있어서 결코 가볍게 다룰 수는 없다. 예를 들어, 기업의 사회적 책임CSR의 역할이 증대됨에 따라 환경·사회·지배구조 이슈에 관한 실행력도 높아질 수 있으며 전반적인 금융 시스템의 안정성에도 기여하는 것이다.

자료: European Political Strategy Center, "Financing Sustainability," *EPSC Strategic Notes*, Issue 25(2017.6.8).

EU 집행위원회의 내부 싱크탱크인 EPSC European Political Strategy Center는 정기 보고서 「EPSC 전략노트 EPSC Strategic Notes」 25권에서 지속가능금융과 관련된 개념을 정리했는데, 이를 소개하면 앞의 박스 5-1과 같다.

요약하면, 지속가능금융은 환경·사회·지배구조 이슈를 감안한 투자 및 금융활동을 의미하는데 그중 그린 파이낸스 비중이 가장 높고, 그린 파이낸스는 친환경적·저탄소·기후탄력적 경제발전에 도움이 되는 분야에 자금 배분이 이루어지도록 하는 파이낸싱이라는 것이다.

EPSC의 분류와 정의에 근거해 지속가능금융 및 그린 파이낸스의 분류체계와 개념을 정의해 보면 다음과 같다.

- 지속가능금융은 크게 환경 Environmental · 사회 Social · 지배구조 Governance의 세 가지 요소로 구성된다. 이 중 환경 부문은 ▲기후변화 완화(감축), ▲기후변화 적응, ▲기타 환경이라는 세 가지 요소로 구성된다.
- 지속가능금융 분야 중에서 기후변화 완화(감축) 및 기후변화 적응과 관련된 금융만을 가리켜 '기후금융 Climate Finance'이라고 할 수 있으며, 기

그림 5-1 • 지속가능금융 및 그린 파이낸스의 분류체계

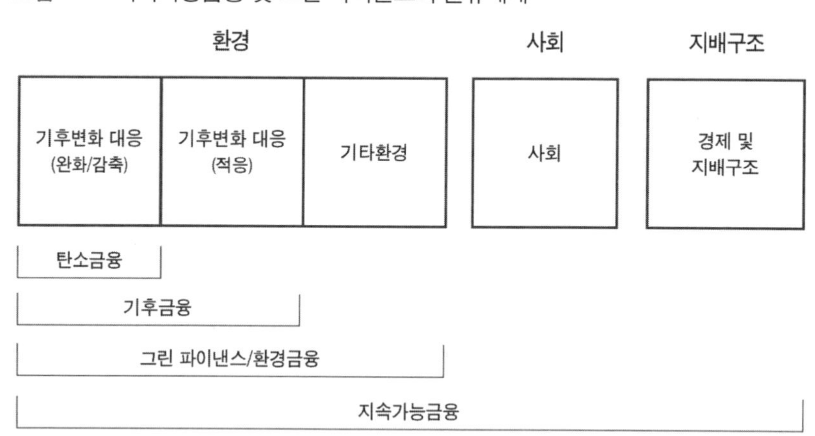


자료: UNEP, "Definition and Concepts: Background Note," *Inquiry Working Paper* (2016.9), p.11.

후변화 외의 제반 환경 관련 금융까지 포함할 경우 이를 '그린 파이낸스Green Finance 또는 환경금융Environmental Finance'이라고 칭한다. 그린 파이낸스에 사회적 요인과 지배구조 요인을 모두 포함한 금융이 바로 '지속가능금융Sustainable Finance'이다. 지속가능금융 중 가장 비중이 큰 부분은 그린 파이낸스 또는 기후금융임은 물론이다.

## 2. 유럽연합의 지속가능금융 체계 구축

EU는 오래전부터 지속가능성을 EU 정책의 중심적 위치에 두었다. 산업혁명을 이끈 진영으로서 책임의식이 작용한 탓도 있었겠지만 유럽연합은 모든 정책을 추진할 때 저탄소로의 이행, 효율적·순환적 자원 경제 구축 등 환경적 측면과 사회적 측면을 우선적으로 반영했다. 현재의 일자리 창출과 투자 기회를 만들 때도 이것이 미래세대에도 도움이 되는 것인가를 고려해 왔다. 유럽연합은 이것이 EU 경제의 장기적 경쟁력을 확보하기 위한 필수적 요인으로 인식한다.

이러한 과정에서 EU는 금융 시스템의 역할을 강력하게 주문한다. 경제를 더 '그린'화하고 지속가능한 경제로 만드는 과정에서 금융이 솔루션이 되어야 한다고 요구한다. EU는 특히 민간 자본이 지속가능 투자 분야로 유입되어야 하며 그러기 위해서는 금융 시스템이 작동하는 방식에서도 근본적인 변화가 필요하다고 보았다.

2016년 말 EU 집행위원회는 지속가능금융에 관한 구체적 실행방안을 작성하기 위한 첫 번째 조치로 '지속가능금융에 관한 고위급 전문가 그룹High-level Expert Group on Sustainable Finance: HLEG'을 결성했다. HLEG는 금융산업, 학계, 시민사회 및 기타 유럽·글로벌 금융기관의 20명의 시니어급 전문가로 구성되었다. HLEG는 유럽연합의 지속가능금융 거버넌스로서 역할을 함과 동시

박스 5-2 • HLEG의 구성

HLEG의 구성을 보면, AXA 그룹의 규제 및 지속가능성 부문 대표인 크리스티안 티만Christian Thimann이 의장을 맡은 것을 비롯해 은행, 보험, 자산운용, 금융협회, 거래소, 기후금융 관련 이니셔티브 및 단체 등 금융과 지속가능 분야의 고위급 전문가들이 대거 참여했다.

HLEG는 이들 정식 멤버 외에도 옵서버 9인을 참여시켰고, EU 집행위원회로부터 전문 인력 수십 명을 지원받았으며, 유럽의회, 유럽투자은행, 유럽감독위원회 및 기타 공공기관, 민간기관, 시민사회에서도 전문적 의견을 제공받았다.

- 크리스티안 티만, 의장, AXA
- 줄리 베커Julie Becker, 룩셈부르크 증권거래소
- 매그너스 빌링Magnus Billing, 알렉타Alecta
- 파스칼 캔핀Pascal Canfin, WWF 프랑스 지부
- 스타니스라스 두프레Stanislas Dupre, 2℃ 투자 이니셔티브
- 폴 피셔Paul Fisher, 케임브리지대학교 지속가능성 리더십 인스티튜트
- 미치슬라프 그로첵Mieczyslaw Groszek, 폴란드 은행연합회
- 데이비드 해리스David Harris, 런던 증권거래소
- 잉그리드 홈스Ingrid Holmes, E3G 런던 사무소
- 앤-캐서린 허슨-트라오레Anne-Catherine Husson- Traore, 노베딕Novethic
- 션 키드니Sean Kidney, 기후채권 이니셔티브CBI
- 에스코 키비사리Esko Kivisaari, 핀란드 금융연합회FFI
- 클라우디아 크루세Claudia Kruse, APG 자산운용
- 리처드 매티슨Richard Mattison, 트루코스트Trucost
- 알린 맥카시Arlene McCarthy, AMC 스트래터지AMC Strategy
- 플라비아 미칠로타Flavia Micilotta, 유로시프Eurosif
- 미카엘 슈미트Michael Schmidt, 데카Deka 투자그룹
- 미리암 반데어 슈티헬레Myriam Vander Stichele, 소모Somo
- 스티브 웨이굿Steve Waygood, 아비바Aviva 투자
- 필리페 자오아티Philippe Zaouati, 미로바Mirova

에 ▲ 어떻게 지속가능 투자로 공적·민간 자본을 유입시킬 것인가, ▲ 환경 관련 리스크로부터 금융 시스템의 안정성을 확보하기 위한 조치는 무엇인가 등에 관해 EU 집행위원회에 실행방안을 제시하는 것을 목표로 했다.

HLEG는 2017년 1월부터 본격적인 활동에 들어가 그해 7월에 중간 보고서를 제출했고, 각계의 의견을 수렴하여 2018년 1월에 최종 보고서를 발간했다. 최종 보고서에서는 지속가능성 프로젝트로 자본의 흐름을 유도하기 위한 방안, 그리고 EU의 정책 및 규제 프레임워크 안에 지속가능성을 내재화시키는 방안을 '권고안' 형식으로 제시했다. 권고안의 핵심은 다음과 같다.[1]

- EU 지속가능성 분류체계(우선적으로 감축 분야)를 수립하여 투자가 가장 필요한 분야를 정의한다.
- 투자기관의 투자의사 결정 시 ESG 요인의 비중을 확대하고 장기적 관점의 투자 성과 평가가 이루어지도록 투자자의 관리의무를 개선한다.
- 지속가능성 관련 기회와 리스크가 투명하게 공개될 수 있도록 공시제도를 개선한다.
- 그린 본드를 시작으로 금융자산에 대한 유럽의 공식적 지속가능금융 시장 기준을 정립한다.
- '유럽 지속가능 인프라Sustainable Infrastructure Europe'를 설립하여 EU 회원국들의 인프라 개발 능력을 확대한다.
- 금융기관 및 금융감독의 거버넌스 체계 안에 지속가능성을 확고하게 내재시킨다.

HLEG는 추가 권고사항으로 각 금융산업/섹터별 권고사항을 다음과 같이 제시했다.

- 은행은 실물경제와 지속가능성 관련 대출을 확대한다.
- 보험회사는 장기적 인프라 투자에 역할을 확대한다.
- 자산운용사, 연기금, 투자자문사는 고객의 지속가능성에 대한 요구를

---

1 EU HLEG(High-level Expert Group on Sustainable Finance), "Financing a Sustainable European Economy(Final Report)"(2018. 1).

반영한 투자를 실행한다.

- 신용평가기관은 장기적 관점으로 리스크를 분석하고, ESG 요인 반영 방식을 공시한다.
- 거래소는 ESG 정보공시를 촉진한다.
- 금융시장의 단기성과주의를 개선하여 기업의 장기적 투자를 유도한다.
- 금융시장 벤치마크 지표의 투명성을 개선한다.
- EU 회계기준으로 인해 장기적 지속가능 관련 투자가 부당하게 위축되지 않도록 한다.
- EU의 정책수립에 '지속가능성 최우선Think Sustainability First' 원칙을 정립하고, 지속가능금융을 글로벌 수준으로 추진한다.

## 3. 지속가능금융 실행방안 수립: EU 지속가능금융 액션 플랜

2018년 1월 HLEG가 지속가능금융 권고안이 담긴 최종 보고서를 제출하자 EU의 행정부인 유럽연합 집행위원회European Commission는 겨우 2개월 후인 3월에 '지속가능금융 고위급회의High-Level Conference on Sustainable Finance'(2018. 3.22. 브뤼셀)를 개최했다. 최종 보고서에 기초하여 곧바로 마련된 '지속가능금융 액션 플랜Action Plan on Sustainable Finance'을 논의하기 위해서이다. 컨퍼런스는 EU

> "역사적 파리 기후협정에서 설정한 원대한 목표와 신재생 분야에서 세계 리더가 되겠다는 약속을 통해 유럽은 기후변화 대응을 주도하고 있습니다. 그러나 이를 달성하기 위해서는 유럽의 금융섹터가 동참해야 합니다. 금융 섹터는 녹색 경제로의 전환을 주도하는 동시에 유럽연합을 매력적인 지속가능 분야 투자처로 만들어야 합니다. 건강한 지구와 경제보다 더 확실한 투자수익은 없기 때문입니다."
>
> 지속가능금융 고위급회의
> 2018.3.22. 브뤼셀
> 장 클로드 융커, EU 집행위원장

집행위원장인 장 클로드 융커Jean-Claude Juncker가 주최했고, 프랑스 에마뉘엘 마크롱Emmanuel Macron 대통령, UN 기후대응특별공사 마이클 블룸버그Michael Bloomberg를 비롯한 각계 리더와 전문가들이 참석했다.

컨퍼런스에서는 HLEG가 그동안 준비한 '지속가능금융 액션 플랜'을 발표하고 이를 어떻게 실행할 것인가를 최고위급 정부 관계자들이 진정성 있게 논의했다. EU의 액션 플랜은 우리 금융산업에도 많은 시사점을 주므로 아래에서 자세하게 살펴본다.

### 1) EU 액션 플랜의 개요

EU 액션 플랜은 지속가능금융이 지향하는 바를 먼저 다음과 같이 세 가지로 정의했다.

① 지속가능하고 포용적인 성장을 달성하기 위해 지속가능성 투자로 자본의 흐름을 유도.

② 기후변화, 자원고갈, 환경파괴 등으로부터 비롯되는 금융 리스크를

표 5-1 • EU 지속가능금융 목표와 9개 액션 플랜

| 지속가능금융 목표 | 액션 플랜(대분류) |
|---|---|
| 지속가능성 투자로 자본흐름 유도 | ① 지속가능 경제활동에 대한 통일된 분류체계Taxonomy 수립<br>② 지속가능금융상품에 관한 표준 및 상품 이름 개발<br>③ 지속가능 프로젝트에 대한 투자 촉진<br>④ 금융자문 제공 시 지속가능성 요인 통합<br>⑤ 지속가능성 벤치마크 개발 |
| 지속가능성 요인 반영 리스크 관리 정착 | ⑥ 시장조사·신용평가에 지속가능성 요인을 반영 확대<br>⑦ 기관투자가·자산운용사 의무 명확화<br>⑧ 은행·보험사의 건전성 요건에 지속가능성 요인 반영 |
| 투명성과 장기적 관점 제고 | ⑨ 지속가능성 공시 및 회계 관련 규정 강화 |

자료: European Commission, "Action Plan: Financing Sustainable Growth"(2018. 3).

통제.

③ 금융 및 경제활동에서 투명성과 장기적 관점을 제고.

그리고 이 세 가지 목표를 달성하기 위한 9개의 액션 플랜을 앞의 표 5-1과 같이 제시했다.

### 2) 지속가능성 투자로 자본 흐름 유도

EU 집행위원회의 분석에 의하면, 2030년까지 EU의 기후·에너지 분야 목표를 달성하기 위해서는 연간 약 1750억 유로(약 230조 원)의 추가적인 투자가 필요하다고 한다. 유럽투자은행European Investment Bank: EIB의 추정에 따르면 이

그림 5-2 • 2030 EU의 기후·에너지 분야 목표

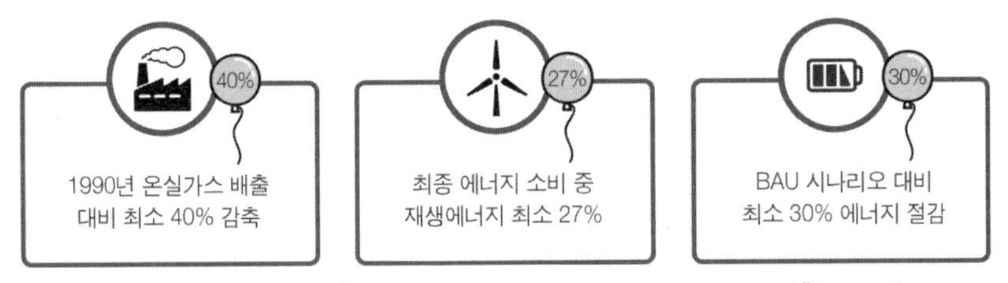


자료: European Commission, "Fact Sheet: Financing Sustainable Growth"(2018. 3).

그림 5-3 • EU 수송·에너지·자원관리 인프라 분야 연간 투자 부족액

(단위: 10억 유로)

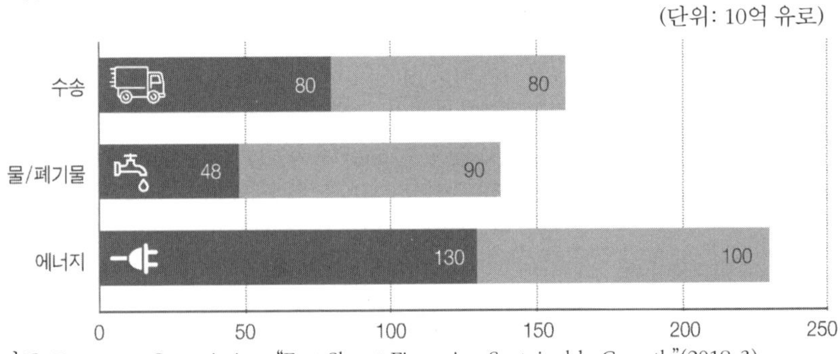


자료: European Commission, "Fact Sheet: Financing Sustainable Growth"(2018. 3).

박스 5-3 • 유럽전략투자펀드European Fund for Strategic Investments: EFSI

EU 집행위원회와 유럽투자은행이 주도하여 2008년 금융위기 이후 위축된 투자를 활성화할 목적으로, 유럽의 전략적 투자 분야에 민간 투자자금을 공급하기 위해 추진한 제도다. 당시 EU의 집행위원장인 장 클로드 융커의 이름을 따라 융커 플랜Junker Plan이라고도 부른다. EFSI는 EU 예산에서 260억 유로의 보증을 제공하고 유럽투자은행이 자기자금에서 75억 유로의 보증을 추가로 제공하여 총 335억 유로(약 44조 원)의 보증을 제공한다. EFSI는 이를 통해 2020년까지 약 5000억 유로의 추가적 민간 투자를 이끌어낼 것으로 기대한다.
주요 투자 분야는 다음과 같은 분야이며, 보증을 통해 은행 등 금융기관이 통상적으로 지원하는 분야보다 리스크가 높은 분야에까지 자금을 지원한다.

- 전략적 인프라 분야(디지털, 운송, 에너지 분야 포함)
- 교육, 연구, 개발, 혁신 분야
- 재생에너지 및 자원효율화 분야
- 중소기업 지원

갭은 더욱 큰 것으로 나타나는데, 수송·에너지·자원관리 인프라 분야에서 투자 부족액이 연간 2900억 유로(약 350조 원)라고 한다.

EU는 지속가능 경제로 자본 흐름을 유도하고 이를 통해 성장과 환경이 선순환구조를 가지는 경제 시스템을 구축하는 것이 장기적으로 경제의 경쟁력을 향상시키는 지름길이라고 보고, EU 예산의 상당 부분을 지속가능성 분야로 투자를 실행했다. 예를 들어, 2017년의 경우 '유럽전략투자펀드European Fund for Strategic Investments: EFSI'가 투자 지원한 자금의 3분의 1이 에너지, 환경, 자원 관련 프로젝트와 사회적 인프라에 투자되었다. EFSI는 EFSI 2.0이라는 이름으로 2020년까지의 투자목표를 5000억 유로(약 650조 원) 수준으로 확대했는데, 이 중 최소한 40%가 기후변화 대응 프로젝트와 인프라에 지원될 예정이다.

### 액션 플랜 1: 지속가능 경제활동에 대한 통일된 분류체계Taxonomy 수립

집행위원회는 지속가능한 경제활동으로 자본 흐름을 유도하기 위해서는

박스 5-4 • 지속가능금융에 관한 기술적 전문가 그룹

EU 집행위원회는 2018년 5월 HLEG의 지속가능금융 액션 플랜에 따라 실무 작업을 수행할 조직을 결성했는데, 이것이 '지속가능금융에 관한 기술적 전문가 그룹 Technical Expert Group on Sustainable Finance: TEG'이다. 이들은 시민사회, 학계, 경제 및 금융계의 전문가 집단 35명으로 구성되었고 2020년 9월 말까지 운영될 예정이다. TEG는 1년여의 작업을 거쳐 2019년 6월 EU 집행위원회에 지속가능금융의 핵심 보고서 세 편을 제출해 놓은 상태다.

첫 번째는 '환경적으로 지속가능한 경제활동 분류체계 Taxonomy'에 관한 보고서다("Taxonomy Technical Report", 2019.6). '분류체계'는 어떤 경제활동이 기후중립적 경제를 달성하는 데 기여하는 경제활동인지를 분류하고, 산업계, 투자자, 정책 당국 등에 알려주는 역할을 한다. 대상 경제활동은 에너지, 수송, 농업, 제조, ICT 그리고 부동산 산업 등 광범위한 산업 활동을 대상으로 한다.

두 번째 보고서는 'EU 그린 본드 발행 기준'에 관한 보고서다("EU Green Bond Standard(EU-GBS)", 2019.6). 특히 그린 본드 발행을 EU 분류체계와 연계시킴으로써 어떤 기후·환경 활동이 EU 그린 본드를 통해 자금조달이 가능한지를 명확하게 제시했다. 이를 통해 EU 그린 본드 시장을 활성화함으로써 지속가능 및 그린 인베스트먼트를 확대하고자 한다.

세 번째 보고서는 'EU 기후 벤치마크와 벤치마크의 ESG 공시'에 관한 보고서다("TEG Interim Report on Climate Benchmarks and Benchmark's ESG Disclosure"). 이는 지속가능성 관련 지수에 대한 최소한의 기술적 요건과 방법론을 정함으로써 기후 관련 투자전략을 채택하고자 하는 투자자들을 지원하는 동시에 그린워싱 green-washing[2] 리스크에 대응하기 위한 것이다. 벤치마크 서비스 제공기관에 대해서는 ESG 공시요건을 제시한다.

어떤 활동이 '지속가능' 관련 활동인가라는 점에 대해 공통된 체계가 필요하다고 보았다. 즉 어떤 활동이 기후변화 관련 감축 mitigation 및 적응 adaptation 활동에 기여하고 어떤 투자가 환경적·사회적 목적에 기여하는 경제활동인지

2 그린워싱: 기업이 실제로는 환경에 악영향을 끼치는 제품을 생산하면서도 친환경적인 이미지를 내세우는 행위를 뜻한다. 금융산업에서도 환경과 무관하거나 악영향을 미치는 대출·투자를 환경에 기여하는 대출·투자인 것처럼 포장하는 것을 의미한다.

를 명확하게 가이드하는 통일된 분류체계Taxonomy를 만들어, 이를 기반으로 투자자들에게 정확한 정보를 제공하고 지속가능금융의 표준, 금융상품 이름, 벤치마크Benchmark[3] 등 금융 체계를 만드는 출발점으로 삼고자 했다.

집행위원회는 분류체계 수립 등 세부 실행을 위한 실행조직으로 '지속가능금융에 관한 기술적 전문가 그룹Technical Expert Group on Sustainable Finance: TEG'을 구성했다.

TEG는 환경적·사회적 영향도가 높은 모든 산업 활동에 대해 이를 지속가능한 경제활동으로 분류할 수 있는 구체적인 기준과 그 근거를 매뉴얼로 제작했다. 먼저 TEG에 따르면 어떤 경제활동이 '환경적으로 지속가능한 경제활동'으로 분류될 수 있기 위해서는 다음 조건을 모두 만족해야 한다.

① 분류체계의 '6대 환경목표'[4] 중 적어도 하나의 목표에 상당한 기여를 해야 한다.

② 6대 환경목표 중 하나라도 중대한 위해가 없어야 한다Do No Significant Harm: DNSH.

③ 최소한의 사회적 보호장치 역할을 해야 한다.

④ 기술적인 선별 기준을 충족해야 한다.

TEG는 위의 원칙을 바탕으로 하여 구체적인 기술적 기준을 마련하고 산업별, 세부 경제활동을 모두 이 기준에 따라 평가했는데, 예를 들어 어떤 경제활동이 '기후변화 완화(감축)' 목표에 부합하는 것으로 판정되기 위해서는 다음 세 가지 범주의 하나에 속해야 한다. ▲ 저탄소를 이미 달성한 산업활동[Green], ▲ 2050년 순배출 제로 경제에 기여할 산업활동[Greening of], ▲ 이 누

---

3 벤치마크: 펀드의 운용 성과를 평가하는 비교 지수(예: 코스피 지수, 자동차업종 지수 등)를 말한다.

4 6대 환경목표: ① 기후변화 완화(감축), ② 기후변화 적응, ③ 수자원·해양자원 보호, ④ 순환경제 및 폐기물 재활용, ⑤ 대기오염 예방 및 관리, ⑥ 생태계 보호.

표 5-2 • 기후변화 완화(감축) 목표에 부합하는 경제활동

| 산업 활동 유형 | 설명 | 사례 |
|---|---|---|
| 저탄소 기旣달성<br>[Green] | 2050 순배출 제로 이미 달성 | • 배출 제로 운송수단<br>• 배출 최소화 발전 설비<br>• 조림 |
| 저탄소 기여 예상<br>[Greening of] | 2050년 순배출 제로 경제에 기여할 산업활동 | • 건물 리노베이션<br>• 발전 설비 〈 100g $CO_2$/kWh<br>• 자동차 50g $CO_2$/kWh |
| 저탄소 지원 활동<br>[Greening by] | 위 두 가지 활동을 지원하는 활동 | • 풍력 터빈 제작<br>• 고효율 보일러 설비 |

자료: EU TEG(Technical Expert Group on Sustainable Finance), “Taxonomy Technical Report”(2019.6).

가지 활동을 지원하는 활동[Greening by].

TEG의 ‘분류체계Taxonomy’는 ‘EU 그린 본드 발행 기준’ 등 EU 지속가능금융 정책의 출발점 역할을 하게 되며, 이해관계자 의견 수렴 과정을 거친 후 2020년 중 최종 확정될 전망이다.

### 액션 플랜 2: 지속가능금융 상품에 관한 표준 및 상품 이름 개발

기후문제 등 해결을 목적으로 발행되는 그린 본드는 조달자금을 그린 프로젝트를 파이낸싱 또는 리파이낸싱하는 데 활용되는 채권이지만, 아직 전 세계 채권시장에서 차지하는 비중은 1%도 점유하지 못하고 있다. 이에 따라 집행위원회는 EU 그린 본드 시장의 확대를 위해 그린 본드 시장의 선진적 업무 관행에 기초하여 EU만의 그린 본드 표준(EU 그린 본드 발행 기준)을 만들고자 했다.

한편, 상품 이름 개발은 지속가능 활동에 대한 투자선호도를 가진 개인투자가에게 유용한 수단이다. 개인투자가 중에는 자신의 투자가 환경·기후·사회적 요인을 고려한 투자가 되기를 희망하는 사례가 점점 늘어나고 있다. 집행위원회는 지속가능금융 상품에 적절한 이름을 부여함으로써 이러한 투

자가의 요구사항을 반영할 수 있다고 판단하고, 범EU 상품명 체계를 개발하고자 한다. 이를 위해 EU 에코라벨 규제EU Ecolabel Regulation[5]를 활용하는 것이 바람직하다고 판단했다.

액션 플랜 2의 세부 실행계획은 ▲TEG가 주도하여 'EU 그린 본드 발행 기준' 수립, ▲그린 본드 발행 관련 투자설명서Prospectus에 잠재 투자가 대상 추가 정보 제공 방안 수립, ▲특정 금융상품에 대해 EU 에코라벨 체계 활용 가능성 모색 및 EU 분류체계Taxonomy 확정 시 적용 등이다. 'EU 그린 본드 발행 기준'에 대해서는 제8장에서 자세히 살펴본다.

### 액션 플랜 3: 지속가능 프로젝트에 대한 투자 촉진

지속가능성과 성장을 동시에 추구하는 경제성장 모델로 이행하기 위해서는 지속가능 인프라 프로젝트에 대한 민간 투자를 촉진하는 것이 필수적 요건이다. 그러나 EU의 경우, 회원국 간 또는 섹터 간 인프라 프로젝트 개발·실행의 역량에 격차가 상당하기 때문에 대형 프로젝트는 물론이고 소형 프로젝트에도 재무적 지원과 더불어 기술적 지원이 필요한 상황이었다. 이에 따라 EU는 EFSI와 유럽 인프라 투자자문 허브European Investment Advisory Hub라고 하는 2개의 기관Vehicle을 설립하여 지속가능 인프라 투자에 대한 재무적·기술적 지원을 확대해 왔다.

EFSI는 2018년 2월까지 EU의 전략적 프로젝트에 총 2650억 유로(약 340조 원) 규모의 민간 투자를 이끌어내는 성과를 거두었다. EFSI는 최근 EFSI 2.0이라는 이름으로 2020년까지 연장되어 투자 목표를 5000억 유로로 상향 조

---

5 EU 에코라벨 규제: EU는 제품의 제조 및 소비 과정에서 환경에 미치는 피해를 줄이기 위해 제조 과정에서 사용을 금지하거나 제한하는 화학물질들을 규정하고 이를 충족한 제품에 라벨 사용권을 부여했다. 특정 제품의 EU 역내 판매를 간접적으로 제한하는 역할도 했으나, 소비자단체들은 산업의 환경마인드 제고, 소비자의 알 권리 제공 등에도 효과가 큰 것으로 평가하고 있다.

정했다. EFSI는 앞으로 지속가능 프로젝트에 더 많은 투자를 할 예정인데, 최소 40%를 기후변화 대응 프로젝트를 지원하기 위한 이노베이션과 기후변화 대응 인프라에 투자할 예정이다. EU의 다양한 인프라 사업에 대한 투자 지원 게이트웨이 역할을 하는 유럽 인프라 투자자문 허브도 유럽 내 수많은 지속가능 프로젝트에 대해 정책적·기술적 자문을 시행해 오고 있다.

2020년 이후 EU 집행위원회는 단일의 투자펀드를 설정해 EU 내 모든 시장 기반 투자수단을 통합하고 EU 투자 지원의 효율성을 높일 계획이다. 액션 플랜 3의 세부 실행계획은 ▲ 지속가능 인프라 프로젝트 자문 역량 강화 ▲ 지속가능 투자 지원을 목표로 하는 투자수단의 효율성과 임팩트 제고 등이다.

### 액션 플랜 4: 금융자문 제공시 지속가능성 요인 통합

투자회사와 보험판매기관과 같은 금융 중개기관은 고객에 대한 금융상품 자문 프로세스상에서 고객의 투자 목표와 리스크 허용수준 등을 평가하여 적절한 금융상품, 보험상품을 권유하도록 되어 있다. EU의 경우도 '금융상품시장지침The Markets in Financial Instruments Directive: MiFID'[6]과 '보험판매지침Insurance Distribution Directive: IDD'[7]에서 투자회사와 보험판매기관이 금융자문 시 고객의 니즈를 반영한 적절한 상품을 제시하도록 규정하고 있다. 그러나 이러한 금융상품 판매 과정에서 고객의 지속가능성에 관한 선호도는 고려되지 않고 있다. 이에 따라 집행위원회는 이들 기관이 고객의 환경·사회·지배구조 요인에 대한 선호도를 확인하고 금융·보험상품 범위를 고를 때 이를 반영

6 금융상품시장지침: EU 금융시장의 투명성을 제고하고 투자자를 보호하기 위해 만들어진 표준화된 정보공개 규제. 2007년에 최초 제정되었으며 2018년 MiFID II로 개정되었다.

7 보험판매지침: EU 내에서 생명보험, 화재보험, 보험기반 투자상품 등 보험상품을 구매하는 보험소비자를 보호하고 보험판매기관 간의 경쟁을 촉진하는 것을 목적으로 제정된 EU 규제법안. 기존 보험중개지침Insurance Mediation Directive: IMD을 대체하여 2018년에 시행되었다.

하도록 할 계획이다.

액션 플랜 4의 세부 실행계획은 ▲MiFID II, IDD 관련 법안을 수정하여 금융자문프로세스의 적합성 테스트suitability test에 지속가능성 선호도를 포함할 것을 추진하고 ▲유럽증권시장감독청European Securities Markets Authority: ESMA에게 금융자문 시 적합성 테스트에 지속가능성 선호도 조항을 포함토록 하는 것이다.

### 액션 플랜 5: 지속가능성 벤치마크 개발

벤치마크는 투자자들이 벤치마크에 기초하여 성과를 측정하고 자산을 분배할 수 있도록 하는 기능을 하므로 금융상품과 관련 자산의 가격 결정에 중

박스 5-5 • EU 지속가능금융 벤치마크

TEG는 2019년 6월 제출된 중간보고서에서 앞으로 개발될 EU 지속가능금융 벤치마크의 유형과 최소한의 요건을 정의했다. 이 보고서는 각계 의견 수렴 과정을 거친 후 2020년 법제화되어 시행될 예정이다. TEG에 따르면 EU 기후 벤치마크는 두 가지 유형이 있는데 EU Climate Transition BenchmarkEU CTB과 EU Paris-Aligned BenchmarkEU PAB다. 또 TEG는 기후 관련 시장 벤치마크에 대한 최소한의 기술적 요건을 다음과 같이 제시했다.

- 기후 벤치마크는 전체 투자 유니버스 또는 모母 지수에 비해 온실가스 집약도 감소 효과가 상당하다는 것을 입증해야 한다. EU CTB는 최소 30%, EU PAB는 최소 50%의 감소 효과를 보여야 한다.
- 기후 벤치마크는 기후변화 대응과 관련된 섹터에 충분히 비중을 가지고 구성되어야 한다. 기후변화 영향이 큰 섹터(예컨대 에너지)에서 영향이 적은 섹터(예컨대 건강, 미디어)로 비중이 조정되면서 탄소집약도 감소가 이루어지는 것은 허용되지 않는다. 따라서 고高영향 섹터의 비중은 전체 투자 유니버스 또는 모 지수의 동일 비중과 유사해야 한다.
- 기후 벤치마크는 온실가스 집약도 감소 추세를 매년 입증해야 하며, 최소 수준은 IPCC의 1.5℃ 시나리오상 글로벌 탈탄소 경로 수준이어야 한다.

자료: EU TEG(Technical Expert Group on Sustainable Finance), "TEG Interim Report on Climate Benchmarks and Benchmark's ESG Disclosure"(2019.6).

요한 역할을 한다. 인덱스 개발기관들은 전통적 벤치마크들의 지속가능 투자 성과 측정 한계를 극복하고자 지속가능성 목표를 포함한 ESG 벤치마크를 개발하고 있지만, 방법론상 투명성이 확보되지 않아 신뢰성이 높지 않다는 문제가 있었다.

이에 따라 집행위원회는 그린워싱 리스크를 감소시킬 수 있는 보다 투명하고 완전한 지속가능 지수 방법론을 개발하기로 했다. 예를 들어, 파리 협정의 목표와 부합할 수 있는 저탄소지수 관련 지수를 개발하여 저탄소 관련 펀드의 성과를 보다 효과적으로 평가한다는 것이다.

### 3) 지속가능성 요인을 반영한 금융기관 리스크 관리의 정착

기후 관련 자연재해가 증가하면 금융산업은 손실 위험이 증가한다. 맨 먼저 보험회사에 클레임 청구가 집중될 것이며, 은행들도 기후변화 리스크에 노출되어 있거나 자원의존도가 높은 기업들의 수익성이 감소함에 따라 손실 위험이 커질 것이다. 세계적인 재보험사 스위스리Swiss Re의 「시그마 보고서Sigma report」에 따르면 전 세계에서 발생한 자연재해 횟수는 1970년에 43회밖에 되지 않던 것이 2019년에 202회로 5배 증가했다. 자연재해 증가의 대부분은 말할 것도 없이 기후변화에 기인한 것이다. 기후변화에 따른 전 세계 경제적 손실economic loss은 2019년 1350억 달러(약 160조 원)을 기록했는데 2017년에는 3380억 달러(약 400조 원)의 천문학적 경제적 손실을 기록하기도 했다.

그러나 현재 환경과 기후 관련 리스크는 금융섹터 및 금융기관 리스크 관리에서 충분히 반영되지 않고 있다. 이에 따라 집행위원회는 다음과 같은 액션 플랜을 추진하기로 했다.

#### 액션 플랜 6: 시장조사·신용평가에 지속가능성 요인을 반영 확대

최근 시장조사기관market research providers, 지속가능성 평가기관sustainability rating agencies들은 평가대상 기업의 환경·사회·지배구조 성과와 지속가능성 리스크 관리 역량에 관한 평가를 확대하고 있다. 이러한 평가는 자본을 지속가능한 분야로 배분하며 발행자와 투자자 간 정보흐름을 개선하는 데 상당한 기여를 하는 것이 사실이다. 그러나 평가대상 기업의 지속가능성 성과 평가에 관한 시장의 스탠더드가 아직 부족하여 시장조사기관의 자체 방법론에 의존해야 하는 문제가 있다. 신용평가기관의 경우도 평가 프로세스에 어느 정도까지 지속가능성 요인을 고려하는지 여전히 불투명한 측면이 있다.

이에 따라 집행위원회는 유럽증권시장감독청European Securities Markets Authority: ESMA에게 신용평가기관들이 지속가능성과 장기적 리스크 요인을 완전히 통합할 수 있는 솔루션을 만들어낼 것을 요청하기로 했다. 또한 이러한 목표를 달성할 수 있는 새로운 신용평가기관을 설립하는 것을 포함한 다양한 이슈들을 논의해 나갈 예정이다.

액션 플랜 6의 세부 실행계획은 ▲신용평가에 ESG 요인의 반영 현황 조사, ▲신용평가 위한 공시 가이드라인에 환경·사회적 지속가능성 관련 정보 포함 검토, ▲지속가능성 등급평가 및 시장조사에 관한 종합적 분석 실시 등이다.

### 액션 플랜 7: 기관투자가·자산운용사 의무 명확화

EU 법률은 기관투자가와 자산운용사들은 최종 투자자·수익자의 최선의 이익을 위해 행동해야 한다고 규정하고 있는데, 이것이 바로 수탁자의 의무fiduciary duty이다. 그러나 동 법률이 기관투자가와 자산운용사가 투자 의사 결정 과정에서 지속가능성 요인을 반영해야 한다는 의무에 대해서는 명확하게 정의하지 않고 있다. 또 어떤 기관이 이를 반영하고 있더라도 반영 여부, 반영 방법 등에 관해서도 고객에게 충분히 공시하고 있지 않다. 따라서 최종투자자들은 투자의사결정 과정에서 지속가능성 관련 이슈를 반영하고 싶어도 충분한 정보를 얻지 못해 그러지 못한다는 것이 집행위원회의 판단이다.

액션 플랜 7의 세부 실행계획은 ▲지속가능성 반영과 관련하여 기관투자가와 자산운용사의 의무를 명확히 한 법률제안서를 작성하는 것이다.

### 액션 플랜 8: 은행·보험사의 건전성 요건에 지속가능성 요인 반영

은행·보험회사·연금펀드는 유럽 경제의 가장 중요한 자금 공급원 역할을 하고 있기 때문에 지속가능 경제로 이행에 필요한 자금 공급도 결국 이들 기관에 달려 있다. 한편 이들 기관이 여전히 비非지속가능성 자산에 투융자를 지속하고 있다면 기관들은 기후변화와 관련된 리스크에 노출되게 된다.

이에 따라 집행위원회는 은행·보험사의 건전성 규제에 기후 및 기타 환경적 요인과 관련된 리스크를 충분히 반영함으로써, 이들 기관의 건전성 프레임워크의 신뢰성과 유효성을 유지할 계획이다. 특히 '액션 플랜 1'에서 언급한 지속가능성 분류체계Taxonomy가 확정되면 집행위원회는 이를 바탕으로 은행과 보험사가 보유한 지속가능 관련 자산의 리스크를 반영한 자본금 요건을 새롭게 마련할 것이다.

액션 플랜 8의 세부 실행계획은 ▲금융기관의 리스크 관리 정책, 잠재적 자본금 요건 산정에 기후·환경적 요인과 관련된 리스크를 포함하는 것이 타당한지 조사하고, ▲유럽보험연금감독청European Insurance and Occupational Pensions Authority: EIOPA 주관하에 보험회사의 지속가능 관련 투자(특히 기후변화 감축활동에 초점을 둔)가 건전성 규제에 미치는 영향에 관한 의견을 제출토록 하는 것이다.

## 4) 투명성과 장기적 관점 제고

### 액션 플랜 9: 지속가능성 공시 및 회계 관련 규정 강화

기업의 지속가능성 이슈 공시는 투자가와 이해관계자들에게 기업의 장기적 가치 창출과 지속가능성 관련 위험의 양을 평가할 수 있도록 해준다. EU에서는 2018년부터 '비재무정보Non-financial Information에 대한 EU 지침NFI Directive'

에 따라 대규모 공공적 이해를 가진 기관에게 주요 ESG 요인과 관련된 리스크를 어떻게 관리하고 있는지를 공개하도록 하고 있다. 집행위원회는 현재의 공개 제도가 상당한 탄력성을 가지고 정보를 공개하도록 허용하고 있지만, 앞으로는 좀 더 표준화하여 투자 의사결정에 필요한 데이터를 생성할 수 있도록 할 계획이다.

또한 현행 회계규칙이 지속가능 관련 투자의사결정에 도움이 되지 않는다는 우려도 있다. 특히 2016년 10월에 채택된 'IFRS 9'에 의할 경우, 금융상품에 대한 새로운 회계기준이 장기적 투자에 미치는 영향에 관해 우려가 제기되고 있다. 집행위원회에서도 회계기준이 장기적 지속가능 관련 투자를 위축시키면 안 된다는 점을 인식하고 있으며, IFRS의 탄력적 적용을 통해 장기적 투자에 도움이 되도록 수정할 것을 고려하고 있다.

액션 플랜 9의 세부 실행계획은 다음과 같다.

- 상장·비상장 기업에 대한 공시요건이 목적에 맞는지를 평가하기 위해 NFI 지침을 포함하여 기업공시에 관한 EU 입법의 적합성 테스트 실시.
- 기업들이 기후 관련 정보를 어떻게 공시할 것인지 비재무정보에 대한 가이드라인을 제공.
  - FSB의 TCFD 및 EU 분류체계와 일관된 가이드라인 작성.
- 유럽 재무공시자문그룹European Financial Reporting Advisory Group: EFRAG의 일부로 유럽 기업공시연구소European Corporate Reporting Lab 설립.

## 4. 유럽 그린 딜과 지속가능금융의 본격 추진

2019년 12월 전임 융커 위원장에 이어 신임 EU 집행위원장으로 취임한 우르줄라 폰데어라이엔은 EU 역사상 최초의 여성 집행위원장이다. 폰데어라이엔 집행위원장은 취임을 앞두고 발표한 향후 5년간 추진 정책 중의 최우선과제로 유럽 그린 딜European Green Deal을 제시했다. 그녀는 유럽이 최초의 기후중립[8] 대륙world's first climate-neutral continent이 되겠다는 비전을 제시하면서, 기후위기 대응이라는 과제는 우리 시대의 위대한 도전이자 기회가 될 것이기 때문에 혁신과 연구개발에 투자하고, 경제와 산업정책을 새롭게 디자인해야 할 것이라 지적했다. 신임 집행위원장의 비전 제시에 따라 EU 집행위원회는 2020년까지 기후법Climate Law을 제정하여 2050년 탄소중립을 구체화하고, EU의 모든 정책에서 기후변화 대응이 구현되도록 할 예정이다. 폰데어라이엔 집행위원장은 탄소국경세Carbon Border Tax도 도입할 것을 시사했는데, 이는 전 세계 국가들이 EU와 비슷한 수준의 기후변화 대응에 나서고 있지 않은 상황에서 EU의 강력한 정책이 EU 역내산업 경쟁력 약화와 같은 부정적인 영향carbon leakage을 초래할 수 있기 때문에 역내 수입품에 탄소배출에 비례한 세금을 부과하겠다는 것이다. 아직 저탄소 생산공정이 확립되지 않은 한국 기업들에게는 큰 부담이 될 수 있는 정책이다.

EU가 이렇게 기후중립이라는 쉽지 않은 길을 가려고 하는 이유는 이 길이 피할 수 없는 길일 뿐 아니라 오히려 EU에 새로운 성장의 기회를 줄 것이라는 믿음이 있기 때문이다. EU는 유럽 그린 딜이 EU의 새로운 성장전략이라는 점을 분명히 했다. 정치적 수사가 아닌 법적·제도적인 장치를 만들어 제대로 시행함으로써 투자의 시발점이 되고 궁극적으로는 새로운 일자리를 만들어내겠다는 것이라는 것이다. 앞으로 도래할 글로벌 저탄소·탈탄소 시대를 EU가 주도하겠다는 야심도 작용했을 것이다.

유럽 그린 딜이 계획대로 시행되려면 많은 부문에서 변화가 필요하다. 탄

---

8 '기후중립 또는 탄소중립'이란 경제활동 과정에서 발생하는 탄소 배출량만큼 재생에너지 발전·조림·탄소배출권 구입 등의 탄소 감축활동을 통해 탄소배출량을 상쇄시키는 것을 의미한다. 탄소중립 목표 달성을 위해 원자력 사용을 허용할지 여부는 회원국의 자유에 맡겨졌지만 논의 과정에서 찬반 의견이 나뉘었던 것으로 알려졌으며, 석탄의 존도가 높은 폴란드는 자국의 탄소중립 목표를 2070년으로 주장한 것으로 알려졌다.

소집약적 산업은 10년 내에 획기적인 생산 및 공정기술을 도입하고, 건물은 고효율 건물로 재건축되며, 차량은 고연비 차량으로 거의 대체된다. 현재 계획 중인 2025년 유럽 전역 100만 개 전기차 충전소도 더 확대해야 할 것이다. 이러한 변화는 필연적으로 엄청난 규모의 투자를 수반한다. 폰데어라이엔 위원장은 그린 파이낸스에 대한 생각을 이렇게 밝혔다. "생태적 변화의 시대에 가장 먼저 그리고 가장 빨리 움직이는 자가 기회를 가진다. EU가 엄청난 자금을 이 분야의 최신 연구와 혁신에 쏟아 붓는 이유다. 그러나 공적 금융만으로는 부족하기에 민간 투자와 금융 시스템이 지속가능금융과 그린 파이낸싱을 함께 추진하도록 할 것이다"고 말했다. 폰데어라이엔 위원장은 그 일환으로 '그린 파이낸싱 전략'과 '유럽 지속가능 투자 계획Sustainable Europe Investment Plan'을 수립하고 유럽투자은행Europe Investment Bank 일부 기능을 떼어 내 유럽기후은행Europe Climate Bank을 설립하겠다는 계획도 아울러 밝혔다. 이렇게 신임 EU 집행위원장이 지속가능금융 추진에 대한 강력한 의지를 밝힘에 따라 EU가 2016년부터 준비해 온 EU지속가능금융 액션 플랜은 더욱 탄력을 받으며 하나씩 실현될 것으로 보인다.

제6장

# 그린 파이낸스, 기는 미국과 뛰는 영국

신기후경제가 요구하는 금융 기능과 금융 시스템을 갖추는 것은 기후위기에 대응하는 측면 외에 한 나라의 금융산업 경쟁력 유지 관점에서도 매우 중요한 과제가 된다. 유럽연합이 어느 나라보다 선제적으로 지속가능금융의 틀을 구축해 왔지만 금융시장 관점에서 전 세계 최고의 국제금융도시는 역시 뉴욕과 런던이다. 영국의 지엔Z/Yen사가 매년 두 번씩 선정해서 발표하는 국제금융센터지수Global Financial Center Index: GFCI에서 뉴욕과 런던은 매번 1·2위에 번갈아 랭크된다. 3위 이하의 도시는 변동이 있지만 뉴욕과 런던은 부동의 1·2위이다.

이번 장에서는 미국과 영국이 국제금융시장에서 메인스트림 금융이 되어가는 그린 파이낸스 시스템을 어떻게 준비함으로써 자국 금융산업의 경쟁력을 유지하려 하는지 살펴본다.

## 1. 미국의 그린 뉴딜과 그린 뱅크 설립 계획

미국은 2017년 6월 1일 파리 협정에 대한 모든 참여를 중단한다고 발표했다. 트럼프 대통령이 대선 기간 중 파리 협정 탈퇴를 공약했는데 이를 실행에 옮긴 것이다. 이로써 2020년 11월 협정 탈퇴의 효력이 발생하게 되면 미국은 UNFCCC 회원국 중 전 세계에서 유일하게 파리 협정의 비당사국이 될 것이며, 이는 분명 파리 협정의 동력을 떨어뜨리는 결과를 가져올 것이다. 그러나 미국이 파리 협정에서 탈퇴했음에도 미국 사회의 온실가스 감축을 위한 행동은 중단되지 않을 것으로 보인다. 대부분의 미국 기업들은 국제사회의 흐름에 맞추어 온실가스를 감축하기 위한 대규모 투자를 이미 시행한 바 있고, 산업계도 금융·IT 산업은 물론 심지어 에너지 산업에서도 파리 협정 지지를 재확인한다는 입장을 밝혔기 때문이다.

비록 미국은 파리 협정을 탈퇴했지만 에너지 체계를 클린 에너지로 전환하고 온실가스 감축을 지속적으로 추진하고자 하는 노력은 각계에서 지속되고 있다. 제일 먼저 행동에 나선 쪽은 주州 정부들이다. 트럼프 대통령의 파리 협정 탈퇴 발표 직후 캘리포니아, 워싱턴, 뉴욕주 등 미국의 주요 주 정부들은 '미국기후동맹United States Climate Alliance'을 조직하고 주 정부 차원에서 기후변화 대처에 적극 협력할 것을 약속했다.[1] 이들은 트럼프 대통령의 파리 협정 탈퇴 결정과 관계없이 파리 협정에서 약속한 대로 2025년 이산화탄소 배출량을 2005년 수준 대비 26~28% 감축하기 위한 정책들을 시행할 것이라고 밝혔다. 또 이들은 클린 에너지에 대한 금융을 확대할 것도 약속했는데, 청정에너지, 새로운 인프라, 온실가스 감축 분야에 앞으로 수조 달러를 투자할 것이며 이를 위해 그린 뱅크 설립을 포함한 다양한 금융 수단을 활용할 것

---

1 2019년 말 현재 미국기후동맹에 가입한 주는 24개인데, 이는 미국 인구의 55%와 11.7조 달러의 경제 규모에 해당한다.

이라고 밝혔다.

사실 미국 내 그린 뱅크 설립은 새롭게 등장한 이슈는 아니라고 할 수 있는데, 최초의 그린 뱅크 설립 구상은 2008년 오바마 대통령 당선 시점으로 거슬러 올라간다. 당시 오바마 대통령 정권 인수팀은 클린 에너지 개발을 효과적으로 추진하기 위해 그린 뱅크 설립안을 최초로 고안했고, 2009년 연방 정부 차원의 탄소배출권 법안이 상원을 통과하지 못해 무산되자 그 대안으로 주 정부 차원의 그린 뱅크 설립이 본격적으로 추진되었다. 2011년 코네티컷주 정부가 최초의 그린 뱅크를 설립했으며 이어서 2013년에는 뉴욕주에서도 설립했다. 2018년 말 현재 각 주별로 13개의 그린 뱅크 또는 이에 준하는 금융기관이 설립되었으며 이들은 공동으로 '미국 그린 뱅크 컨소시엄'을 구성하여 상호 정보교환 및 공동 투자에 나서고 있다. 그린 뱅크의 운용 방식은 공적 투자자금을 레버리지로 활용하여 클린 에너지 사업에 대한 신용 보강, 공동 투자 등을 추진하는 것이다. 컨소시엄 소속 그린 뱅크들의 공적 투자 대비 민간 투자의 비율(2018년 누계)은 1:3.4 수준이며, 누적 투자 금액은 36.7억 달러에 이른다.

주 정부가 설립한 그린 뱅크가 비교적 성공적으로 운영되자 자신감을 얻은 미국 의회는 주 정부 성공 경험을 바탕으로 연방기후은행 설립을 추진키로 했다. 2020년 1월, 미 하원의 에너지·무역 위원회는 '기후 리더십과 환경 행동 법안Climate Leadership and Environmental Action for our Nation's (CLEAN) Future Act'(이하 CLEAN 법안)을 발의했는데, 법안은 2050년까지 미국의 온실가스 순배출을 제로 수준까지 낮추는 것을 목표로 하고 있다. 미국이 파리 협정을 탈퇴했음에도 에너지, 건물, 수송, 산업 등 각 섹터별로 온실가스 배출을 감축하기 위한 조치를 시행함으로써 기후행동 분야에서 미국의 리더십을 회복하고 신기술·신산업을 발전시키고자 하는 것이다. 또 법안은 '연방기후은행National Climate Bank' 설립 방안도 포함한다. 현재 법안은 공청회와 이해관계자 면담 절차를 거치고 있으며 2021년 이후 법안이 처리될 전망이다. 법안이 통과되

박스 6-1 • 코네티컷 그린 뱅크의 사례

1. **개요**: 2011년 준공공법인 형태로 설립된 미국 최초의 그린 뱅크로서 다음과 같은 역할을 한다.
   - 깨끗하고 값싸며 신뢰할 수 있는 에너지 공급과 아울러 이를 통한 일자리 창출 및 지역 경제 활성화 등 코네티컷주 정부의 에너지 전략을 지원
   - 2020년까지 재생에너지원을 통한 전기 생산 비중을 20%로 확대 추진 지원
   - 주거, 상업 및 산업 소비자들에게 낮은 가격으로 클린 에너지를 사용토록 지원
   - 재원: 전기요금 일부 인상분, 지역 온실가스 할당량 판매에 따른 재원, 연방 보조금, 민간 투자금 등

2. 주요 상품
   - 개발자용Green Energy Solution: 주거용, 상업용 건물 소유자 혹은 신도시 개발 사업자들 중 인증 절차를 거쳐 인증된 사업자에게는 프로젝트 코스트의 50%까지 운전자본으로 자금 지원
   - 상업용Commercial Property Assessed Clean Energy: C-PACE: 건물 소유주가 에너지 효율화 설비 또는 재생에너지 프로젝트를 설치하는 경우 저금리 자금을 지원. 매월 에너지 절감비용이 원리금 상환 규모를 상회하도록 설계
   - 가계용Homeowners: 개인주택이 에너지 효율화 설비 또는 태양열 발전 설비를 설치하는 경우 저금리 자금을 지원

3. 실적
   - 15억 달러 규모 프로젝트를 대상으로 2.4억 달러의 자금을 지원하여 6:1의 레버리지 효과 달성
   - 325MW의 클린 에너지 설비 설치 및 530만 톤의 온실가스 저감 달성(이상 2018년 누계 기준)

면 연방기금으로부터 350억 달러의 자본금이 투입된 대형 비영리 기후은행이 탄생하게 된다. 은행은 2050년까지 미국이 넷 제로net-zero 경제로 전환할 수 있도록 공공 투자와 민간 투자를 주도하게 되는데, 향후 30년간 공공과 민간 투자를 합하여 최대 1조 달러를 투자할 것으로 전망된다.

미 하원 에너지·무역 위원회의 CLEAN 법안은 상대적으로 논란이 많은 '그린 뉴딜Green New Deal' 정책에 비해서는 시장 친화적 방법으로 온실가스 감축을 추진한다고 인식되면서 법안 통과 가능성이 상당히 높아졌다고 알려져 있다. 즉, 민주당의 알렉산드리아 오카시오-코르테즈Alexandria Ocasio-Cortez 하원 의원과 에드 마키Ed Markey 상원의원이 발의한 그린 뉴딜Green New Deal 결의안은 기후변화에 대응해 농업, 건설, 에너지, 교통 분야의 온실가스를 감축하기 위한 것이긴 하나 다소 과격한 방법에 의존한다는 비판이 있었는데, 공화당에서도 오카시오-코르테즈 결의안과 비슷한 내용의 결의안을 제출하는 등 미국 정가에서 기후변화 대응 이슈는 광범위한 지지를 받고 있어[2] 친시장적 CLEAN 법안은 통과될 가능성이 크다. 이에 따라 조만간 연방 그린 뱅크 설립도 빠르게 가시화될 것이다.

박스 6-2 • 미국 연방 그린 뱅크 설립안

**1. 그린 뱅크의 정의**

그린 뱅크는 다음과 같은 특징을 갖는 특수 목적의 공공 비영리 금융기관을 말한다.

- 저탄소·탈탄소 상품 및 서비스에 대한 민간 자본을 유치하는 것을 목적으로 한다.
- 기후변화에 대응하기 위한 금융기법을 활용한다.
- 예금을 수취하지 않고 정부·공공·민간·자선기금 등의 자금으로 운영한다.
- 단독 또는 타 투자자와 공동으로 프로젝트에 투자하거나 자금을 공급한다.

**2. 그린 뱅크의 설립**

- 법안 통과 후 1년 이내에 비영리법인인 '연방 그린 뱅크'를 설립한다.
- 은행은 연방정부의 산하기관은 아니며 IRC 501(a) 조항의 면세 적용을 받는다.

---

2 실제로 미국 유권자를 대상으로 한 조사 결과를 보면 그린 뉴딜은 민주당의 진보적 인사인 오카시오-코르테즈 의원이 발의했음에도, 지지율은 매우 높은 80% 수준으로 나오고 있다. 2018년 12월 예일대학교와 조지메이슨대학교가 공동으로 시행한 그린 뉴딜 정책 지지도 조사 결과를 보면 민주당원의 지지율은 92%였고, 심지어 공화당 지지자도 64%의 지지율을 보였다.

- 자본금: 설립 시 100억 달러, 5년마다 50억 달러 추가 증자(은행 존속기간: 30년).

3. 그린 뱅크의 역할

은행은 다음과 같은 자금 지원 기능을 활용하여, 미국이 온실가스 감축과 관련된 신기술 개발·확대, 검증 기술의 확산 등 기후변화 대응과 관련한 세계의 리더십을 확보하도록 한다.

- 미국의 저탄소·탈탄소 기술과 산업공정에 투자 지원을 실행하여 동 기술과 산업공정이 시장에 확산되도록 한다.
- 연방기금의 투자를 통해 민간 자본을 이끌어 냄으로써 클린 테크놀로지 시장 발전을 지원하되, 민간 투자와의 경쟁은 최소화한다.
- 기후변화 충격에 취약한 커뮤니티가 온실가스 감축 프로젝트를 통해 혜택을 받을 수 있도록 투자한다.
- 저탄소 경제로의 전환에 따라 영향을 받는 근로자와 커뮤니티를 지원한다.
- 미국 내 그린 뱅크가 설립되지 않은 지역의 그린 뱅크 설립을 지원한다.
- 사용자의 에너지 비용 증가를 초래하지 않으면서 청정에너지 경제로 신속한 전환을 유도한다.

4. 그린 뱅크의 운영 방식

1) 직접 자금 지원 방식
   - 선순위, 중순위, 후순위 대출
   - 신용보강(대손충당금 또는 대출보증 형태)
   - 리스크 공유
   - 자본 투자
   - 기타 이사회가 승인한 투자 및 자금 지원 방식

2) 주 정부 또는 지역 그린 뱅크 자본투자: 지역 기반의 그린 뱅크가 해당 지역의 적격 프로젝트 투자에 더 효율적인 것으로 판단되는 경우에는 직접 자금 지원 방식보다 주 정부 또는 지역 그린 뱅크에 자본을 투자하는 방식으로 지원한다.

3) 자금 지원 및 투자 의사결정은 이사회 산하에 투자위원회의 승인을 받도록 하며 이사회 산하 리스크관리위원회의 자문하에 수립된 투자 정책에 부합해야 한다.

## 2. 영국의 그린 파이낸스 추진

### 1) 「기후변화법」과 '청정 성장 전략'

#### ① 2008년 「기후변화법」

영국은 브렉시트가 결정되기 오래전부터 EU와는 독립적으로 매우 강력한 기후변화 대응정책을 펼쳐왔다. 영국은 2008년 「기후변화법Climate Change Act」 제정을 통해 세계에서 가장 먼저 온실가스 감축 목표를 법으로 규정했는데, 1990년 대비 2050년 온실가스 배출량을 무려 80%까지 감축할 것을 정했다. 인당 온실가스 배출량 기준으로는 1990년 14톤에서 2050년에는 약 2톤으로 떨어뜨리겠다는 것이다. 영국 정부는 이러한 2050년 감축 목표 달성을 위한 중간 단계 목표로 5년 단위의 감축 목표를 설정했는데 이를 '탄소예산carbon budget'이라 부른다.

현재 영국은 두 번째 탄소예산 기간을 종료하고 세 번째 탄소예산 기간 중에 있다. 두 번째 탄소예산 기간인 2013년부터 2017년까지의 결과를 살펴보면, 5년간 탄소예산으로 허용된 양은 27억 8000만 톤이었으나 실제 배출량은 24억 톤으로, 3억 8000만 톤(목표 대비 14%)을 적게 배출(초과달성)했다. 연

그림 6-1 • 영국 2050년 온실가스 감축 목표 및 5개년 탄소예산

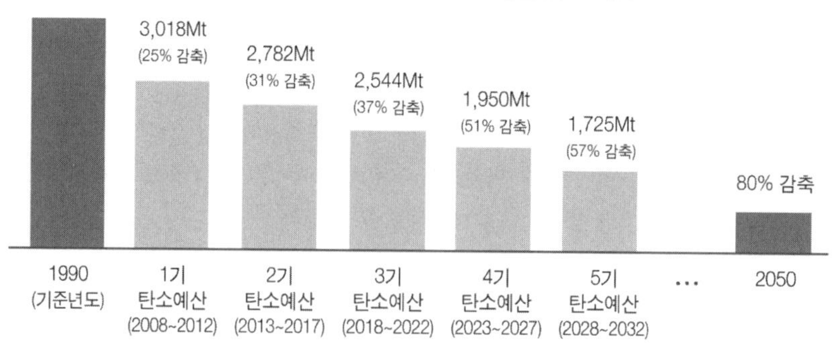


자료: UK Government, "The Clean Growth Strategy"(2018. 4).

평균 배출량으로 환산하면 기준선인 1990년 배출량에 비해 무려 40%나 감축한 결과이다. 영국 정부는 이러한 결과를 매우 자랑스럽게 여기는데, 이는 1990년 대비 경제 규모가 약 70% 성장한 가운데 달성한 결과이기 때문이다.

영국은 여기에 만족하지 않고 2019년 6월 「기후변화법」 개정을 통해 2050년까지 온실가스 순배출량을 제로로 만들겠다는 소위 '넷 제로Net Zero' 목표를 발표했다. 이는 기존 2050년 80% 감축 목표를 더욱 강화한 것으로, 영국은 정치적 선언이나 구호가 아닌 법안을 통해 넷 제로를 명시한 최초의 국가가 되었다.

### ② 영국의 '청정 성장 전략'

영국 정부는 2050년까지 온실가스 '넷 제로'를 달성하기 위한 전략으로 2017년 '청정 성장 전략Clean Growth Strategy'을 수립, 발표했다. 청정 성장 전략은 한마디로 온실가스를 효과적으로 감축하면서도 지속적인 경제성장을 추구하겠다는 것인데, 가계와 기업에 경쟁력 있는 에너지를 공급하면서도 환경을 훼손하지 않는 청정 성장 정책을 추구함으로써 기업 생산성 증대, 고용 창출, 구매력 확대를 도모함과 동시에 기후와 환경도 보호하겠다는 전략이다.

영국은 특히 기후위기가 가져올 새로운 메가트렌드가 글로벌 경제를 재구축할 것이라 전망한다. 파리 협정에서 각국이 약속한 감축 목표를 이행하기 위해서는 글로벌 경제의 모든 부문이 저탄소·탈탄소 기술과 인프라에 엄청난 투자를 실행해야 하는데, 영국은 기후 관련 산업과 금융산업의 강점을 바탕으로 이러한 메가트렌드가 영국 경제의 새로운 기회가 될 수 있도록 활용하겠다는 것이다.

'청정 성장 전략'은 산업·기업, 수송, 가정, 발전, 공공 등 경제의 각 분야별로 50개의 세부 전략을 수립했는데, 주로 에너지 효율 개선, 저탄소 기술개발 등과 관련된 내용이다. 또한 그린 파이낸스 부문에 대한 계획을 다음 내용과 같이 수립하여 그린 파이낸스 확대를 통해 청정 성장을 지원하겠다는 계획도 포함했다.

- 탄소예산 달성에 필요한 공공·민간투자 유치 방안 모색과 글로벌 그린 파이낸스 시장에서 영국의 위상을 확대할 수 있는 방안 연구를 위해 '그린 파이낸스 태스크포스Green Finance Taskforce' 구성
- 영국표준협회British Standards Institution: BSI와 협업을 통해 그린 파이낸스 및 지속가능금융에 관한 스탠더드를 정립
- 청정 기술 분야 초기 기업 투자를 위한 투자 펀드 조성을 위해 2000만 파운드 출연
- 모기지 금융기관과 협업을 통해 그린 모기지 상품 개발

### 2) 그린 파이낸스 태스크포스의 그린 파이낸스 권고안

'청정 성장 전략'에서 제시된 전략에 따라 2017년 9월, 영국 정부는 '그린 파이낸스 태스크포스'를 결성하고 시티 오브 런던City of London의 전 시장former Mayor of London인 로저 기포드 경Sir Roger Gifford을 태스크포스 의장으로 임명한다. 태스크포스는 그린 파이낸스 확대 방안에 대해 10개의 대大주제별로 총 30개의 권고안을 담은 방대한 분량의 보고서를 작성하고, 2018년 3월 이를 정부에 제출했다(표 6-1).

태스크포스의 권고안은 그린 파이낸스가 어떤 수단을 통해 2017년 '청정 성장 전략'의 분야별 목표 달성을 지원할 것인지도 명시했다(표 6-2). 저탄소 전략과 금융 섹터 전략이 각각 별개의 전략이 아니라 서로 연계된 전략이라는 점을 분명히 한 것이다.

표 6-1 • 그린 파이낸스 태스크포스의 그린 파이낸스 확대 방안

| 대주제 | 권고안 |
|---|---|
| **제1주제**: 영국의 그린 파이낸스 시스템을 새로운 통합 브랜드하에 새롭게 론칭하라 | ① 영국 정부와 시티 오브 런던은 신규 그린 파이낸스 기관을 만들고, 그린 파이낸스 정책을 적극적으로 추진하라.<br>② 신규 그린 파이낸스 기관은 그린 핀테크 허브를 설립하라.<br>③ 정부와 신규 그린 파이낸스 기관은 그린 파이낸스에 관한 전략을 공동으로 수립하라. |
| **제2주제**: 데이터와 분석방법론을 선진화하여 기후 관련 리스크 관리를 개선하라 | ④ 민간 금융섹터, 학계, 정부는 기후 분석 센터Center for Climate Analytics를 설립하라. |
| **제3주제**: TF가 작성한 기후 관련 재무적 공시에 관한 권고안을 시행하라 | ⑤ 기업과 투자자들은 재무실적, 지배구조 및 스튜어드십 관련 공시를 개발하기 위해 TCFD의 프레임워크를 사용하라.<br>⑥ 금융 감독 당국은 현재 영국의 기업 지배구조 및 공시 프레임워크에 TCFD 권고안이 통합되도록 하라.<br>⑦ 정부와 감독 당국은 중요한 환경 리스크를 공시하는 것이 현재의 법과 실무하에서도 필수적이라는 점을 감독 가이드라인에 명확하게 하라. |
| **제4주제**: 녹색대출 상품의 수요 공급을 확대하라 | ⑧ 정부는 2018년까지 2035 에너지 효율 등급EPC 목표를 주거용 부동산에서 상업용 부동산으로 확대하고, 2020년부터는 에너지 등급 필수요건requirement for operational energy ratings을 도입하라.<br>⑨ 정부는 2020년까지 주거용, 상업용 부동산에 대해 그린 빌딩 패스포트 제도를 도입하라.<br>⑩ 정부는 '에너지 효율화 개보수energy efficient retrofits'에 대한 수요 확대 및 관련 모기지 대출 확대를 위한 재정적 조치를 검토하라.<br>⑪ 정부는 녹색 컨슈머론과 녹색 모기지론을 확대하기 위해 단기적 인센티브를 제공하라.<br>⑫ 대출금융기관들은 모기지대출 심사 과정에 '그린' 요소를 고려하며 인식을 제고하기 위해 노력하라. |
| **제5주제**: 혁신적인 클린 테크놀로지 투자를 증가시키라 | ⑬ 정부는 초기 기술기업들의 자금조달을 위한 그린 스타트업 액셀러레이터를 설립하라.<br>⑭ 정부는 민관 합동의 그린 벤처캐피탈을 설립하라.<br>⑮ 정부는 공공 조달시장을 통해 영국 기업들을 위한 상업적 기회를 증가시키라. |

| | |
|---|---|
| **제6주제**: 투자자의 역할과 책임을 명확히 하라 | ⑯ 금융 당국은 선관주의 의무Fiduciary duty와 관련하여 ESG 이슈의 중요성을 명확히 하라.<br>⑰ 투자원칙 설명서Statement of Investment Principle에서 사회적·윤리적·환경적 이슈(기후변화 이슈 포함)를 명시하도록 규정하라.<br>⑱ 정부는 수탁자의 투자의사결정이 위탁자의 요구수준preference에 따라 이루어짐을 명확히 하라.<br>⑲ 정부는 투자자문사들이 ESG 이슈에 대해 충분한 전문적 지식과 역량을 갖추도록 하라.<br>⑳ 투자자문사는 고객들의 지속가능성 요구수준을 확인해야 하며 개인투자자 판매 펀드도 펀드의 환경적·사회적 임팩트를 명확하게 명시하라.<br>㉑ 정부와 금융전문가들은 교육을 통해 사회적 이해관계자들의 역량을 개발하라.<br>㉒ 금융규제원FCA은 금융사의 각종 계약에 상기 관련 조항이 제대로 반영되었는지 확인하라. |
| **제7주제**: 소버린 그린 본드를 발행하라 | ㉓ 정부는 국채(소버린) 그린 본드를 발행하라. 이는 영국이 기후위기 대응을 위해 적극적으로 자금을 조달하고 있음을 보여줄 것이다. |
| **제8주제**: 그린 인프라 파이프라인을 구축하라 | ㉔ 정부는 기후대응 자금조달 계획을 수립 시, 영국의 인프라스트럭처infrastructure 계획이 청정 성장 전략 및 '25년 환경계획25 Year Environment Plan'과 조화되도록 하라. |
| **제9주제**: 지역 행동가를 지원함으로써 포용적inclusive 번영을 추구하라 | ㉕ 정부는 지역개발금융펀드를 설립하라.<br>㉖ 공공기관 및 연금기관이 지역기반 저탄소투자를 확대하도록 하라.<br>㉗ 정부는 '청정 성장 재생 지역Clean Growth Regeneration Zone'을 설치하라.<br>㉘ 지자체의 그린 파이낸스에 대한 인식을 제고토록 하라. |
| **제10주제**: 기후회복력resilience을 그린 파이낸스 어젠다에 통합하라 | ㉙ 정부는 전국적 기후대응 유닛resilience unit을 설립하여 기후변화 관련 미래의 변화에 대비할 수 있도록 하라.<br>㉚ 정부는 기후회복력 시장을 개발하기 위한 실행계획을 수립하라. |

자료: Green Finance Taskforce, "Accelerating Green Finance"(2018.3).

표 6-2 • 청정 성장 전략 달성을 위한 그린 파이낸스 태스크포스 권고안

| 분야 | 청정 성장 전략의 목표 | 그린 파이낸스의 역할 |
|---|---|---|
| 혁신Innovation | 저탄소 혁신 분야에 2.5억 파운드 이상 투자 | 혁신적 클린 테크놀로지의 상업화를 지원할 벤처투자 확대 → 제5주제 |
| 기업과 산업 Business & Industry | 기업의 에너지 효율성을 최소 20% 개선 | 신규 녹색대출 상품을 개발하여 에너지 효율 개선을 확산 → 제4주제 |
| 가정Homes | 2035년까지 많은 가정을 EPC Band 'C' 수준으로 개선 | |
| 발전Power | 2025년까지 석탄 화력발전 단계적 폐지 | 대규모, 중소규모 발전소에 대한 투자 증대 → 제6, 7, 8주제 |
| 교통Transport | 2040년까지 전통적 휘발유/디젤 자동차/밴의 신규판매 중단 | 저배출차량 생산 코스트를 감소시킬 수 있도록 자동차 제조업자 및 소비자를 위한 투자와 파이낸스를 촉진 → 제4, 5주제 |
| 천연자원 Natural Resources | 더 나은 환경적 결과 도출 | 금융섹터의 기후변화 대응력 확대 및 투자의사결정에서 환경 요인 고려 확대 → 제3, 10주제 |
| 공공 분야 Public Sector | 공공 분야에서 2021년까지 탄소배출을 30% 감축 | 투자 및 조달 기능을 통해 공공지출의 탄소저감 임팩트를 극대화 → 제9주제 |

자료: Green Finance Taskforce, "Accelerating Green Finance"(2018. 3).

### 3) 영국 정부의 그린 파이낸스 전략

2019년 7월, 영국 정부의 비즈니스·에너지·산업전략부Department for Business, Energy and Industrial Strategy: BEIS[3]는 그린 파이낸스 태스크포스의 권고안을 바탕으로 '그린 파이낸스 전략Green Finance Strategy'을 확정하여 발표했다. 이들은

3 영국 정부에서 비즈니스와 산업전략, 과학과 혁신, 에너지와 기후변화 정책 등을 담당하는 부처.

그림 6-2 • 영국 그린 파이낸스 전략의 세부 전략

자료: UK Government, "Green Finance Strategy, Transforming Finance for a Greener Future"(2019.7).

보고서에서 향후 영국 경제가 저탄소 경제로 전환함에 따라 저탄소·청정 기술, 서비스, 인프라 등에 엄청난 투자를 해야 하는데, 이 과정에서 그린 파이낸스가 중심적 역할을 할 것이라며 그린 파이낸스를 확대하기 위한 전략을 제시했다. 보고서에 따르면 그린 파이낸스 전략의 목표는 환경적으로 지속가능한 경제발전이 이루어지도록 민간 섹터의 금융 흐름을 유도함과 동시에 영국 금융 섹터의 경쟁력을 강화하고자 하는 것이다. 이를 위해 세부 전략 세 가지를 수립했는데(그림 6-2), 첫째는 금융산업 및 금융정책에서 기후·환경 요인의 메인스트림화[Greening Finance], 둘째는 민간 금융이 청정 성장에 기여할 수 있도록 유도[Financing Green], 셋째는 그린 파이낸스 분야의 영국의 리더십 강화[Capturing the Opportunity]이다.

### ① 금융산업 내 기후·환경 요인의 메인스트림화

영국은 일찍부터 기후·환경 요인을 금융산업의 중심적 이슈로 다루는 '사고의 전환transition in thinking'이 이루어지고 있다. 특히 영란은행을 비롯해 건전성감독원PRA, 금융규제원FCA 등 영국의 금융감독기관들이 주도적으로 움직였다. 먼저 건전성감독원은 기후변화가 보험산업(2015년)[4] 및 은행산업(2018년)[5]에 미치는 영향을 분석하여 발표하는 등 기후변화가 금융산업과 금융 안정성에 미치는 리스크 요인을 분석하고자 했다. 2019년 PRA는 은행 및 보험산업에 대한 기후변화 관련 감독방향Supervisory Statement[6]을 발표하여 금융기관의 지배구조, 리스크 관리, 공시 등에 기후 관련 요인을 어떻게 반영할 것인지 제시하기도 했다.

한편 PRA가 조사한 바에 따르면 영국 은행의 70%는 기후변화로 인한 물리적 리스크physical risk와 전환 리스크transition risk를 중요한 금융 리스크로 인식하고 있다고 한다. 그러나 금융기관들이 이를 실제로 리스크 관리에 반영하고 새로운 금융 기회로 활용하는 단계에까지는 이르지 못했다. 영국의 금융 감독기관들은 금융기관들이 기후·환경 요인의 기회와 리스크 요인을 명확하게 인식하는 것이 그린 파이낸스 확장을 위한 첫걸음이라는 인식하에, 2019년 7월 「기후변화에 관한 공동 성명서Joint Statement on Climate Change」를 발표하기에 이르렀다. 그 전문은 박스 6-2와 같다.

박스 6-2 • 기후변화에 관한 공동 성명서

> 기후변화는 우리 시대를 규정짓는 이슈 중 하나다. 우리는 기후변화가 물리적 리스크와 전환 리스크를 야기함으로써 광범위한 금융 리스크를 가져올 수 있음을 인식한다. 물리적 리스크는 극한 기후로부터 발생하며, 전환 리스크는 탄소중립 경제로

---

4 PRA, "The impact of climate change on the UK insurance sector"(2015).

5 PRA, "Transition in thinking: The impact of climate change on the UK banking sector"(2018).

6 PRA, "Enhancing banks' and insurers' approaches to managing the financial risks from climate change"(2019).

이행하는 과정에서 발생한다. 기업들은 기후변화가 기업 의사결정에 영향을 미칠 수 있다는 점을 인식해야 하며, 동시에 기업이 환경에 미치는 영향에 대해서도 책임져야 한다. 금융 리스크는 집단적 행동을 통한 순차적 전환을 통해서만 최소화될 것이다. 우리는 협력적인 기후 관련 행동을 그린 파이낸스 전략의 관점에서 환영하는 바이며, 가까운 미래에 협력이 더욱 강화되기를 기대한다.

건전성감독원Prudential Regulation Authority, 금융규제원Financial Conduct Authority, 재무보고위원회Financial Reporting Council, 연금감독원The Pension Regulator

이와 별도로 영국 정부는 2019년 '그린 파이낸스 인스티튜트Green Finance Institute: GFI'를 설립하고 이들이 그린 파이낸스에 관한 공공과 민간의 협력 프로그램을 주도하도록 했다. GFI는 영국 재무부, 비즈니스·에너지·산업전략부 등의 펀딩으로 설립되었는데, 위에서 언급한 그린 파이낸스 관련 세 가지 전략을 실행에 옮기는 데 도움이 되는 연구 수행, 행사 개최, 협력 프로그램 론칭 등을 추진함으로써 영국 정부의 그린 파이낸스 실행기관으로서 자리매김을 할 것으로 예상된다.

영국 정부는 기후변화 관련 정보 공개를 확대하기 위한 조치도 발표했다. 영국 정부는 2017년 기후변화 관련 기업의 자율적 공시 프레임워크인 TCFD에 대한 공식적 지지를 표명한 데 이어, 2022년까지 모든 상장기업과 대형 자산보유기관asset owners들이 TCFD 권고사항에 따른 공시를 하게 될 것이라고 언급했다. 영국은 이를 위해 영국 정부와 모든 감독기관이 참여하는 공동 태스크포스를 결성하여 TCFD 공시 의무화 여부 및 효과적인 공시 방식을 검토할 예정이다. 영국 정부는 민간 부문의 TCFD 참여 유도를 위해 정부 산하 개발금융기관인 CDC, 수출금융기관인 UKEF에게 2020/21 회계년도부터 TCFD 권고사항에 따른 공시를 시행토록 했다.

영국은 세계의 표준Standard을 리드하는 나라답게 그린 파이낸스에서도 업무 표준을 수립하고자 한다. 영국 정부는 영국표준협회British Standards Institution: BSI를 통해 지속가능금융과 관련해 국제적으로 적용시킬 수 있는 업무 표준을 개발하고 있다. 현재 개발 중인 업무 표준은 지속가능금융 프레임워크[PAS 7340]와 지속가능투자운용 프레임워크[PAS 7341]이다. 영국표준협회는 금융업계 및 이해관계자 등의 공청회를 거쳐 업무 표준을 확정할 계획이다.

### ② 민간 금융의 청정 성장 참여를 유도

영국 정부는 다양한 방법을 통해 민간 자금이 그린 인베스트먼트에 투자를 확대하도록 유도하고 있다. 대표적인 것이 정부가 공공 펀드를 통해 먼저 자금을 대고 민간 펀드가 매칭으로 참여하는 방식인데, 예를 들어 잉글랜드와 웨일스 지방에 저탄소 방식으로 열배관을 설치하는 열배관 투자 프로젝트Heat Networks Investment Project의 경우 영국 정부가 3.2억 파운드의 자본을 먼저 투자하고 이를 바탕으로 2021년까지 10억 파운드의 민간 투자금을 유치하려는 프로젝트이다. 이와 유사한 프로젝트 펀드로 표 6-3에서와 같은 것들이 계획되고 있다.

표 6-3 • 정부와 민간 매칭 투자가 진행되는 그린 인베스트먼트 프로젝트

| 프로젝트 펀드 명 | 정부 출연 규모 | 프로젝트 목표 |
|---|---|---|
| Clean growth venture capital fund | 2000만 파운드 | 청정 성장 관련 기술 기업 투자 펀드 |
| Charging Infrastructure Investment Fund | 2억 파운드 | 충전 인프라 관련 기업 투자 펀드 |
| Industrial Energy Transformation Fund | 3.1억 파운드 | 에너지 집약적 기업의 저탄소·저에너지 전환 지원 |
| Natural Environment Impact Fund | | 환경 프로젝트 사업화 지원 |

자료: UK Government, "Green Finance Strategy, Transforming Finance for a Greener Future"(2019. 7).

영국 정부는 그린 인베스트먼트에 대한 금융 지원을 위해 투자 펀드 결성뿐 아니라 그린 뱅크 설립을 통한 직접 투자에 나서기도 했다. 영국 정부가 2012년 설립한 '그린인베스트먼트뱅크Green Investment Bank: GIB'가 바로 그것인데, 2008년 「기후변화법」 제정을 계기로 설립이 본격화되었다. 즉, 기후변화법에 규정된 바에 따르면 영국은 2050년까지 상당한 규모의 탄소를 감축해야 하는데, 이를 위한 기업과 정부의 저탄소 인프라 구축에 향후 20년간 최대 1조 파운드의 투자가 필요할 것이라는 전망이 제기된 것이다. 이러한 대규모 투자를 공공 투자로만 충당할 수 없다는 공감대가 형성되면서 그린 프로젝트를 전문으로 파이낸싱하는 정부 출연의 인프라 전문 은행의 탄생이 논의되었고, 2012년 30억 파운드(한화 약 5.4조 원, 2012년 환율 기준)의 초기 자본금을 가진 세계 최초의 그린 뱅크가 탄생하게 된 것이다.

은행이 출범하자 은행은 30억 파운드의 자체 재원을 가지고 설립 후 단 5년 만인 2017년까지 민간 금융기관 및 투자 파트너들과 협력을 통해 총 120억 파운드에 해당하는 100여 개 프로젝트에 파이낸싱을 진행하는 성과를 거두었다. 그러나 2017년 영국 정부는 대규모의 자본이 투입된 공적 금융기관이 갖는 한계와 비효율성을 절감함과 동시에 투자재원을 회수할 목적으로 은행에 대한 민영화 절차에 들어갔다. 그린인베스트먼트뱅크는 글로벌 투자은행인 맥쿼리 그룹이 인수했으며, 지금은 맥쿼리 내의 그린 인베스트먼트 그룹Green Investment Group이라는 이름의 사업부로서, 글로벌 그린 인프라에 대한 개발 및 투자와 관련된 종합적 서비스를 제공하는 민간 금융기관으로 탈바꿈했다.

### ③ 그린 파이낸스 분야에서 영국의 리더십 강화

영국 정부는 그린 파이낸스 시장이 금융시장의 한 축이 될 것으로 확신하고, 글로벌 금융시장에서 런던 금융시장이 갖는 경쟁력과 리더십을 그린 파이낸스 분야에서도 계속 유지하기 위한 방안을 모색하고 있다. 그 첫 번째 조치는 그린 파이낸스 확산과 글로벌 그린 파이낸스 리더십 확보를 목적으로 한 '그린 파이낸스 인스티튜트GFI' 설립이다. GFI 설립은 그린 파이낸스 태스크포스의 첫 번째 권고사항이기도 한데, GFI의 미션은 다음 네 가지로 요약된다.

- 그린 파이낸스 자본 공급에 장애 요인을 제거함으로써 경제적 전환을 가속화.
- 금융감독기관 및 정책 당국과 긴밀한 협의를 통해 금융 시스템의 그린화 지원.
- 영국 그린 파이낸스의 전 분야에 걸쳐 관련 자원을 통합하고 성과를 공유할 수 있는 디지털 플랫폼을 운영하는 등 영국 그린 파이낸스 경쟁력 지속 확보.
- 국제적 파트너십, 행사 등을 통해 글로벌 그린 파이낸스 어젠다를 주도.

영국 정부는 GFI와 같은 준정부기관이 앞장서고 민간 금융기관이 참여하는 형태로 개발도상국의 그린 파이낸스 시장에 진출하고 동 시장에서 영국의 리더십을 확보하고자 한다. 브라질, 중국, 인도, 멕시코와 같은 나라가 주요 대상 국가인데, 영국은 이들 나라에 금융 서비스를 수출하고 크로스 보더cross border 자금 공급을 도모하고 있다. GFI가 이들 국가와 파트너십 확보에 중심적 역할을 하게 될 것이다.

영국 정부는 그린 파이낸스 분야의 새로운 금융상품과 그린 핀테크 개발을 장려하기 위해 기후 및 환경 관련 데이터 공유와 데이터 분석에도 힘쓰고 있다. 영국 정부는 이미 기후·환경과 관련된 방대한 양의 정보를 일반에게 공개하고 있는데, 기후·환경 관련 금융 데이터는 정부기관뿐 아니라 학계와 시민사회, 민간섹터를 통해서도 축적되고 있어 이들 데이터를 함께 공유하는 것이 필요하다. 영국 정부가 공개하고 있는 기후 관련 리스크 데이터 또는 데이터 제공기관 사례를 들어보면 다음과 같은 것들이 있다.

- 물리적 환경 데이터: 홍수 지도 데이터Flood map data, 영국 기후 예측 정보The UK Climate Projections, 환경적 변화 데이터Environmental change, 리서치와 이노베이션UK Research and Innovation, 환경 데이터 분석 센터The Centre for Environmental Data Analysis: CEDA, 데프라 환경 분석Defra's Environment Analysis Unit.
- 에너지 및 온실가스 관련 데이터: 국가 대기 배출량 인벤토리National Atmospheric Emissions Inventory, 에너지 등급 인증서 데이터Energy Performance Certificate EPC data.

그린 파이낸스 상품·서비스를 확산하기 위한 다양한 정책도 시행되고 있다. 2018년 FCA는 기존에 추진하던 핀테크 산업 지원을 그린 핀테크 지원으로 전환했는데, 2018년 개최된 '그린 핀테크 챌린지'가 그 사례다. 그린 핀테크 챌린지에서는 혁신적인 저탄소·저에너지 솔루션을 개발하는 혁신적 스타트업 9개사를 선정하여 규제 샌드박스 지원, 전담 자문관 지정, 승인 절차 간소화 등 다양한 지원책을 시행했다. 개인주택의 탄소배출 감축을 지원하는 새로운 금융상품도 파일럿 테스트 단계를 거치고 있다. '그린 홈 파이낸스 혁신펀드Green Home Finance Innovation Fund'라는 파일럿 금융상품은 개인주택의 에너지 효율화 개보수에 대해 인센티브를 제공하는 상품인데, 이 테스트 상품을 통해 그린 파이낸스 상품이 어느 정도까지 소비자들에게 어필할 수 있는지를 테스트할 예정이다. 그린 본드 시장 확대를 위한 조치로 소버린 그린 본드를 발행할 것도 검토 중에 있다.

그린 파이낸스 시장이 확대됨에 따라 금융산업 및 환경 부문 종사자들을 대상으로 한 그린 파이낸스의 원리, 구조, 실무 등을 가르치는 교육 프로그램의 수요도 증가하고 있다. 영국은 런던 금융시장을 중심으로 글로벌 금융기관, 금융 교육기관, 세계적 명성을 가진 학자들이 즐비해 그린 파이낸스 분야의 전문가를 양성할 수 있는 환경과 여건이 뛰어난 곳이다. 영국 정부는 이

그림 6-3 • 그린 파이낸스 정상회의 2019

러한 교육 수요와 자격증 수요가 전 세계로부터 크게 증가할 것으로 판단하고 이를 구체적인 사업으로 전환하고 있다. 2019년 영국 정부는 금융·회계 관련 협회 및 금융기관 CEO들과의 라운드테이블 미팅을 갖고, 그린 파이낸스 역량 개발을 목적으로 한 교육 프로그램을 개발하는 방안을 논의했다. 이어서 2019년 7월에 열린 '그린 파이낸스 서밋(그린 파이낸스 정상회의)' 행사에서는 금융산업과 정부가 공동으로 '그린 파이낸스 교육 선언Green Finance Education Charter'을 발표했는데, 선언문에서는 금융산업 종사자들에게 그린 파이낸스와 관련된 지식과 기술을 배양시키고 기후변화가 가져올 리스크와 기회 요인을 평가할 수 있도록 하는 교육에 신속히 나설 것을 결의했다. 2020년에는 각 금융 관련 협회가 공동으로 개최하는 '그린 파이낸스 교육 컨퍼런스Green Finance Education Summit'도 열릴 예정이다.

제3부에서는 각 금융 섹터별 글로벌 지속가능금융 시장의 변화 양상, 각 섹터별 추진 전략을 구체적이고 실무적인 수준까지 다룬다. 최근 채권 시장과 주식 시장에서 급부상하고 있는 지속가능금융 관련 금융 상품들의 종류와 의미 등을 살펴보고, 특히 그린 본드에 대해서는 한 장을 할애하여 발행 절차, 발행 기준 등 실무적인 도움이 될 수 있는 내용을 포함했다. 은행과 보험 산업에 대해서는 각 금융기관 전략 및 상품 기획자들이 참고할 수 있도록 지속가능금융 시대의 섹터별 추진 전략을 실었다. 또 그린 파이낸스 시장의 발전을 위한 필수 인프라라고 할 수 있는 기후 관련 재무정보공시 제도에 대해서도 세부적인 내용까지 다루었다.

제3부

# 글로벌 지속가능금융 시장의 성장

제7장
# 글로벌 지속가능 투자시장의 형성

국제사회와 선진국 정부가 금융정책과 규제 프레임에 지속가능성을 내재화시키고 지속가능성 프로젝트로 자본의 흐름을 유도하기 위한 방안들을 하나씩 실행에 옮기는 사이, 글로벌 금융기관들은 벌써 지속가능금융 시장에서 새로운 투자기회와 수익창출 기회를 발견하고 움직이고 있었다. 기후위기 대응을 위한 새로운 산업이 부상하고 기업들도 새로운 자금조달 방식을 필요로 하게 됨에 따라 이를 파이낸싱하는 금융기관에게도 새로운 비즈니스가 탄생한 것이다. 가장 먼저 그리고 가장 활발하게 움직이는 시장은 금융투자시장이다. 많은 글로벌 투자자들이 돈만 많이 버는 기업이 아니라 환경과 사회에 긍정적 영향을 줄 수 있는 기업과 프로젝트에 투자하고 싶어 하기 때문이다.

이번 장에서는 세계적으로 급성장하고 있는 글로벌 지속가능 투자시장의 현황을 돌아보고, 채권시장과 주식시장에서 새롭게 나타난 지속가능성 관련 금융상품과 투자상품에는 어떤 것들이 있는지 알아본다.

## 1. 글로벌 지속가능 투자시장

### ① 글로벌 지속가능 투자시장의 폭발적 성장

#1. 약 7조 달러(약 8400조 원)를 운용하는 세계 최대의 자산운용사인 블랙록BlackRock의 래리 핑크 최고경영자는 2020년 투자자 연례 서한에서 "화석연료 관련 매출이 총매출의 25% 이상인 기업들은 2020년 중반까지 포트폴리오에서 제외하고, 대신 ESG를 추종하는 상장지수 펀드ETF를 지금의 두 배인 150개 이상으로 늘리겠다"고 발표했다(박스 7-1).

#2. 노르웨이 국부펀드Government Pension Fund Global: GPFG는 2020년 중 화석연료 관련 기업 투자를 대폭 줄이고, 태양광과 풍력 등 재생에너지 투자 확대에 나서기로 했다. GPFG는 이미 2015년에 매출이나 전력 생산량의 30% 이상을 석탄에서 얻는 기업에는 투자하지 않을 것임을 발표했는데, 이번에 추

박스 7-1 • 블랙록 래리 핑크 최고경영자의 2020년 서한

> BLACKROCK
>
> 세계 최대 자산운용사인 블랙록의 래리 핑크 최고경영자는 2020년 1월 투자대상 기업의 최고경영자들에게 보낸 서한에서 "금융투자 부문은 지금 근본적 변혁의 경계에 들어서고 있다. 모든 기업은 기후변화 행동에 나서야 한다. 그렇지 않으면 '지속 불가능한' 사업활동에 대한 투자자들의 분노에 직면하면서 미래 자산·수익이 크게 훼손될 수 있다"고 경고했다. 또한 그는 투자고객에 보낸 서한에서는 "총매출의 25% 이상을 석탄화력을 이용한 생산·제조 활동으로 얻고 있는 기업은 투자 포트폴리오에서 제외하고 올해 중순까지 매각하겠다"고 선언했다. 기후변화 관련 지표와 위험을 투자 의사결정에서 핵심 요인으로 반영해 투자전략을 전면 수정하겠다는 것이다.
>
> 그는 편지에서 "기후변화가 국공채 투자부터 장기주택 모기지까지 모든 자산에 광범위한 영향을 미치기 시작했다. 자본시장 전망에서 기후 관련 위험이 당초 예상한 것보다 앞당겨 나타나고 있어서 생각보다 훨씬 빨리 자본 배분과 관련한 중대한 변동이 일어날 것"이라고 밝혔다. 그는 이러한 변화는 "점점 더 많은 투자자들이 지속가능한 자산 포트폴리오 운용을 요구"하고 있기 때문이라고 말했다.

가적인 조치를 취한 것이다. GPFG의 이번 결정은 화석연료 수요 감소에 따른 가격 하락 위험을 방지하고 기후변화와 관련된 새로운 기회에 투자하기 위한 것이다. 화석 연료에 대한 투자 철회 규모는 120억 달러 규모로, 여기에는 150개 석유·천연가스 관련 기업과 석탄 관련 기업이 다수 포함되었다. 반면 재생에너지 투자 상한액은 140억 달러에서 200억 달러로 상향 조정했다.

#3. 세계적 자산운용사인 미국의 스테이트 스트리트 글로벌 어드바이저스SSGA는 2020년 운용전략에서 ESG 개선이 부실한 기업에 대해서는 의결권을 적극 행사하겠다고 발표했다.

투자금융업계의 지속가능 투자가 폭발적으로 성장하고 있다. '글로벌 지속가능 투자연합회Global Sustainable Investment Alliance: GSIA'의 보고서에 따르면 2018년 기준 전 세계 투자자산 잔고Asset Under Management: AUM는 92조 달러다. 이 중 지속가능 투자전략을 취하는 것으로 파악되는 투자자산은 30.7조 달러로 총투자자산의 33%의 비중을 차지한다. 원화로 환산하면 3.6경 원의 엄청난 자금이다. 2016년 대비 성장률을 보면 전체 AUM이 2년간 13.4%가 증가한 반면 지속가능 투자는 34.4%의 성장세를 보였으니(그림 7-1), 그야말로 폭발적 성장을 하고 있다 해도 과언이 아닐 것이다.

그림 7-1 • 지속가능 투자 AUM 성장

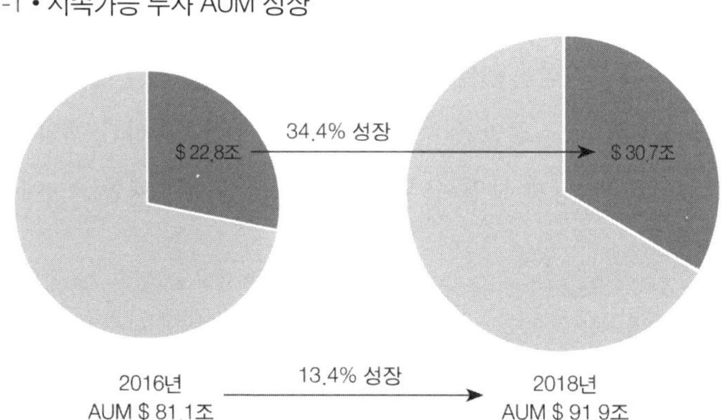


자료: Global Sustainable Investment Alliance, "2018 Global Sustainable Investment Review"(2019.3).

### ② 지속가능 투자의 의미와 방식

지속가능 투자[1]는 포트폴리오의 선별과 운용에 수익성·성장성 등 전통적 기준 외에도 환경·사회·지배구조Environment, Social and Governance: ESG 요인을 고려하는 투자 방식이다. ESG 관련 고려요소는 일반적으로 표 7-1과 같이 구분할 수 있다.

표 7-1 • ESG 관련 고려요소

| 환경Environmental 이슈 | 사회Social 이슈 | 지배구조Governance 이슈 |
|---|---|---|
| 기후변화 및 탄소배출<br>대기 및 수질오염<br>생물 다양성<br>삼림 벌채<br>에너지 효율<br>폐기물과 쓰레기<br>물 부족 | 고객만족<br>데이터 및 개인정보 보호<br>젠더 다양성<br>지역사회<br>직원만족<br>인권 | 이사회 구성<br>감사위원회 구성<br>임원 보상<br>내부 고발자 제도<br>뇌물 및 부패 |

지속가능 투자의 개념이 시작된 것은 2000년 중반부터인데, UN 환경계획의 금융 이니셔티브인 UNEP FI가 2006년 '책임투자 원칙PRI'을 수립하고 자산보유기관, 자산운용기관들에게 ESG 투자에 나설 것을 요구한 것이 그 시초라고 할 수 있다. 그 후 캘리포니아주 공무원연금CalPERS과 같은 선도적인 연기금, 국부펀드, 자산운용사가 ESG 투자에 적극적으로 나서면서 관련 시장이 점점 성장했다. 그동안 일부 헤지펀드 등 자산운용사가 책임투자라는 이름으로 다소 무리하게 보일 수 있는 관여Engagement와 행동Action에 나서면

---

1 지속가능 투자 또는 ESG 투자는 사회적 책임투자Social Responsible Investment: SRI와 유사한 의미로 사용되는 경우도 있으나, ESG 투자는 사회적 책임투자에 비해 선관주의 의무에 기반한 최적의 투자성과를 강조한다는 점에서 다소 차이가 있다. 한편 UN PRI에서는 사회적Social이라는 말을 생략하고 책임투자Responsible Investment: RI라는 용어를 사용하는데, 책임투자 역시 투자전략에 ESG 요소를 감안한 투자의사결정을 통해 최선의 리스크 관리와 투자성과를 올리는 것을 목표로 한다.

표 7-2 • GSIA의 지속가능 투자전략 분류

| 지속가능 투자전략 | 지속가능 투자의 구체적 내용 |
|---|---|
| 네거티브/투자 배제 스크리닝 Negative / Exclusionary screening | 펀드나 포트폴리오에서 특정 ESG 기준을 충족하지 못하는 섹터, 기업, 활동을 배제 |
| 포지티브/베스트클래스 스크리닝Positive / Best-in-class screening | 업종 평균에 비해 양호한 ESG 성과를 내는 섹터, 기업, 프로젝트에 투자 |
| 규준 스크리닝 Norms-based screening | OECD, ILO, UN, UNICEF 등의 국제적 기준을 준수하는 투자인지 판단하여 투자 |
| ESG 통합ESG Integration | ESG 정보를 전통적 재무분석에 더해 분석하고 그 결과를 투자 포트폴리오 구성/배제에 체계적으로 활용 |
| 지속가능 테마 투자 Sustainability Themed Investing | 클린 에너지, 그린 테크놀로지, 지속가능농업 등 지속가능성과 관련된 테마주나 자산에 투자 |
| 임팩트/지역사회 투자 Impact / Community Investing | 사회·환경 문제 해결을 목적으로, 전통적 방식으로는 투자가 되지 않는 분야나 특정 사회·환경 목적을 가진 비즈니스에 투자 |
| 경영 관여 및 주주행동Corporate Engagement and Shareholder Action | 경영진·이사회에 대한 직접적 경영 관여, 주주 제안권 행사, ESG 가이드라인에 따른 주주권 행사 등을 통해 기업행동에 영향을 미치고자 하는 투자 방식 |

자료: Global Sustainable Investment Alliance, "2018 Global Sustainable Investment Review"(2019. 3).

서 인식에 부정적인 영향을 주기도 했지만, 전 세계적으로 책임투자 또는 지속가능 투자의 도도한 흐름은 지속적으로 확대되었다. 2012년 GSIA는 그동안 이루어진 투자기관들의 ESG 투자전략을 종합하여 ESG 투자를 표 7-2와 같은 일곱 가지 전략형태로 분류했다.

### ③ 전 세계 지속가능 투자자산 운용 세부현황

2018년 기준 전 세계 투자자산 92조 달러 중 지속가능 투자자산은 30.7조 달러로 총투자자산의 33%의 비중을 차지하는데, 이를 지역별로 살펴보면 지역별 특성이 확연하게 드러난다(그림 7-2). 유럽은 전체 AUM의 절반인 48%가 지속가능 투자전략을 취하고 있다. 반면 전 세계 AUM의 절반을 가지고

그림 7-2 • 글로벌 지속가능 투자자산 현황(2018년)

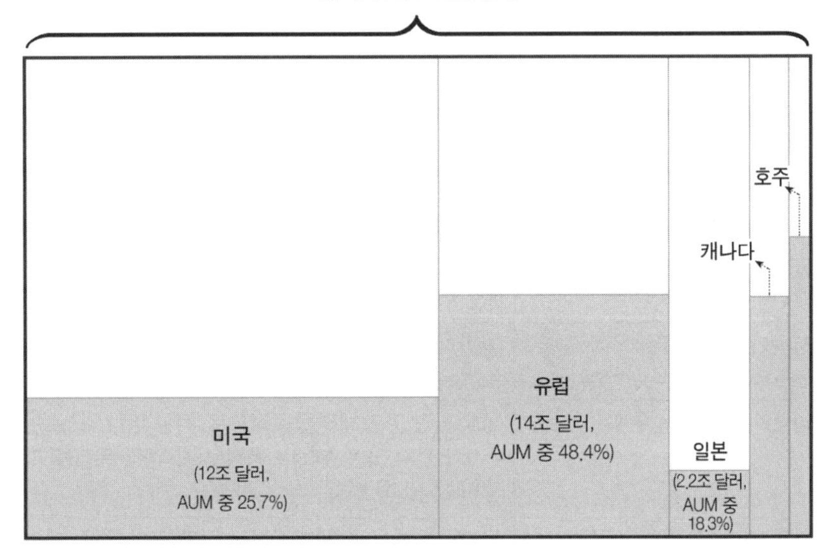


자료: Global Sustainable Investment Alliance, "2018 Global Sustainable Investment Review"(2019. 3).

표 7-3 • 지역별 총AUM 중 지속가능 투자자산 비중

| | 2014 | 2016 | 2018 |
|---|---|---|---|
| 유럽 | 58.8% | 52.6% | 48.4% |
| 미국 | 17.9% | 21.6% | 25.7% |
| 캐나다 | 31.3% | 37.8% | 50.6% |
| 호주·뉴질랜드 | 16.6% | 50.6% | 63.2% |
| 일본 | - | 3.4% | 18.3% |

자료: Global Sustainable Investment Alliance, "2018 Global Sustainable Investment Review"(2019. 3).

있는 미국은 지속가능 투자 비중이 26% 정도다. 그나마 다행스러운 것은 최근 미국 자산운용사의 지속가능 투자자산 비중이 빠르게 커지고 있다는 점이다. 미국의 이러한 움직임은 트럼프 대통령이 환경 및 기후 관련 규제를 완화하고, 심지어는 오염원 배출 기업을 지원하는 법안까지 만들어주는 중

그림 7-3 • 글로벌 지속가능 투자전략(2016~2018년)

(단위: 10억 미 달러)

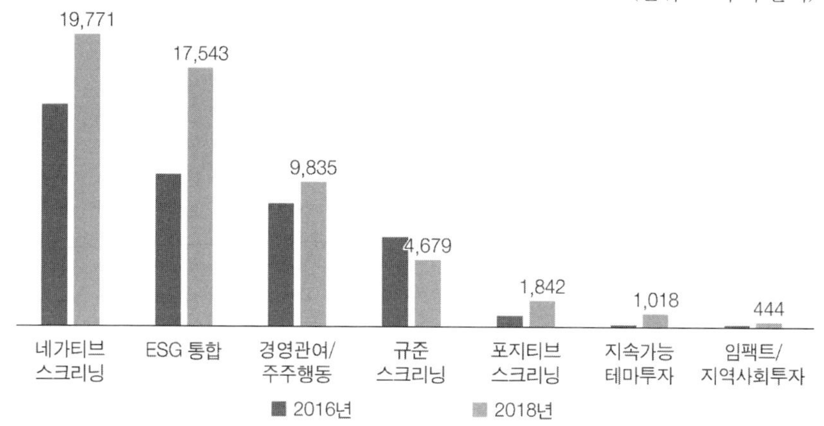


자료: Global Sustainable Investment Alliance, "2018 Global Sustainable Investment Review"(2019.3).

에 나오는 현상이라는 점을 주목해야 한다. 미국 내 투자자들의 움직임이 심상치 않자 예를 들어 오일 메이저인 로열 더치 셸Royal Dutch Shell Plc이나 글로벌 원자재·광산 대기업인 글렌코어Glencore Plc 같은 회사도 이사회에서 온실가스를 제한하는 행동과 관련된 어젠다를 논의하지 않을 수 없게 되었다.

전 세계 지속가능 투자를 그들이 취하는 전략을 기준으로 분류해 보면, '네거티브/투자 배제 스크리닝 전략'이 19.8조 달러로 가장 큰 비중을 차지하고, 'ESG 통합 전략'이 17.5조 달러, '경영 관여 및 주주행동 전략'이 9.8조 달러로 나타나고 있다(그림 7-3).

지속가능 투자의 자금원천을 개인투자자와 기관투자자로 구분할 경우, 절대적 규모는 기관투자자의 지속가능 투자가 여전히 크지만 개인투자자 자금의 비중이 점점 커지고 있음에 주목할 필요가 있다(그림 7-4). 이는 밀레니얼 세대를 비롯하여 환경을 중시하는 개인들이 증가하면서, 이들은 자신의 투자자금이 어떤 의미가 있는 곳에 투자되거나 최소한 나쁜 기업에는 투자되지 않기를 바라는 경향이 점점 커지기 때문에 나타나는 현상이다.

그림 7-4 • 글로벌 지속가능 투자자산 중 개인투자자와 기관투자자 비중(2016~2018년)

(단위: %)

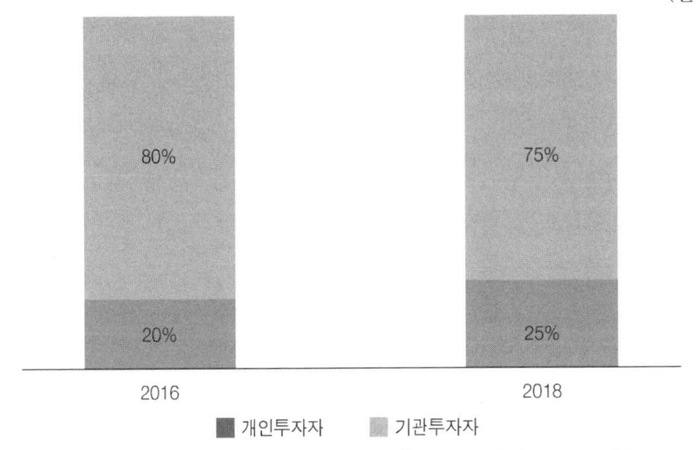


자료: Global Sustainable Investment Alliance, "2018 Global Sustainable Investment Review"(2019.3).

그림 7-5 • 글로벌 지속가능 투자자산 자산배분(2018년)

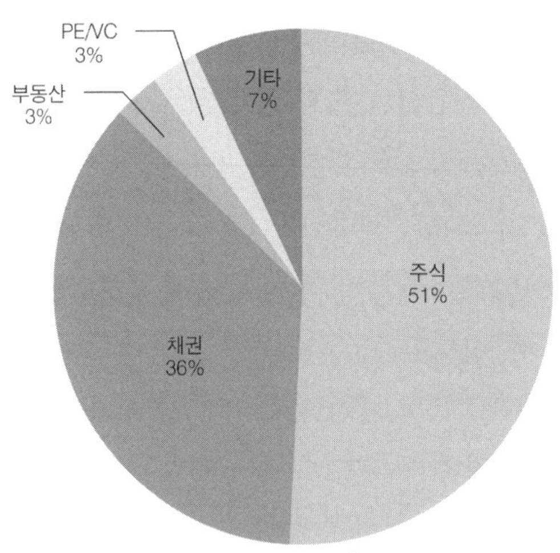


자료: Global Sustainable Investment Alliance, "2018 Global Sustainable Investment Review"(2019.3).

지속가능 투자의 자산배분 형태를 보면, 상장주식이 51%로 가장 많고, 채권Fixed Income 자산이 36%로 두 번째 비중을 차지하는데, 부동산 자산 및 벤처캐피탈 부문에서도 작지만 지속가능 투자가 이루어지고 있다(그림 7-5).

## 2. 지속가능 투자자산 — 채권Fixed Income

그렇다면 현재 전 세계적으로 30조 달러 이상 투자가 이루어지는 지속가능 투자자산은 어떤 자산에, 또 어떤 방식으로 투자되고 있을까. ESG 투자가 시작된 초기에는 지속가능 투자 또는 ESG 투자라는 개념 자체가 명확하지 않았다. 어떤 자산에 투자해야 하는지에 대한 명확한 기준이 없었고 따라서 관련 시장 자체가 존재하지 않았다. 캘리포니아주 공무원연금CalPERS과 같은 개별 투자기관이 장기적 투자 포트폴리오 운용에 대한 원칙을 정하고, 이 원칙을 충족하면서도 BM 대비 투자성과를 거둘 수 있는 자산을 위주로 투자를 했던 것이 전부였다.

지속가능 투자시장이 형성되기 시작한 것은 2010년을 전후로 그린 본드가 발행되기 시작하면서부터다. 그린 본드는 기업, 금융기관, 중앙정부, 지방정부 등이 기후문제 해결에 기여할 수 있는 국내외 그린 프로젝트 추진에 필요한 자금을 조달하기 위해 발행하는 채권이다. 그린 본드는 조달자금의 용도가 그린 프로젝트로만 한정되며, 조달자금이 정말 제대로 사용되는지에 대한 관리와 보고를 하도록 의무화되어 있기 때문에 지속가능 투자 또는 그린 인베스트먼트를 지향하는 투자자들이 찾던 바로 그 자산이었다.

첫 번째 그린 본드는 2007년에 유럽투자은행European Investment Bank: EIB이 발행했는데, 채권의 발행 목적은 유럽 지역의 신재생에너지 개발 및 에너지 효율성 향상 기술개발과 관련된 대출 재원 조달을 위한 것이었다. EIB는 이 채권에 '기후인식채권Climate Awareness Bond'이라는 이름을 붙였다. 그 이후 세계은

박스 7-2 • CalPERS의 지속가능 투자

**① 미국 캘리포니아주 공무원연금CalPERS 개요**

- 캘리포니아주 정부 공무원과 공공기관 근무자의 퇴직연금 지급을 위해 1932년 설립된 미국 내 최대 규모의 공적 연기금.
- 2017~2018년 기준 연금펀드의 총시장가치는 3540억 달러.

**② 기업지배구조 개선 프로그램 및 포커스 리스트**

- 1984년 기업지배구조 개선 프로그램Corporate Governance Reform Program을 발족하여 투자자 입장에서 기업의 사회적 책임을 제고하기 위해 적극적인 주주권을 행사함.
- 1987년부터 매년 지배구조 개선 집중감시대상 기업을 선정해 발표하는 포커스 리스트Focus List를 도입했는데 리스트에 포함된 기업들의 평균 주가가 벤치마크 대비 크게 상승하는 'CalPERS 효과'라는 현상이 나타나기도 함.
- ESG 투자전략은 투자 배제, 기업 관여, 포커스 리스트 선정 등 사용.

**③ 2017~2022 5개년 투자전략 및 탄소배출 기업 관여**

- 2017년 7월 발효된 5개년 투자전략의 하나로 '펀드의 지속성'을 선정했으며, 펀드 지속성을 위해 ESG 요인을 통합한 투자결정을 강화키로 함.
- 기후행동 100+Climate Action 100+를 통해 탄소배출량이 큰 100개 기업을 선정하고 이들 기업에 대한 관여engagement 수행 중. 환경 리스크와 기회가 기업에 어떤 실제적·잠재적 영향을 미치는지 분석하는 등 환경 리스크와 기회에 대한 기업 평가를 진행함.

행World Bank, 아프리카개발은행African Development Bank, 국제금융공사International Finance Corporation 등 최우량 신용등급을 보유한 국제기구가 차례로 그린 본드를 발행하기 시작하면서 시장이 형성되기 시작했다.

2010년 중반 이후 그린 본드 시장은 폭발적으로 성장했다. 특히 2015년 파리 협정 체결로 각국 정부는 민간 자금의 흐름을 온실가스 감축 효과가 있는 프로젝트·자산으로 유도하고자 했고, 연기금·개인투자자 등 최종투자자

그림 7-6 • 연도별 글로벌 그린 본드 발행 현황(2013~2019년)

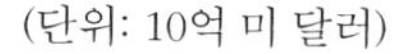


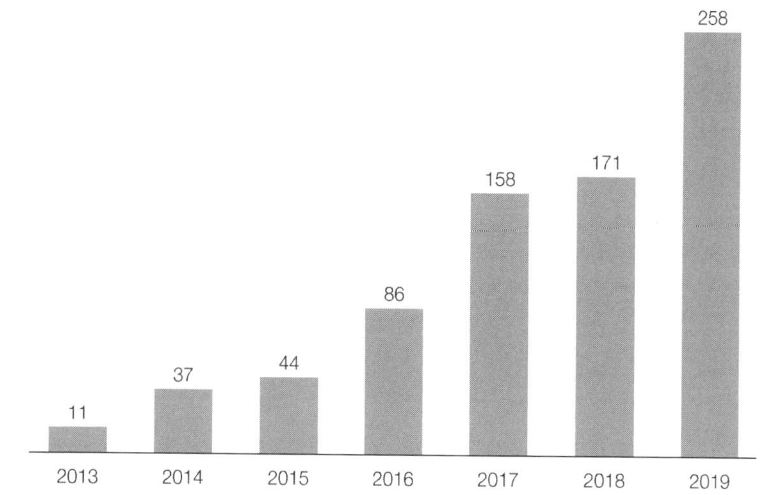


자료: Climate Bond Initiative.

들은 이왕이면 기후변화의 위협에 대응할 수 있는 자산으로 투자하고 싶어 했다. 자금을 조달해야 하는 대기업, 금융기관들도 '책임 있는responsible' 행동을 하는 기관으로 인식되기를 원했다. 그 결과 그린 본드 시장은 무섭게 성장하기 시작했고, 2013년 110억 달러 정도밖에 되지 않았던 연간 발행 규모가 2019년에는 2577억 달러로 커졌다. 연평균성장률Compound Annual Growth Rate: CAGR을 계산하면 69%의 엄청난 성장세다(그린 본드 시장에 대해서는 제8장에서 자세히 살펴보기로 한다).

그린 본드 시장이 투자자와 발행자의 니즈를 모두 충족시키며 성공하자 후속으로 형성된 시장이 소셜 본드Social bonds와 지속가능성 채권Sustainable bonds 시장이다. 소셜 본드는 채권 조달자금을 긍정적인 사회적 성과를 거둘 수 있는 신규·기존 프로젝트에 투자하기 위해 발행하는 채권을 의미한다. 지속가능성 채권은 그린 본드와 소셜 본드를 결합한 것이라고 할 수 있는데, 채권 조달자금을 환경적 또는 사회적 프로젝트에 투자하기 위해 발행하는

박스 7-3 • 이탈리아 에너지 그룹 에넬사의 지속가능연계채권 발행 사례

- 발행사: 에넬Enel 그룹(세계 최초 발행).
- 발행 규모: 15억 달러.
- 채권만기: 5년.
- 쿠폰: 2.65%.
- 지속가능성 연계: 2021년까지 회사 에너지원의 최소 55%를 재생에너지로 전환(2019년 상반기 46%). 2021년 12월까지 이를 달성하지 못하면 만기까지 쿠폰을 25bp만큼 상향 조정.
- 주간사 기관: BNP 파리바BNP Paribas, BOA 메릴린치BOA Merrill Lynch, 시티Citi, 크레디 아그리콜 CIBCredit Agricole CIB, 골드먼삭스Goldman Sachs, JP 모건JP Morgan, 모건스탠리Morgan Stanley, 소시에테 제네랄Societe Generale.

채권이다. 소셜 본드 및 지속가능성 채권 시장은 2017년부터 본격적으로 형성되기 시작했는데, 최근에는 지속가능성 채권 시장이 소셜 본드보다 더 커지고 있다. 지속가능성 채권은 UN의 지속가능 발전 목표UN-SDGs 17가지 중 어떤 목표를 위해 발행하는지 명시하고 보고해야 하기 때문에 폭넓은 지속가능 투자를 원하는 투자자들에게 선호된다.

2019년에는 지속가능성 연계 채권Sustainability-linked Bonds이라는 새로운 형태의 채권도 발행되었다. 이 채권은 한마디로 발행사의 환경적·사회적 지속가능성 성과와 발행금리를 연동시키는 채권인데, 미리 설정한 어떤 SDGs 목표를 달성하지 못하면 페널티로 조달 비용을 높이는 방식이다. 이와 같이 지속가능성과 조달 비용을 연계시키는 자금조달은 2017년 은행권에서 지속가능성 연계 대출Sustainability-linked Loans: SLL이라는 이름으로 먼저 시작되었다. 이는 대출은행과 협의하에 설정한 SDGs 목표를 달성하지 못하면 대출 금리를 조정하는 대출인데, 채권 시장에서도 이런 구조를 도입한 것이다.

블룸버그의 집계에 따르면 전 세계 지속가능성 관련 부채 시장Sustainable Debt Market은 2019년 4650억 달러를 기록하여 2018년의 2614억 달러에 비해

그림 7-7 • 전 세계 지속가능성 부채 시장 현황

(단위: 10억 미 달러)

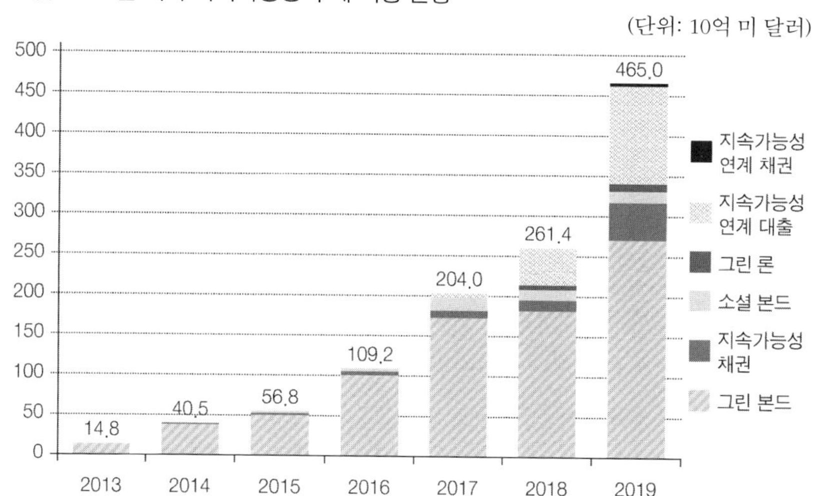


자료: "Sustainable Debt Sees Record Issuance At $465Bn 2019, Up 78% From 2018," *BloombergNEF*(2020.1.8).

박스 7-4 • 전환 본드Transition bond

전환 본드는 기업의 전환리스크를 역이용해서 만들어진 금융상품이라고 할 수 있는데, 예를 들어 다량의 온실가스 배출을 수반하는 산업(또는 기업)이 이를 개선할 목적으로 자금을 조달하는 채권이다. 즉, 자금조달을 통해 브라운brown 산업의 브라운 색채를 어느 정도 없애자는 것이다.

그린 본드는 재생에너지와 같이 이미 그린green 상태인 기업을 대상으로 발행하므로 브라운 기업들은 그린 본드에 접근할 기회가 없었다. 그런데 전환 본드는 현재 그린이 아니므로 당장 그린이 될 순 없지만, 적절한 인센티브를 통해 지속가능하게 변화할 수 있는 기업을 대상으로 발행한다. 브라운 기업들에도 좋은 기회이며, 금융기관에도 새로운 시장을 만들어내는 효과가 있다.

최초의 전환 본드는 2019년 11월 크레디아그리콜 은행이 발행하고 AXA 자산운용이 인수한 전환 본드다. 발행 규모는 1억 유로, 10년 만기, 쿠폰은 0.55%이며, 룩셈부르크 거래소에 상장되었다. 크레디아그리콜 은행은 동 조달자금을 별도로 구분하여 저탄소 전환에 성과를 낼 수 있는 탄소집약적 산업의 프로젝트에 대출을 실행할 예정이다. 대출대상 산업은 LNG 선박, 가스발전으로 전환될 석탄발전 자산 등이며 전환 본드로 감축이 예상되는 탄소배출량은 연간 2만 6500톤이다.

78%나 성장하는 모습을 보였다. 관련 제도가 어느 정도 정착하고 있는 그린 본드 시장이 58%로 절반 이상을 차지하며, 지속가능성 연계 대출Sustainability-linked Loans: SLL은 최근 가장 빠르게 성장하는 시장이다. 블룸버그 통계에 따르면 지속가능성 자금조달 시장의 누적 잔고가 2019년 중 1조 달러를 돌파하고 연말 기준으로 1.17조 달러를 기록했다고 한다. 앞으로 이 시장은 최종투자자와 자금조달자(발행사) 간의 수요와 공급이 모두 급성장하면서 글로벌 금융시장의 주요mainstream 자금조달 방식으로 자리 잡을 것으로 보인다.

### 3. 지속가능 투자자산 — 상장 주식

그린 파이낸스 시장은 그린 본드 발행이 본격화되면서 형성되었다고 할 수 있으나, 넓은 의미의 지속가능 투자시장은 주식시장에서 ESG 투자(또는 사회책임투자)가 시작되면서부터라고 할 수 있다. ESG 투자는 2006년 UNEP FI가 책임투자 원칙PRI 공표 후 2010년대 초반부터 본격화되었다고 할 수 있는데, 지속가능 투자의 절반 정도는 주식시장에서 이루어지고 있다(앞의 그림 7-5 참고).

ESG에 기반한 주식투자는 뮤추얼펀드나 ETF의 형태가 주류를 이루는데 글로벌 최대 자산운용사인 블랙록에 따르면 뮤추얼펀드와 ETF를 포함한 글로벌 ESG 펀드 규모가 2019년 말 1조 달러 수준에서 2028년까지 20조 달러 이상으로 확대될 것이라 한다. 특히 글로벌 ESG ETF는 패시브 투자 인기에 힘입어 상장 개수가 2015년 말 66개(60억 달러)에서 2019년 276개(580억 달러)로 급증했다. 블랙록 CEO 래리 핑크는 ESG ETF를 현재의 두 배인 150개 이상으로 늘리겠다고 선언한 바 있어 앞으로도 ESG ETF 성장세는 지속될 것으로 보인다.

글로벌 ESG ETF의 특성을 보면, 시가총액 상위 ESG ETF는 주로 ESG 통합 형태를 지니며, 글로벌 ESG ETF 시장을 주도하는 블랙록의 아이셰어즈

그림 7-8 • 글로벌 ESG ETF의 성장 추세

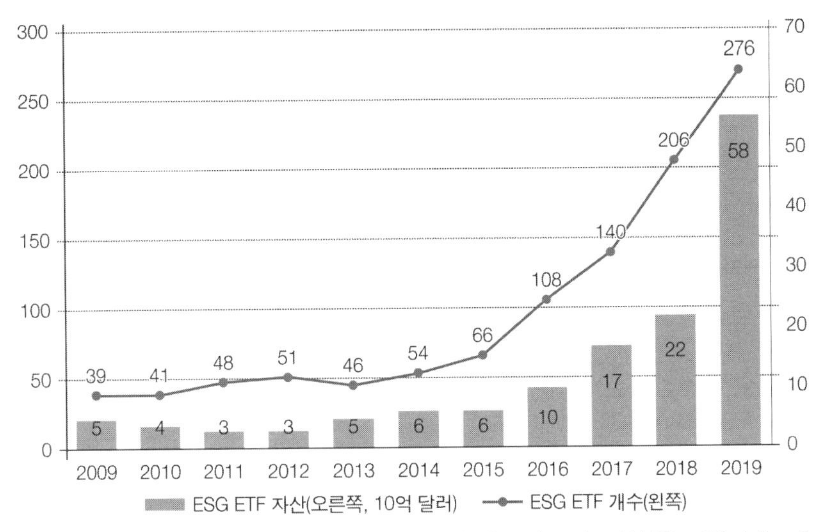


자료: "ETFGI reports ESG ETFs and ETPs listed globally gathered 7.54 billion US dollars in net inflows during February 2020," *ETFGI Press Releases*(2020.3.20).

표 7-4 • 2019 시가총액 톱 10 ESG ETF

| ETF 명(티커) | AUM (억 달러) | 2019 수익률 | YTD 수익률 |
|---|---|---|---|
| 아이셰어즈 ESG MSCI 미국(ESGU) | 36.2 | 29.8 | 5.6 |
| 아이셰어즈 ESG MSCI 신흥시장(ESGE) | 21.2 | 17.2 | 0.3 |
| 아이셰어즈 MSCI KLD 400 소셜(DSI) | 19.7 | 29.2 | 5.8 |
| 아이셰어즈 ESG MSCI 미국 리더스(SUSL) | 19.4 | N/A | 5.9 |
| 엑스트랙커스 MSCI 미국 ESG 리더스 주식(USSG) | 17.9 | N/A | 5.9 |
| 아이셰어즈 ESG MSCI EAFE(ESGD) | 16.7 | 19.8 | 0.6 |
| 아이셰어즈 MSCI 미국 ESG 셀렉트(SUSA) | 12.6 | 29.9 | 5.1 |
| 인베스코 수자원(PHO) | 11.9 | 36.9 | 6.0 |
| 뱅가드 ESG 미국 주식(ESGV) | 10.6 | 31.6 | 5.6 |
| 뱅가드 ESG 국제 주식(VSGX) | 7.2 | 20.1 | 1.2 |

자료: 키움증권, 「ESG, ETF로 투자하기, Ver. 2」(2020.2.13).

표 7-5 • 2019 수익률 톱 10 ESG ETF

| ETF명(티커) | AUM (억 달러) | 2019 수익률 | YTD 수익률 |
|---|---|---|---|
| 인베스코 솔라(TAN) | 5.6 | 66.0 | 24.5 |
| SPDR S&P 켄쇼 클린 에너지(CNRG) | 0.2 | 61.0 | 13.9 |
| 인베스코 와일더힐 클린 에너지(PBW) | 3.1 | 60.0 | 21.0 |
| ALPS 클린 에너지(ACES) | 1.6 | 48.7 | 19.8 |
| 아이셰어즈 글로벌 클린 에너지(ICLN) | 5.7 | 42.3 | 14.2 |
| 퍼스트트러스트 나스닥 클린 엣지 그린 에너지(QCLN) | 2.1 | 41.3 | 16.7 |
| 퍼스트트러스트 나스닥 클린 엣지 스마트 그리드 인프라 (GRID) | 0.4 | 40.8 | 7.0 |
| 반에크 벡터스 저탄소 에너지(SMOG) | 1.1 | 38.9 | 12.3 |
| 누빈 ESG 라지캡 성장(NULG) | 1.5 | 37.7 | 9.6 |
| 인베스코 글로벌 클린 에너지(PBD) | 0.7 | 37.3 | 13.6 |

자료: 키움증권, 「ESG, ETF로 투자하기, Ver. 2」(2020. 2. 13).

iShares 시리즈 ETF들이 가장 큰 운용 규모를 보유하고 있다. 반면 2019년 수익률 상위 ESG ETF는 환경 관련 EFT가 대부분을 차지하는데, 글로벌 시장에서 기후변화 대응이라는 주제가 단순한 사회적 책임의 범주를 뛰어넘어 4차 산업혁명과 연계된 새로운 비즈니스 기회를 창출할 것이라는 기대를 반영한다고 하겠다.

제8장

# 그린 본드 시장의 메커니즘

## 지속가능금융 시대의 채권 발행 전략

세계적으로 환경·사회·지배구조ESG 관련 투자 규모가 급증하고 있으며, 유럽·미국은 물론 일본을 비롯한 아시아 시장에서도 ESG는 이미 중요한 투자 전략으로 자리 잡았다. 그런데 ESG 투자도 기후위기에 대응하기 위한 지속가능성 관련 투자상품의 하나라고 할 수 있지만 온실가스 감축에 기여하는 기업이나 프로젝트를 직접 파이낸싱하는 금융상품이라고 할 수는 없다. 이에 비해 지속가능 채권과 대출과 같은 지속가능 부채 상품Sustainable Debt Product은 직접적으로 환경과 사회 문제를 해결하고자 하는 기업과 프로젝트에 자금을 지원하는 효과를 가진다. 지속가능 부채 상품 중 가장 대표적인 상품이 그린 본드다.[1]

그린 본드는 2007년 유럽투자은행이 유럽 지역의 신재생에너지 개발과 신에너지기술 관련 대출 재원 조달을 목적으로 9억 달러 규모의 채권을 발행한

---

1 지속가능 부채 상품은 그린 본드·소셜 본드·지속가능성 채권과 같은 지속가능 채권, 그린 론·지속가능성 연계 대출과 같은 지속가능 대출로 이루어진다. 이 중 그린 본드가 약 60% 정도의 비중을 보였다(2019년).

것이 최초다. 이후 세계은행, 국제금융공사와 같은 국제기구와 각국 정부가 그린 본드 발행에 나서면서 관련 시장이 본격적으로 형성되기 시작했고, 지속가능 투자 또는 ESG 투자가 투자시장의 주요 테마가 되면서 시장이 더욱 커졌다. 2015년 파리 협정은 그린 본드 시장을 주류 금융으로 편입하는 계기가 되었다. 연기금, 개인투자자 등 최종 투자자들이 기후변화의 리스크를 최소화하면서도 벤치마크를 상회할 수 있는 투자수단을 필요로 하게 되면서 그린 본드 시장은 폭발적인 성장세를 보이고 있다. 2019년에는 발행 규모가 2577억 달러에 이르러 2013년에 비해 연평균 69%의 성장세를 기록하는 중이다. 2020년은 최소 3500억 달러 이상 발행 수요가 있을 것으로도 전망된다.

그린 본드는 어떻게 발행되는 것일까. 일반 채권과 비교하여 그린 본드 발행이나 인수가 발행사나 인수기관 입장에서 좋은 점은 무엇일까. 발행 시 충족해야 하는 요건이 있다면 어떤 것들이 있을까. 이번 장에서는 그린 본드 발행사 또는 인수기관 입장에서 도움이 될 수 있도록 그린 본드의 의미와 장점, 구조와 절차 등을 실무적·세부적으로 살펴보기로 한다.

## 1. 그린 본드의 개요

### 1) 그린 본드의 정의

그린 본드는 기업, 금융기관, 중앙정부, 지방정부 등이 기후문제 해결에 기여할 수 있는 국내외 그린 프로젝트 추진에 필요한 자금을 조달하기 위해 발행하는 채권이다.

국제자본시장협회ICMA에 따르면 그린 본드는 조달자금의 전체 또는 일부가 신규 또는 기존의 적격 그린 프로젝트를 파이낸싱 또는 리파이낸싱하는데 전적으로 활용되는 채권을 의미한다. 그린 본드는 후술하는 그린 본드 원칙Green Bond Principle: GBP의 네 가지 핵심 구성요소를 갖추어야 한다.

### 2) 그린 본드의 종류

그린 본드는 어떤 형태의 채권 발행에도 적용이 가능한데, 예를 들어 사모사채, 유동화채권, 커버드 본드 등에도 적용가능하고 이슬람 채권인 수쿠크도 그린 본드로 발행하는 사례가 나오고 있다. 국제자본시장협회ICMA는 그린 본드의 상환 재원을 기준으로 다음 네 가지 형태의 그린 본드를 제시한다.

① 일반형Standard Green Use of Proceeds Bond: GBP 기준에 맞추어 발행되면서, 발행자의 신용을 기반으로 상환되는 채권.

② 현금흐름상환형Green Revenue Bond: GBP 기준에 맞추어 발행되지만, 발행자의 신용이 아닌 수익·요금·세금 등 특정 현금흐름을 기반으로 상환되는 채권.

③ 프로젝트형Green Project Bond: GBP 기준에 맞추어 발행되는 채권으로, 단일/복수의 그린 프로젝트의 성과에 연동되는 프로젝트 채권. 발행자에게 최종 상환의무가 있는 경우도 있음.

④ 증권화형Green Securitized Bond: GBP 기준에 맞추어 발행되면서, 그린 프로젝트의 현금흐름을 담보로 하는 채권. 커버드 본드, ABS, MBS와 같은 구조화된 채권.

## 2. 그린 본드 발행사와 인수기관

### 1) 그린 본드의 발행사와 발행 시 장점

그린 본드는 특정 그린 프로젝트를 통해 환경 면에서의 지속가능성을 제고하고자 하는 정부기관, 민간기업은 모두 발행주체가 될 수 있다.

- 그린 프로젝트와 관련되는 재원을 조달하는 중앙정부, 지방자치단체.
- 그린 프로젝트에 대한 투융자 재원을 조달하는 금융기관.
- 그린 프로젝트의 재원을 조달하는 일반 사업자(그린 프로젝트 수행 SPC 포함).

그린 본드는 ▲조달자금의 용도가 그린 프로젝트에 한정되며 ▲조달자금이 그린 프로젝트에 사용되는지 확실하게 추적 관리되고 ▲발행 후에 보고를 통해 자금 사용의 투명성을 확보할 수 있다는 특징이 있다. 따라서 그린 본드 발행사는 동일한 재원을 일반 채권으로 조달하는 경우에 비해 다음과 같은 이점을 누릴 수 있다.

- **투자자 확대 및 다양화:** 지속가능성 및 사회책임투자를 추구하는 신규 투자자를 확보할 수 있으며 일반적 투자자로부터의 관심도도 제고할 수 있다. 이는 전반적 투자 수요 증대로 이어져 발행금리 측면에서도 하락 효과를 기대할 수 있다.
- **채권의 안정성 강화:** 그린 본드는 스트레스 상황에서도 가격변동성이 제한적이며, 일반 채권에 비해 유통시장Secondary market도 활발한 편이다.
- **그린 프로젝트 추진에 따른 사회적 평판 획득:** 그린 본드를 발행함으로써 발행사가 그린 프로젝트에 적극적이라는 것을 어필할 수 있으며 이를 통해 사회적 평판을 획득할 수 있다. 애플사의 경우 2016년 기술기업으로는 최초로 15억 달러 규모의 그린 본드를 발행했는데, 그해에 영국 기후금융 전문 언론사인 인바이러멘털 파이낸스Environmental Finance사의 2016 그린 본드 어워드를 수상한 바 있다.

### 2) 그린 본드의 투자기관과 인수 시 장점

그린 본드는 다음과 같은 투자기관들이 인수한다.

- ESG 투자를 실행할 것을 표명한 연기금, 보험회사 등 기관투자가.
- ESG 투자로 운용할 것을 수탁받은 운용기관.
- ESG 분야에 투자를 하고자 하는 개인 투자가.

투자기관 입장에서 그린 본드에 투자할 경우 다음과 같은 효과를 거둘 수 있다.

- 대체투자에 따른 위험 헤지: 대부분 프로젝트 본드로 발행되는 그린 본드는 주식, 채권 등 전통적 자산과의 상관관계가 낮은 대체투자의 성격을 가지기 때문에 분산투자에 의한 리스크를 감소시킬 수 있는 효과적인 투자대상이 된다.
- 지속가능한 사회 실현에 기여: 투자자는 그린 본드에 투자함으로써 채권투자에 따른 이익을 얻으면서, 자금을 통해 '환경·사회적 메리트'의 실현을 지원하고, 지속가능한 사회의 실현에 기여할 수 있다.

## 3. 그린 본드 발행 절차

그린 본드도 대부분의 발행 프로세스는 일반적인 채권 발행 절차와 같다. 즉, 증권회사(글로벌 투자은행)와 발행 가능성 타진 → 신용평가등급 획득 → 기업 실사 → 증권신고서 등 법적 필요서류 준비·제출 → 수요예측(투자설명서), Prospectus: OC 또는 로드쇼 → 발행금리/발행물량 확정 및 발행 등의 절차를 거치게 된다.

그런데 채권을 그린 본드로 발행하기 위해서는 몇 가지 추가적인 절차가 필요하다. 그린 본드 가이드라인 또는 발행 기준에 맞도록 프레임워크를 작성하는 절차와 이를 외부 평가·검증기관에 평가·검증을 받는 절차다. 이는 그린 본드의 조달자금이 그린 프로젝트·자산에 사용된다는 것을 사전적·사

그림 8-1 • 일반 채권 vs 그린 본드 발행 절차 비교

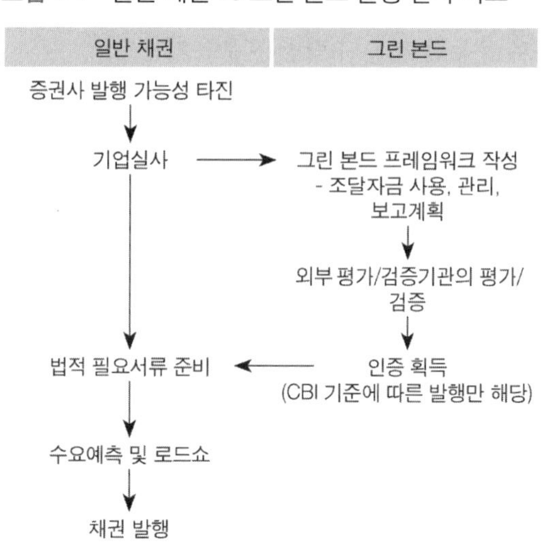


후적으로 명확하게 보여줌으로써 지속가능금융 또는 그린 파이낸싱 시장의 건전성을 확보함과 동시에, 혹시 있을지 모르는 그린워싱Greenwashing 위험을 방지하는 데 목적이 있다. 그린 본드 발행 절차를 일반 채권과 비교하여 나타내면 그림 8-1과 같다.

## 4. 그린 본드 가이드라인 및 발행 기준

그린 본드 시장이 제대로 작동하면서 다른 한편으로 지속적으로 성장하기 위해서는 그린 본드 발행에 관한 원칙Principles과 기준Standards이 필요하다. 발행자 입장에서는 그린 본드 발행을 통해 어떤 목적을 달성하고 어떤 효과를 거둘 계획인지를 투자자와 이해관계자에게 알리고 커뮤니케이션할 프레임워크가 필요하며, 투자자 입장에서도 인수하고자 하는 그린 본드가 정말 지속가능성과 기후대응에 효과가 있는지를 사전적/사후적으로 확인할 수 있어야 하기 때문이다.

현재 그린 본드 시장에서 적용되는 그린 본드 가이드라인은 세 가지 종류가 있는데, ▲국제자본시장협회International Capital Market Association: ICMA의 그린 본드 원칙Green Bond Principle, ▲기후채권 이니셔티브Climate Bond Initiative: CBI의 기후채권 발행 기준Climate Bond Standard, ▲유럽연합의 EU 그린 본드 발행 기준EU-GBS이다.

### 1) 그린 본드 원칙

그린 본드 원칙Green Bond Principle(이하 GBP)은 2014년에 만들어졌는데, 그 출발은 BOA 메릴린치BOA Merrill Lynch, 크레디 아그리콜Credit Agricole, JP 모건 체이스JP Morgan Chase와 같은 글로벌 투자은행들이 자율적으로 만든 그린 본드 시장의 모범 실무best practice 가이드라인이었다. 그런데 시장이 점점 커지고 이해관계자가 많아짐에 따라 자율 가이드라인을 지속적으로 발전시켜야 할 필요성이 제기되자, 글로벌 은행들은 가이드라인 관리를 국제자본시장협회ICMA에 맡겨 사무국의 역할을 수행하게 했다.

그린 본드 원칙은 한마디로 그린 본드의 정보 공개 및 사후 보고를 장려할 수 있도록 발행 절차를 규정한 가이드라인이다. 즉, 조달자금의 용도가 환경면에서 지속가능성에 기여하는 용도인지를 공시하게 하고, 자금 분배 이후에도 보고 의무를 강화한 것이다. 투자자 입장에서는 GBP에 맞는 채권을 발행함으로써 발행하고자 하는 채권이 투명하고 환경친화적인 자격을 갖춘 투자기회라는 것을 알릴 수 있는 장점이 있다.

그린 본드 원칙에는 다음 네 가지 구성요소가 있는데, 이는 그린 본드 발행 과정상에서 반드시 필요한, 그러나 일반 채권 발행과 구별되는 절차다.

① 조달자금의 사용처Use of Proceeds

② 프로젝트의 평가와 선정 프로세스Process for Project Evaluation and Selection

③ 조달자금 관리Management of Proceeds

표 8-1 • GBP 네 가지 구성요소의 의미

| GBP 구성요소 | 구성요소의 핵심 의미 |
|---|---|
| 조달자금의 사용처 | • 채권 발행을 통해 조달하는 자금을 어떤 유형의 그린 프로젝트에 충당할 것인가. |
| 프로젝트의 평가와 선정 프로세스 | • 상기 프로젝트를 선정을 제대로 했는가. 즉, 어떤 의사결정 프로세스를 통해, 어떤 기준을 가지고, 어떤 목표를 달성하기 위해 상기 프로젝트를 선정했는가. |
| 조달자금의 관리 | • 채권 발행을 통해 조달하는 자금은 상기 프로젝트를 위해서만 사용했는가.<br>• 남는 자금은 어떻게 운용했는가. |
| 보고 | • 조달자금의 사용 결과, 효과 등을 어떤 방식으로 외부에 공개할 것인가. |

자료: ICMA, "Green Bond Principle: Voluntary Process Guidelines for Issuing Green Bonds"(2018.6).

④ 보고Reporting

채권을 그린 본드 원칙의 기준에 맞게 발행하려면, 채권 발행 검토 단계에서 '그린 본드 프레임워크'라는 것을 작성해야 하는데, 이는 GBP가 정한 네 가지 요소에 관한 현황과 계획을 상술한 자료이다. 그린 본드 투자자를 모집하려면 일반적인 투자설명서Prospectus와 함께 '그린 본드 프레임워크'도 제시해야 한다.

한편, 그린 본드 원칙에서는 이 프레임워크가 GBP가 정한 구성요소에 맞게 작성되었는지 검증하도록 함으로써 그린 본드 원칙과의 정합성을 확인·평가하도록 하고 있다. 검증은 외부 평가기관을 통해 평가하도록 되어 있는데, 외부 평가기관은 컨설팅 기관이 아닌 독립된 기관이며 그린 본드 프레임워크·프로그램, 개별 그린 본드 발행, 대상 자산 및 절차 등 다양한 범위를 대상으로 평가한다.

외부 평가의 방식은 네 가지 유형이 있으며(표 8-2) 어떤 방식을 활용해도

그림 8-2 • 그린 본드 프레임워크 작성 사례(LG디스플레이, 2018년 10월)

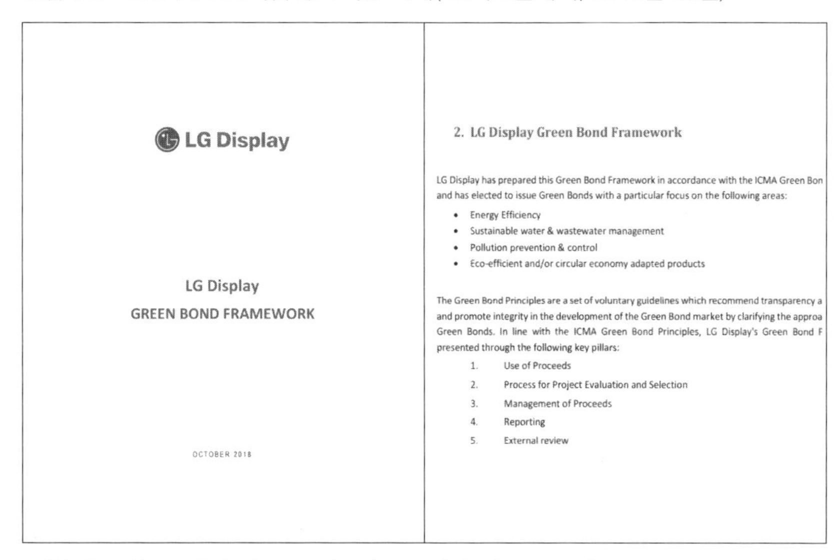
LG Display

LG Display
GREEN BOND FRAMEWORK

OCTOBER 2018

2. LG Display Green Bond Framework

LG Display has prepared this Green Bond Framework in accordance with the ICMA Green Bon
and has elected to issue Green Bonds with a particular focus on the following areas:

- Energy Efficiency
- Sustainable water & wastewater management
- Pollution prevention & control
- Eco-efficient and/or circular economy adapted products

The Green Bond Principles are a set of voluntary guidelines which recommend transparency a
and promote integrity in the development of the Green Bond market by clarifying the approa
Green Bonds. In line with the ICMA Green Bond Principles, LG Display's Green Bond F
presented through the following key pillars:

1. Use of Proceeds
2. Process for Project Evaluation and Selection
3. Management of Proceeds
4. Reporting
5. External review

자료: http://www.lgdisplay.com/eng/sustainability/greenBond.

표 8-2 • GBP 외부 평가 방식

| 외부 평가 | 평가 내용 |
|---|---|
| 외부기관 의견 Second Party Opinion | • 그린 본드 원칙과의 정합성에 대한 독립적 외부기관의 평가 의견<br>• 발행사의 환경적 지속가능성과 연관된 주요 목표, 전략, 정책, 프로세스에 대한 평가, 조달자금을 사용하게 될 프로젝트의 환경적 특징에 대한 평가도 포함 |
| 검증Verification | • 발행사의 업무 절차가 환경적 기준과 관련된 사전 지정 기준을 충족하는지 여부를 독립적인 검증기관이 검증<br>• 내부 또는 외부 발행 기준에 비추어 대상자산의 환경 특성, 조달자금 배분, 환경적 임팩트 등을 검증 |
| 인증Certification | • 특정 발행 기준에서 정하는 기준과 일치하는지 제3의 기관이 검증하여 인증 부여 |
| 그린 본드 스코어링/등급Green Bond Scoring /Rating | • 외부 등급평정기관이 발행사의 그린 본드, 프레임워크, 조달자금 등에 대해 평가하고 등급 부여 |

자료: ICMA, "Green Bond Principle: Voluntary Process Guidelines for Issuing Green Bonds"(2018.6).

무관하나, '외부기관의견'이 가장 느슨한 형태라고 할 수 있으며 발행사들이 가장 많이 활용하는 방식이다.

### 2) 기후채권 발행 기준Climate Bond Standard

ICMA의 그린 본드 원칙Green Bond Principle이 범용적 그린 본드 시장 기준을 만들었다면, 기후채권 이니셔티브Climate Bond Initiative: CBI의 '기후채권 발행 기준 및 인증체계Climate Bond Standard & Certification Scheme'는 여기서 한발 더 나아가 그린 본드에 대한 엄격한 인증 시스템을 개발한 것이라고 할 수 있다.

기후채권 발행 기준(이하 발행 기준)의 주요 특징은 ▲그린 본드 원칙과 일관성 유지, ▲조달자금의 사용, 관리, 보고에 관하여 명확한 의무사항 제시, ▲저탄소·기후회복력 있는 프로젝트·자산 해당 여부를 판정할 수 있는 기준 제시, ▲외부 검증기관Verifier의 확인 프로세스, ▲독립적 기후채권 발행 기준 위원회Climate Bond Standard Board에서의 인증서 발급 등이다. 한마디로 GBP와 일관성을 가지면서도 검증 및 인증서 발급 절차를 갖춤으로써 신뢰성을 강화한 기준이다.

투자자 입장에서는 CBI의 인증 시스템을 활용하여 효과적인 스크리닝을 할 수 있고, 그린 본드 인수 시 주관적 판단으로 인한 위험을 피할 수 있다. 또한 그린 본드의 '그린'성을 판단하기 위해 필요한 실사Due Diligence를 생략할 수 있는 장점도 있다. 발행자 입장에서도 발행하는 그린 본드의 조달자금이 그린 프로젝트·자산에 사용된다는 것을 명확하게 보여줄 수 있고 조달자금의 관리 및 보고체계도 '발행 기준'을 충족하고 있다는 것을 투자자들에게 쉽게 확인시킬 수 있는 수단이 된다. 인증을 받는 절차는 표 8-3과 같다.

인증에는 '발행 전 인증'과 '발행 후 인증'이 있는데, 채권 발행사가 '발행 전 인증'을 받으면 발행사는 기후채권 인증 마크를 채권 발행조건 결정, 로드쇼 등 마케팅 단계에서 사용할 수 있다. '발행 전 인증'을 받기 위한 평가 기준

표 8-3 • 기후채권 발행 기준의 그린 본드 인증 절차

| 단계 | 절차 | 내용 |
|---|---|---|
| 1단계 | 채권 발행 준비 | • '발행 기준'의 섹터별 기준을 충족하는 프로젝트·자산을 선별하고 관련 자료 수집<br>• 채권 조달자금 사용 계획을 명시한 그린 본드 프레임워크 작성 |
| 2단계 | 검증기관Verifier의 검증 활동 | • 공인 검증기관에 발행 전 또는 발행 후 인증 활동 요청하고 관련 정보 제공<br>• 발행채권이 '발행 기준'의 요건을 충족한다는 확인assurance 보고서 수령 |
| 3단계 | 발행 전 인증 획득 및 인증 기후채권 발행 | • CBI에 검증기관 보고서, 정보 양식 등 제출<br>• 발행 전 인증 획득<br>• 인증마크 활용, 채권 발행 |
| 4단계 | 발행 후 인증 | • 채권 발행 후 12개월 이내에 검증기관의 발행 후 보고서 제출<br>• 발행 후 인증 획득 |
| 5단계 | 연차 보고 | • 채권 만기 시까지 매년 연차 보고서 작성, 채권투자기관 및 CBI 제공 |

자료: Climate Bond Initiative, "Climate Bond Standard Version 2.1"(2017. 1).

은 다음과 같다.

- 채권 발행 대상 프로젝트·자산이 채권의 환경적 목적을 충족한다. 즉 특정 프로젝트·자산이 저탄소 및 기후회복력 있는 경제로 이행하는 데 기여하는 적격성을 갖는다.
- 채권 조달자금이 별도 계정으로 이관되어 관리되며, 조달자금이 프로젝트·자산을 매칭하여 파이낸싱 또는 리파이낸싱하는지 등 채권조달자금 관리에 관한 내부 절차 및 통제가 적절하다.

'발행 후 인증'은 채권 발행 후 12개월 이내에 받게 되는데, 대개 조달자금을 프로젝트·자산에 배분하고 난 후 검증기관이 '스탠더드'에서 정한 발행 후 요건을 충족하는지 확인assurance하여 리포트를 작성하면 위원회에서 이를 심사

하여 인증을 부여한다. '발행 후 인증'을 받기 위한 평가 기준은 다음과 같다.

- **프로젝트·자산**: 채권의 발행 대상인 프로젝트·자산은 환경적 발행 목적을 충족하고 '스탠더드'의 적격성 요건을 충족한다.
- **조달자금의 사용**: 채권 발행으로부터 24개월 이내에 프로젝트·자산에 자금을 배분한다.
- **조달자금 별도 관리**: 순조달자금은 별도 계정으로 이관하여 관리하고, 미배분 조달자금 잔액은 저탄소 경제에 부합하는 임시투자수단에 투자한다.

한편 CBI는 효율적 인증업무를 위해 자체적인 기후채권 분류체계Climate bonds taxonomy 및 분야별 기술적 기준Sector technical criteria을 만들었다. '분류체계'는 기후채권의 발행 대상이 되는 프로젝트·자산의 분류기준을 수립한 것이며, '기술적 기준'은 프로젝트·자산이 해당 분야의 기술적 기준을 충족하는지 판단하는 평가 기준이다. 2019년 말 현재 기술적 기준이 마련된 분야는

표 8-4 • 기후채권 분야별 기술적 기준

| 섹터 | 기술적 기준 완료 | 기술적 기준 진행 중 |
|---|---|---|
| 에너지 | 태양에너지, 풍력에너지, 지열에너지, 바이오에너지, 해양 재생에너지 | 수력에너지, 에너지 분배, 에너지 저장, 원자력 |
| 수송 | 민간 수송, 대중교통, 화물 열차 | 항공 운송, 수상 운송 |
| 물 관리 | 모니터링, 저장, 수질 관리, 분배, 홍수 관리, 자연 솔루션 | |
| 건물 | 주거용, 상업용 | 효율성, 도시 개발 |
| 토지 | 상업용 삼림, 생태계 보존·복원 | 농업, 수산업, 서플라이체인 관리 |
| 산업 | | 시멘트 생산, 철강·알루미늄 생산, 유리 생산, 화학제품 생산, 연료 생산 |
| 폐기물 | | 재사용, 리사이클링, 생물학적 처리, 에너지 생산, 매립, 방사선 관리 |

자료: Climate Bond Initiative, "Climate Bond Standard Version 2.1"(2017.1).

표 8-4와 같은데, 후속 기준이 계속 만들어지고 있다.

### 3) 유럽연합 그린 본드 발행 기준EU Green Bond Standard: EU-GBS

제5장에서 설명한 바와 같이 EU는 지속가능 경제로 자본 흐름을 유도하고 성장과 환경이 선순환구조를 가지는 경제 시스템을 구축하는 것이 무엇보다 중요하다고 판단하고, 지속가능금융을 확산시키기 위한 실행방안으로 지속가능금융 액션 플랜을 수립한 바 있다(표 8-5).

이 중 액션 플랜 2는 '지속가능금융 상품에 대한 표준 및 레이블을 개발'하는 것이었다. EU 집행부는 이를 위해 '지속가능금융에 관한 기술적 전문가 그룹TEG'을 결성했는데, 이들은 2년여의 작업 끝에 2019년 9월 'EU 그린 본드 발행 기준EU Green Bond Standard: EU-GBS' 초안을 발표했다. EU-GBS를 한마디로 말하면, 'EU 지속가능경제 분류체계taxonomy'에 따른 '환경적으로 지속가능한 경제활동'을 파이낸싱하기 위한 EU만의 그린 본드 발행 기준이라고 할 수 있다. EU가 EU-GBS를 수립한 1차적인 목적은 물론 그린 본드 시장의 효율성, 투명

표 8-5 • EU의 지속가능금융 액션 플랜

| 지속가능금융 목표 | 액션 플랜(대분류) |
|---|---|
| 지속가능성 투자로 자본흐름 유도 | ① 지속가능 경제활동에 대한 통일된 분류체계Taxonomy 수립<br>**② 지속가능금융상품에 관한 표준 및 상품 이름 개발**<br>③ 지속가능 프로젝트에 대한 투자 촉진<br>④ 금융자문 제공 시 지속가능성 요인 통합<br>⑤ 지속가능성 벤치마크 개발 |
| 지속가능성 요인 반영 리스크 관리 정착 | ⑥ 시장조사·신용평가에 지속가능성 요인을 반영 확대<br>⑦ 기관투자가·자산운용사 의무 명확화<br>⑧ 은행·보험사의 건전성 요건에 지속가능성 요인 반영 |
| 투명성과 장기적 관점 제고 | ⑨ 지속가능성 공시 및 회계 관련 규정 강화 |

자료: European Commission, "Action Plan: Financing Sustainable Growth"(2018. 3).

표 8-6 • EU 그린 본드의 핵심 구성요소

| 핵심 구성요소 | 세부 내용 |
| --- | --- |
| ① EU 지속가능 경제 분류체계 taxonomy와 부합 | EU 그린 본드의 조달자금은 다음 조건을 만족하는 프로젝트 또는 활동을 파이낸싱하는 데 사용되어야 한다.<br>• 그린 본드 분류체계의 '6개 환경목표' 중 적어도 하나의 목표에 상당한 기여를 해야 한다.<br>• 6개 환경목표 중 하나라도 중대한 위해가 없어야 한다.<br>• 최소한의 사회적 보호장치 역할을 해야 한다.<br>• 기술적인 선별 기준을 충족해야 한다. |
| ② 그린 본드 프레임워크 수립, 발표 | 프레임워크는 그린 본드가 EU-GBS와 부합하고, 발행사의 전략이 환경목표와 일치한다는 것을 설명한다. 또한 조달자금 사용과 관련된 세부 사항, 그린 본드 관련 주요 업무 프로세스 등도 설명한다. |
| ③ 보고 의무 | 조달자금 배분 및 환경적 영향에 대한 보고의무가 있다. |
| ④ 외부 검증 의무 | 외부 검증기관이 그린 본드 프레임워크와 조달자금 배분 보고서 등을 검증할 의무가 있다. |

자료: EU TEG(Technical Expert Group on Sustainable Finance), "EU Green Bond Standard(EU-GBS)"(2019. 6).

성, 비교가능성 및 신뢰성을 제고하는 것이겠지만, 많은 시장 참가자들이 EU-GBS에 근거하여 그린 본드를 발행하고 투자하도록 유도함으로써 유럽을 그린 본드 시장의 중심지로 육성하고자 하는 의도도 있다고 하겠다.

EU-GBS는 EU 그린 본드를 다음과 같이 정의했다. "EU 그린 본드는 유럽 또는 전 세계 발행기관이 발행한, EU 그린 본드 발행 기준에 부합하는 상장/비상장 채권 또는 부채성 증권debt instrument을 의미한다." 또한 GBS와 유사하게 EU 그린 본드의 핵심 구성요소를 표 8-6과 같이 설정했는데, 큰 틀은 GBS와 유사하나 더 구체적이고 엄격한 기준을 적용한 것이 특징이다.

또 EU는 무분별하게 외부 검증기관이 운영되는 것을 방지하기 위해 이들에 대한 인증 및 관리체계를 운영할 계획이다(그림 8-3). 인증을 부여하는 기관은 '유럽증권시장감독청European Securities and Markets Authority: ESMA'이 그 역할을 할 것으로 전망된다.

그림 8-3 • EU-GBS 발행 체계

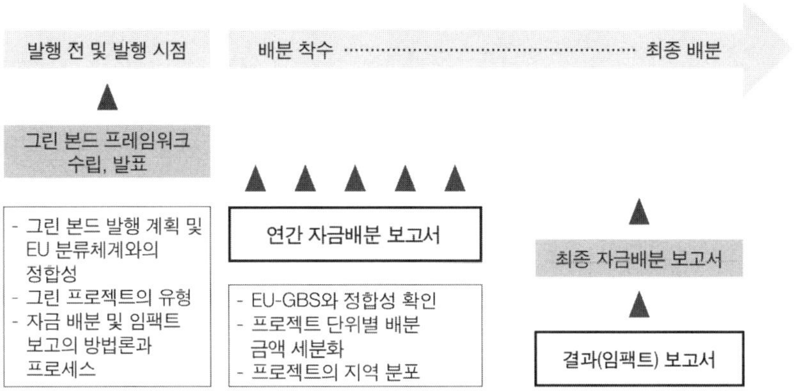

발행 전 및 발행 시점

배분 착수 ········· 최종 배분

그린 본드 프레임워크 수립, 발표

- 그린 본드 발행 계획 및 EU 분류체계와의 정합성
- 그린 프로젝트의 유형
- 자금 배분 및 임팩트 보고의 방법론과 프로세스

연간 자금배분 보고서

- EU-GBS와 정합성 확인
- 프로젝트 단위별 배분 금액 세분화
- 프로젝트의 지역 분포

최종 자금배분 보고서

결과(임팩트) 보고서

자료: EU TEG(Technical Expert Group on Sustainable Finance), "EU Green Bond Standard(EU-GBS)"(2019.6).

표 8-7 • 3대 그린 본드 가이드라인 비교

| | 그린 본드 원칙 | 기후채권 발행 기준 | EU 그린 본드 발행 기준 |
|---|---|---|---|
| 주관 기관 | 국제자본시장협회 ICMA | 기후채권 이니셔티브 CBI | EU 지속가능금융에 관한 기술적 전문가 그룹 TEG |
| 대상자산 분류체계 | 없음 | 있음 | 있음 |
| 대상자산 적격성 기준 | 대분류로 예시하는 수준 | 분류체계 부합 필요 | 분류체계 부합 필요 |
| 조달자금 중 리파이낸싱 비중 공시 | 권고사항 | 의무사항 | 의무사항 |
| 임팩트 분석 및 공시 | 권고사항 | 가능한 한 정량적 임팩트 공시의무 | 예상 및 실제 임팩트 공시의무 |
| 외부 평가·검증 | 권고사항 & 발행사항의 일부만 평가도 가능 | 의무사항 | 의무사항 & 네 가지 구성요소 반영 여부 평가 |
| 외부 평가·검증 결과 공개 | 권고사항 | 자발적 또는 법률에 의해서만 공개 | 의무사항 |
| 인증 시스템 | 없음 | 있음 | 없음 |

## 5. 그린 본드 외부 검증

그린 본드는 기후문제 해결 등 환경적 목적을 달성하기 위해 채권이 발행되고, 조달자금도 이러한 목적에 맞는 자산이나 프로젝트에 배분되어야 한다. 그러나 투자자들은 발행사가 진정으로 환경적 목표에 따른 채권을 발행하는지, 자금이 실제로 그러한 자산·프로젝트로 배분되는지, 프로젝트의 최종 효과는 어떤지 등을 개별적으로 판단하기는 어렵다. 이에 따라 그린 본드는 발행 전 단계, 발행시점 및 발행종료 시까지 외부 검증기관의 검증이라는 절차가 요구된다.[2]

외부검증은 가이드라인 주체별로 다소 상이한 방식을 운영하고 있다.

먼저, ICMA의 GBPGreen Bond Principle는 외부검증기관을 선정할 것을 권장하지만 의무사항으로 규정하지는 않는다. GBP는 외부검증의 유형으로 외부기관 의견Second Party Opinion: SPO, 검증Verification, 인증Certification, 스코어링/등급Green Bond Scoring/Rating의 네 가지 유형을 제시했다.

이에 반해 CBI의 기후채권 발행 기준Climate Bond Standard은 CBI가 공인한 검증기관Verifier에 의한 검증 절차를 반드시 거치도록 한다. 검증기관의 검증이 완료되면 CBI는 이를 확인하고 최종적인 인증Certification을 부여한다.

EU-GBS도 외부 검증기관의 검증을 의무화하고 있다. 유럽증권시장감독청이 인정한 검증기관이 발행사의 그린 본드 프레임워크와 조달자금 배분 보고서 등을 검증하게 된다.

외부검증의 유형별로 외부기관 의견, 검증 후 인증, 스코어링/등급의 특성을 각각 비교하면 표 8-8과 같다.

---

2 물론 외부검증을 받지 않고 그린 본드를 발행하는 경우도 있다. 회사의 성격 자체가 환경적 목적을 가진 회사pure-play green company, 예를 들어 100% 재생에너지 회사의 경우 회사의 자산이나 수익 전체가 기후변화 대응과 관련이 있기 때문에 외부검증을 받지 않기도 한다. 그러나 이 경우 외부검증을 받지는 않더라도 채권투자자들은 발행사가 최소한 그린 본드 프레임워크는 작성할 것을 요구하기도 한다.

표 8-8 • 그린 본드 외부검증 유형별 특성

| | 외부기관 의견 | 검증 후 인증 | 스코어링/등급 |
|---|---|---|---|
| 주관 | 그린 본드 원칙GBP | 기후채권 발행 기준CBS | 무디스<br>S&P |
| 검증대상 | 그린 본드 프레임워크<br>(그린 본드 외 소셜 본드 및 지속가능성 채권도 해당) | 개별 그린 본드<br>(그린 본드 발행 시마다 검증/인증 필요) | 개별 그린 본드<br>(그린 본드 발행 시마다 검증/인증 필요) |
| 검증시기 | 발행 전 및 발행 후<br>(발행 후는 연차보고서에 대한 검증 또는 내부감사 차원) | 발행 전 및 발행 후 | 발행 전 및 발행 후 |
| 추가적 외부검증 | 불필요 | 필요 | 불필요 |
| 비용 | 프로젝트 및 프레임워크의 성격에 따라 상이<br>2000만 원~5000만 원 | 외부기관 검증비용+<br>CBI 인증비용<br>채권 액면의 1bp의 10% | 최초 검증+연례 검증<br>무디스가 5년 만기 채권 검증하는 경우 5년간 약 2억 원 |
| 소요기간 | 2~6주 | 4~6주 | 4~6주 |

GBP에 따른 외부의견 제공기관Second Party Opinion Provider, CBI의 검증기관Approved Verifier 역할을 하는 대표적 기관은 표 8-9와 같다.

표 8-9 • 그린 본드 외부의견 제공기관 및 검증기관

| 기관명 | 기관 특징 | 커버 지역 | 제공서비스 |
|---|---|---|---|
| 서스테널리틱스<br>Sustainalytics<br>SUSTAINALYTICS | • 글로벌 ESG 및 기업지배구조 조사연구기관(본사: 암스테르담)<br>• 전 세계 1만 2000개 이상의 기업을 대상 ESG 등급 평가 | 전 세계 | • 외부기관 의견<br>• CBS 검증 |
| 비지오 아이리스<br>Vigeo Eiris<br>vigeoeiris | • 유럽 베이스의 글로벌 ESG 조사 및 등급 서비스 기관<br>• 2015년 비지오Vigeo와 아이리스Eiris의 합병으로 탄생 | 전 세계 | • 외부기관 의견<br>• CBS 검증 |

| ISS-외콤<br>ISS-oekom<br>ISS ESG<br>ethix·climate·oekom | • 유럽 베이스의 글로벌 ESG 조사 및 등급 서비스 기관<br>• 2018년 글로벌 책임투자/지배구조 전문 기관인 ISS사가 뮌헨 본사의 외콤 리서치Oekom research AG사를 합병하여 탄생 | 전 세계 | • 외부기관 의견<br>• CBS 검증 |
|---|---|---|---|
| DNVGL<br>DNV·GL | • 노르웨이 본사의 전 세계적 선박·해양구조물 기술회사로 세계 3대 인증기관 중 하나<br>• 2013년 노르웨이의 DNV사와 독일의 GL사 합병으로 탄생 | 전 세계 | • 외부기관 의견<br>• CBS 검증 |
| 시세로CICERO<br>°CICERO<br>Center for International Climate Research | • 노르웨이의 글로벌 기후변화 조사기관<br>• 1992년 이래 IPCC 연구에 기여했으며, 최근에는 기후금융 분야에서 두각을 나타냄 | 전 세계 | • 외부기관 의견 |

## 6. 그린 본드 시장의 동향

2019년 전 세계 그린 본드 발행 규모는 2577억 달러(한화 약 297조 원)로 2018년 1706억 달러 대비 51% 성장했다. 최근 3년간 그린 본드 발행시장의 동향을 보면 2018년 한 해만 제외하고 폭발적 성장을 지속하고 있으며, 2016년부터 3년간 연평균성장률은 44%이다. 2019년 발행 규모 증가는 전체 글로벌 발행의 45%를 차지하는 유럽 지역이 성장을 이끌었다. 2019년 유럽 지역의 그린 본드 발행 규모는 2018년 대비 74%(495억 달러) 증가한 1167억 달러에 달했다. 유럽 다음으로는 아태지역(25%), 북미(23%) 순이다. 2019년에 발행된 2577달러의 그린 본드는 496개 발행기관(1,788회)이 발행한 것이다. 이 중 최초로 그린 본드를 발행한 기관이 250개에 달할 정도로 그린 본드 발행 열풍이 뜨겁다.

지역적으로는 유럽 지역의 비중이 가장 크지만 개별 국가별 발행 규모는 미국이 513억 달러로 가장 컸으며, 중국이 313억 달러, 프랑스가 301억 달러로 뒤를 이었다. 이는 2018년 국가별 발행 순위와 일치한다.

그림 8-4 • 연도별 그린 본드 발행 규모

(단위: 10억 달러)

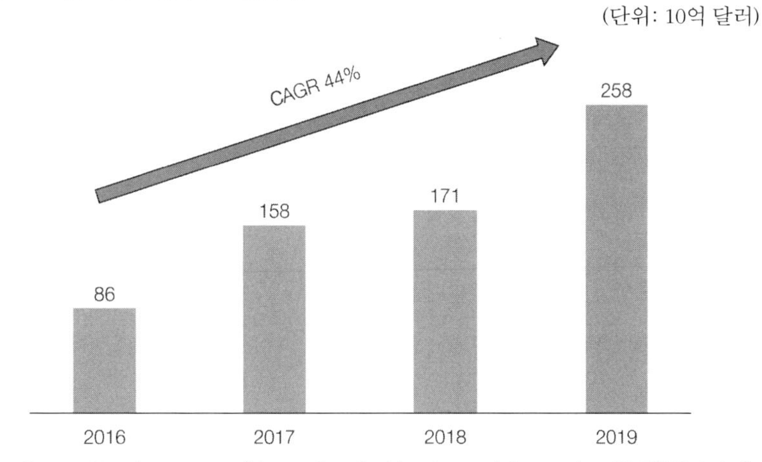


자료: Climate Bonds Initiative, "Green Bonds: The State of the Market 2018"(2019.3.6); "2019 Green Bond Market Summary"(2020.2.5).

주: CBI의 그린 본드 집계는 그린 론도 일부 포함됨. 2019년의 경우 100억 달러 그린 론이 포함됨.

표 8-10 • 그린 본드 발행 상위 3개국

(단위 : 10억 달러)

| | 2018년 | | 2019년 | |
|---|---|---|---|---|
| | 금액 | 점유율 | 금액 | 점유율 |
| 미국 | 34.0 | 20% | 51.3 | 20% |
| 중국 | 31.0 | 18% | 31.3 | 12% |
| 프랑스 | 14.2 | 8% | 30.1 | 12% |

자료: Climate Bonds Initiative, "Green Bonds: The State of the Market 2018"(2019.3.6); "2019 Green Bond Market Summary"(2020.2.5).

발행기관별로는 미국의 패니메이Fannie Mae(미국 연방저당권협회Federal National Mortgage Association, FNMA)가 2018년 201억 달러를 발행한 데 이어 2019년 229억 달러를 발행하면서 2년 연속 글로벌 넘버원 그린 본드 발행기관으로 자리 잡았다. 2018년에는 중국의 중국공상은행이 96억 달러, 프랑스 정부가 60억 달러의 그린 본드를 발행하면서 2위, 3위의 발행기관이 되었는데, 2019년에

표 8-11 • 그린 본드 발행 상위 3개 기관

| | 2018년 | | | 2019년 | | |
|---|---|---|---|---|---|---|
| | 기관명 | 발행금액 (10억 달러) | 용도 | 기관명 | 발행금액 (10억 달러) | 용도 |
| 1위 | 패니메이 Fannie Mae (미국) | 20.1 | MBS | 패니메이 (미국) | 22.9 | MBS |
| 2위 | 중국 공상은행 | 9.6 | 관련 산업 지원 | KfW (독일) | 9.0 | 재생에너지, 그린 빌딩 프로젝트 자금지원 및 공동 자금지원 |
| 3위 | 프랑스 정부 | 6.0 | 관련 산업 지원 | 네덜란드 정부 (DSTA) | 6.7 | 저탄소 빌딩, 저탄소 운송, 해상용 재생에너지, 태양열 및 수자원 인프라 구축 |

자료: Climate Bonds Initiative, "Green Bonds: The State of the Market 2018"(2019.3.6); "2019 Green Bond Market Summary"(2020.2.5).

는 독일의 개발은행인 KfW가 90억 달러, 네덜란드 정부가 67억 달러의 그린 본드를 각각 발행하여 미국 패니메이의 뒤를 이었다.

그린 본드 시장의 평균 딜 사이즈는 보통 3억 달러 내외다. 2018년의 경우 모든 딜이 1억 달러 규모로 발행되는 패니메이 발행건을 제외한 평균 딜 사이즈는 3.2억 달러였는데 유럽의 평균 딜 사이즈는 4.3억 달러, 아·태 지역 평균 딜 사이즈는 2.9억 달러로 나타났다.

그린 본드는 만기가 주로 5~10년으로 발행된다. 2018년 발행된 그린 본드의 만기는 5년 이하가 37%로 가장 비중이 크며 5~10년 만기가 35%로 그 뒤를 잇는다. 그린 본드 만기는 조금 짧아지는 경향을 보이는데, 이는 상업은행들의 발행 비중이 증가한 것과 금리 상승기에 발행 만기가 축소되는 경향에 따른 것으로 해석된다. 다만 2020년은 코로나19 사태에 따른 글로벌 금리 인하가 이어지고 있어 발행 만기는 다시 길어질 가능성이 있다.

그린 본드 발행 형태는 선순위무담보채권Senior unsecured bonds이 가장 보편적인 발행 형태이나 자산담보부채권 등 증권화Securitization 채권도 비중이 적

표 8-12 • 그린 본드 발행 형태(2018년)

| 그린 본드 발행 형태 | 발행액 | 비중 |
|---|---|---|
| 선순위무담보Senior unsecured | 980억 달러 | 59.0% |
| ABS/MBS | 246억 달러 | 15.0% |
| 선순위담보Senior secured | 68억 달러 | 4.0% |
| 커버드본드Covered bond | 60억 달러 | 3.5% |
| 대출 | 51억 달러 | 3.0% |

자료: Climate Bonds Initiative, "Green Bonds: The State of the Market 2018"(2019.3.6).

표 8-13 • 그린 본드 발행 섹터(2019년)

| 순위 | 섹터 | 비중 | 주요 발행사 |
|---|---|---|---|
| 1 | 에너지Energy | 31% | KfW, 누어 에너지Noor Energy, 미드아메리칸 에너지MidAmerican Energy |
| 2 | 빌딩Buildings | 30% | 패니메이Fannie Mae, KfW, 프랑스 정부, 유럽투자은행, DSTA |
| 3 | 교통Transport | 20% | SNCF, 소시에테 두 그랑 파리Societe du Grand Paris, 칠레 정부 |
| 4 | 수자원Water | 9% | 패니메이, ICBC, DSTA, 엔지Engie |
| 5 | 폐기물Waste | 4% | |
| 6 | 토지Land use | 3% | |
| 7 | 기타(적응과 회복력 포함) | 3% | 유럽부흥개발은행EBRD(기후 회복 채권) |

자료: Climate Bonds Initiative, "2019 Green Bond Market Summary"(2020.2.5).

지 않으며 커버드 본드, 수쿠크 등도 그린 본드로 발행되었다.

2019년 그린 본드 발행을 산업별로 살펴보면 에너지 섹터의 발행이 31%로 가장 컸으며, 빌딩 섹터 30%, 교통 섹터 20% 순이었다. 수자원, 폐기물 분야에서도 그린 본드가 발행되었으며, '적응과 회복력Adaptation & resilience' 분야에서도 EBRD가 7억 달러의 '기후 회복 채권Climate resilience bond'을 발행하여 관련 분야의 최초 딜로 기록되었다.

그린 본드는 외부검증을 통해 발행사가 환경적 목표에 따른 채권을 발행

그림 8-5 • 그린 본드 외부검증 유형

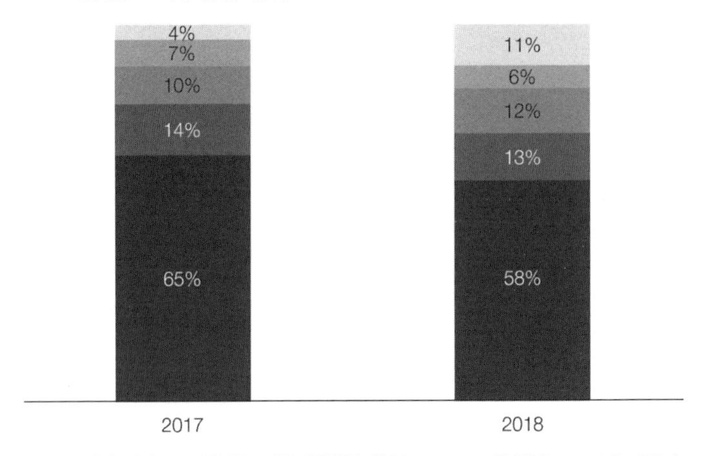


자료: Climate Bonds Initiative, "Green Bonds: The State of the Market 2018"(2019.3.6).

그림 8-6 • 그린 본드 외부검증기관별 점유율

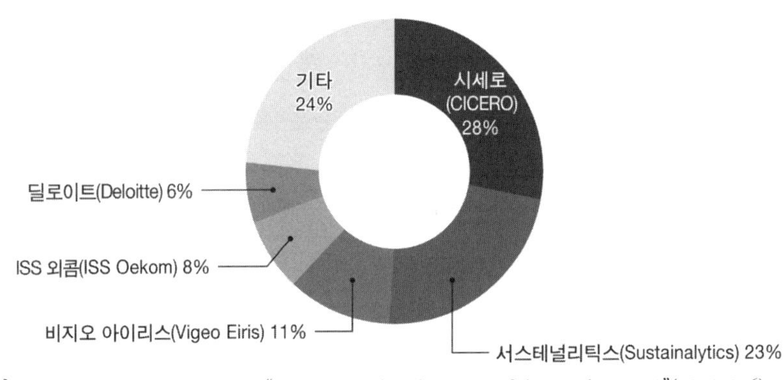


자료: Climate Bonds Initiative, "Green Bonds: The State of the Market 2018"(2019.3.6).

하는지와, 자금이 실제로 그러한 자산·프로젝트로 배분되는지를 확인한다. 2018년의 경우 그린 본드 발행사의 89%가 외부검증을 받은 것으로 나타났는데, 외부검증의 유형 중 가장 큰 비중을 차지한 것은 외부기관 의견Second Party Opinion이었으며, CBI의 인증Certification이 뒤를 이었다. 무디스Moody's나 S&P의 그린 본드 등급Green Bond Rating을 받는 경우도 있다.

검증기관 중에서는 시세로CICERO가 28%의 점유율(2018년 금액기준)로 가장 많은 검증실적을 올렸으며, 서스테널리틱스Sustainalytics가 23%로 뒤를 잇고 있다.

2018년의 경우 CBI의 기후채권 발행 기준에 따른 인증을 받은 그린 본드는 46개 딜(233억 달러)로 전체 그린 본드 중 14%(금액기준)를 차지하고 있다. CBI의 기후채권 스탠더드에 따른 검증기관Verifier 중에서는 서스테널리틱스가 가장 많은 딜에서 검증기관으로 참여했다.

제9장

# 글로벌 은행산업의 그린 파이낸스 확산

## 지속가능금융 시대의 은행산업 추진 전략

글로벌 지속가능 투자시장이 급성장한 데는 점점 더 많은 글로벌 투자자들이 환경과 사회에 긍정적 영향을 줄 수 있는 기업과 프로젝트에 투자하고 싶어 한 배경이 있었다는 것은 앞에서 살펴본 바와 같다. 그린 본드를 중심으로 한 지속가능 채권이 활발하게 발행되고 있고, ESG ETF에는 최대 규모의 자금이 유입되고 있다. 이는 다시 관련 기업들의 재무구조를 개선시키고 주가를 올려주는 선순환 구조를 만들어낸다. 그렇다면 은행산업에서 지속가능금융은 어떤 방식으로 이루어지고 있을까. 은행은 투자자의 요청에 따른 파이낸싱이라기보다 은행 자체의 포트폴리오 전략과 리스크 관리 전략에 따른 파이낸싱을 실행해야 하므로 지속가능금융에 관한 보다 명확한 전략과 방법론을 필요로 한다. 좌초자산을 최소화하는 리스크 관리 전략도 필요하다.

이번 장에서는 글로벌 은행들의 그린 파이낸스 추진 현황과 사례를 살펴보고 각 은행들이 어떤 전략을 준비해야 하는지 논의한다.

## 1. 국영 그린 뱅크의 그린 파이낸스

기후변화에 대한 효과적 대응과 파리 협정 이행을 위해 전 세계적으로 재생에너지, 에너지 효율화와 관련된 신기술, 프로젝트의 개발과 확산이 절실한 실정이지만, 아직 저탄소 에너지 프로젝트에 대해서는 상당한 파이낸싱 갭이 존재하는 것이 현실이다. IEA의 추정에 따르면 글로벌 기후 목표를 달성하기 위해서는 2030년부터 2050년까지 매년 1.6조 달러의 저탄소 기술과 인프라에 대한 투자가 필요하다고 한다. 그런데 저탄소 기술은 혁신적 성격을 가진 사업으로서 기술의 비용은 많이 감소했지만 아직 리스크가 높은 프로젝트로 인식되고 있어 파이낸싱을 받기가 쉽지 않다. 특히 은행들은 2008년 금융위기 이후 자본금 요건이 강화된 탓에 리스크 수준이 높은 저탄소 프로젝트 파이낸싱에 참여가 어려워진 측면도 있다. 이는 결국 저탄소 프로젝트의 파이낸싱 코스트를 높여서 전통적 석탄 기반의 프로젝트에 비해 경쟁력을 감소시키는 결과를 가져올 수 있다.

공적 금융기관이 선도적으로 그린 파이낸스를 추진함으로써 민간 금융기관의 참여를 이끌어낼 필요성이 제기되는 부분이다. 이런 인식하에 각국 정부는 국영 그린 뱅크를 설립하여 저탄소 프로젝트에 대한 파이낸싱 갭을 축소시키려는 노력을 기울여 왔는데, 영국의 그린인베스트먼트뱅크Green Investment Bank: GIB, 호주의 클린에너지파이낸스공사Clean Energy Finance Corporation: CEFC와 같은 은행들이 정부가 출자하여 설립된 그린 뱅크의 대표적 사례다. 독일의 KfW 은행은 독일 정부의 개발은행으로 설립되었지만 저탄소 에너지 파이낸싱에도 적극적인 역할을 하는 은행이다. 미국의 경우도 주 정부가 설립한 그린 뱅크가 총 13개 운영되고 있으며 2020년 1월 미 하원 에너지·무역위원회가 발의한 CLEAN 법안에 따라 연방 그린 뱅크 설립이 적극적으로 추진되고 있다(미국 그린 뱅크 현황에 대해서는 제6장 참고).

각국 국영 그린 뱅크의 운영형태를 보면, 수조 원의 자본금을 가진 대형

표 9-1 • 주요 국영 그린 뱅크의 파이낸싱 방식

| | CEFC(호주) | GIB(영국) | KfW(독일) |
|---|---|---|---|
| 설립년도 | 2012 | 2012 | 1948 |
| 자본금 | 100억 호주 달러<br>(79억 미 달러) | 30억 파운드<br>(39억 미 달러) | 37억 유로<br>(44억 미 달러) |
| 주주 | 호주 정부 | 영국 정부 | 독일 연방 정부 및 주 정부 |
| 파이낸싱 대상 프로젝트 | 태양광 발전<br>육상 풍력 발전<br>폐기물 발전<br>에너지 효율화<br>소규모 재생에너지 | 육상 풍력 발전<br>해상 풍력 발전<br>폐기물 발전<br>에너지 효율화<br>소규모 재생에너지 | 태양광 발전<br>육상 풍력 발전<br>해상 풍력 발전<br>폐기물 발전<br>에너지 효율화<br>소규모 재생에너지 |
| 파이낸싱 수단 | 장기 시장금리 대출<br>저금리 대출(소규모 프로젝트)<br>지분투자<br>증권화 상품<br>보증 | 장기 시장금리 대출<br>후순위 및 메자닌 대출<br>지분투자<br>증권화 상품 | 장기 저금리 대출<br>장기 시장금리 대출<br>지분투자<br>보조금<br>보증/보험 |
| 파이낸싱 채널 | 공동투자 신디케이션을 통한 직접 대출<br>온-렌딩<br>투자 펀드<br>기후채권 | 직접 대출<br>공동투자 및 신디케이션<br>지분투자 펀드 및 부채 펀드<br>조인트 벤처 | 온-렌딩<br>직접 대출<br>공동투자 및 신디케이션 |

자료: Anna Geddes et al., "The multiple roles of state investment banks in low-carbon energy finance", *Energy Policy*(2018. 1).

인프라 전문은행으로 출발하여 다양한 혁신적 재생에너지 프로젝트, 에너지 효율화 프로젝트에 대한 선도적 파이낸싱을 제공함으로써 민간 금융기관의 투자를 극대화하는 역할을 담당하고 있다. 이들의 주요 파이낸싱 대상 프로젝트는 태양광 발전, 육상·해상 풍력 발전, 폐기물 발전, 에너지 효율화 사업 등 다양한 혁신적 저탄소 에너지 프로젝트를 포함한다. 파이낸싱 수단은 시장금리 또는 저금리 대출, 후순위 또는 중순위(메자닌mezzanine) 대출, 지분투자, 증권화 상품, 보증 제공 등의 방식을 활용하고 있다. 파이낸싱의 채널은 주로

표 9-2 • 호주 CEFC 은행의 그린 파이낸스 성과

| | 2018~2019년 | 총누계 |
|---|---|---|
| CEFC 파이낸싱(호주 달러) | 14.6억 | 72억 |
| 파이낸싱 프로젝트 수 | 30 | 140 |
| 파이낸싱 프로젝트 밸류(호주 달러) | 63억 | 240억 |
| 민간 자금 유치 | 3배 | 2배 |
| 온실가스 감축 효과(환산톤) | 0.64억 | 2.6억 |

자료: CEFC, "Annual Report 2018-19: Investing in Australia's clean energy transition."

직접 대출 또는 신디케이션 대출의 형태로 이루어지며 온-렌딩On-lending[1]이나 지분투자의 방식을 취하는 경우도 있다.

각국 정부가 설립한 그린 뱅크는 자체 재원을 통한 프로젝트 초기 투자는 물론이고 다양한 위험 감소 수단을 활용하여 민간의 투자를 이끌어내는 역할을 톡톡히 해내고 있다. 예를 들어, 영국의 GIB는 2017년 맥쿼리에 인수될 때까지 30억 파운드의 자체 재원을 가지고 민간 금융기관 및 투자 파트너들과 협력을 통해 총 120억 파운드에 해당하는 100여 개 프로젝트에 파이낸싱을 진행하는 성과를 거두었다. 호주의 CEFC는 2018~2019년 누계 기준으로 140개의 프로젝트에 대해 총 72억 호주 달러의 파이낸싱을 제공하는 성과를 거두었다. 그린 뱅크 자체 재원 대비 민간 자금 유치 효과는 두 배였고, 프로젝트를 통한 온실가스 감축효과는 총 2.6억 환산톤에 달했다.

이처럼 각국의 국영 그린 뱅크들은 저탄소 프로젝트에 대한 파이낸싱, 특히 민간 금융기관의 참여를 이끌어내는 데 상당한 성과를 거두었는데, 이는 국영 그린 뱅크가 다음과 같은 역할을 성공적으로 수행하고 있기 때문이다.

1 정부가 민간 금융기관에게 중소기업 대출자금을 빌려주면 이들이 대상 기업을 심사해 대출하는 간접대출제도를 말한다. 우리나라는 KDB산업은행이 중소·중견기업에 대한 정책자금을 은행 등 중개 금융기관에게 전대하고, 이들이 자체 심사기준과 절차에 따라 대출을 실행하는 형태로 온-렌딩이 이루어진다.

### ① 자본 공급capital provision

국영 그린 뱅크는 초기에 대규모의 자본이 요구되는 저탄소 프로젝트 또는 금융위기 등의 요인으로 글로벌 투자 활동이 위축된 시기의 저탄소 프로젝트에 대한 파이낸싱 갭을 메꾸어 준다.

### ② 위험 감소de-risking

저탄소 프로젝트는 혁신적 성격으로 인하여 높은 리스크 특성을 가지고 있는데, 이로 인해 파이낸싱 코스트가 높아지고 파이낸싱 자체가 어려워지기도 한다. 국영 그린 뱅크는 저탄소 프로젝트에 대해 다양한 방법의 위험 감소 수단을 적용함으로써 프로젝트의 뱅커빌리티bankability를 제고한다. 독일의 KfW의 경우 특별 저금리concessional finance와 보증guarantee을 활용하여 프로젝트의 위험을 감소시키고 민간 파이낸싱을 이끌어낸다. 때로는 국영 그린 뱅크가 참여한다는 사실 자체만으로도 프로젝트의 위험이 낮다는 시그널을 주기도 한다.

### ③ 시그널 효과signalling role

일반적으로 국영 그린 뱅크는 대규모 프로젝트에 대해 단독 파이낸싱하지 않고 반드시 민간 금융기관과 공동 파이낸싱을 한다. 이때 국영 그린 뱅크가 저탄소 프로젝트 파이낸싱에 뛰어난 전문성을 보유하고 있다는 것이 시장에서 인정되면 국영 그린 뱅크가 프로젝트에 참여한다는 사실 자체만으로도 프로젝트에 대한 신뢰성을 높여주는 효과가 있다. 이를 통해 기존에 관심이 없던 투자자들이 펀딩 참여로 돌아서거나 때로는 참여 신청이 너무 많아져 국영 그린 뱅크가 빠져야 하는 경우가 발생하기도 한다.

### ④ 퍼스트 무버first-mover 효과

국영 그린 뱅크는 업계·지역·국가에서 최초로 개발·도입되는 기술·비즈니스 모델과 관련된 프로젝트에 투자함으로써 리스크를 적극적으로 부담하는 퍼스트 무버의 역할을 담당한다. 시그널 효과와 다른 점은 시그널 효과가 해당 프로젝트에 대한 직접적인 참여를 이끌어내는 것을 의미하는 데 비해 퍼스트 무버는 해당 기술·모델에 국영 그린 뱅크가 대출을 시행한 적이 있다는 기록을 만들어줌으로써 후속으로 참여하는 파이낸싱 기관의 의사결정을 촉진하는 역할을 한다는 점이다.

## 2. 글로벌 은행의 그린 파이낸스 기회와 리스크

미국과 유럽을 기반으로 한 글로벌 은행들은 유니버설 뱅킹을 영위하고 있어 기업과 기관투자자 고객을 대상으로 대출업무부터 증권발행, 투자자문에 이르기까지 다양한 서비스를 제공한다. 먼저, 자금조달을 필요로 하는 기업 고객에 대해서는 은행의 직접대출부터 자본시장을 활용한 자금조달, 구조화 금융, 자문 서비스, 자금관리 서비스, 무역 금융까지 각종 서비스를 제공한다. 자금을 운용해야 하는 기관투자자 고객에 대해서는 투자자문, 커스터디, 구조화 투자상품 등의 서비스를 제공한다. 기업 고객의 대출 자금조달 측면만 주로 담당하는 한국의 은행에 비해 폭넓은 서비스를 제공할 수 있는 것이다.

최근 글로벌 은행들이 기업 및 기관투자가 고객을 대상으로 자금조달 및 운용 관련 솔루션을 제공할 때 반드시 고려하는 두 가지 화두가 있는데, 하나는 디지털 이노베이션digital innovation이고 다른 하나는 지속가능금융sustainable finance이다. 먼저 디지털 이노베이션은 ▲은행 관점에서 빅데이터, AI, 핀테크, 블록체인 등 신기술을 활용해 은행의 상품·서비스를 새롭게 디자인하거나 효율적으로 제공하는 것과, ▲고객사 관점에서 고객사가 디지털 마인드셋을 가질 수 있도록 디자인 씽킹Design thinking, 해커톤, 공동창조Co-creation 등의 방식을 활용하는 것이다.

글로벌 은행들이 기업금융 분야에서 디지털보다 더 중요하게 고려하는 요소는 바로 지속가능금융 이슈다. 이들이 기업금융에서 지속가능성을 바라보는 시각은 결코 단지 '착한 경영'이나 '기업의 사회적 책임CSR'의 관점에만 머무르지 않는다. 은행들은 지속가능성 이슈가 만드는 새로운 기회, 새로운 시장의 관점에서 지속가능성 이슈를 접근한다. 두 번째는 지속가능성 이슈가 은행의 포트폴리오에 미칠 수 있는 리스크 최소화의 관점이다. 즉, 새로운 경제·사회의 패러다임 도래에 대비해 기회opportunity를 극대화하고 위험risk은 최소화하겠다는 것인데, 여기서 기회와 위험은 사회(S), 지배구조(G)보다는 대부분 환경(또는 기후)(E)과 관련된 기회와 위험을 의미한다.

기업금융업무에서 지속가능성과 관련한 새로운 기회는 무궁무진하다. 대기업, 금융기관의 자금조달 수요 중에서 저탄소 시설 및 공정 투자, 건물 및 공장의 에너지 효율화 투자, 재생에너지 투자 등 새로운 자금수요가 급증하고 있다. 연기금·개인투자자 등 최종투자자들은 같은 수익률이면 이왕이면 기후변화에 대응할 수 있는 자산으로 투자하기를 원하므로 최종투자자의 투자 목적에 부합하면서도 수익성을 갖춘 투자상품이 계속 시장에 출시되고 있다. 제7장에서 살펴본 그린 본드, 소셜 본드, 지속가능성 채권, 지속가능성 연계 대출 및 채권 등이 1차 상품이고, 이를 편입한 지속가능성 펀드 및 ETF

그림 9-1 • 지속가능성 기회/위험을 고려한 글로벌 은행의 기업금융

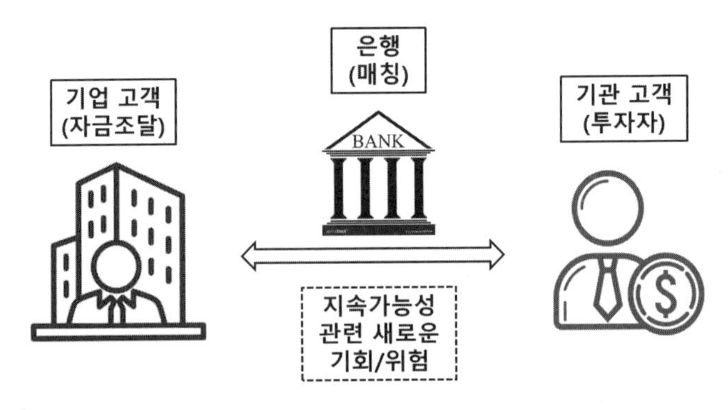

박스 9-1 • HSBC의 지속가능금융 기회 발굴 및 리스크 관리

HSBC는 은행의 주요 미션 중 하나는 고객사와 고객사 거래처들의 저탄소 전환을 지원하는 것이라고 정의한다. HSBC는 고객사의 경영을 파리 협정과 일치시키며 물리적 리스크, 전환 리스크에 대응할 수 있도록 하는 금융 솔루션을 제공하는 것을 목표로 하고 있다.

2017년 11월, HSBC는 이와 관련한 다음과 같은 5개의 실행 목표를 설정했다.

① 2025년까지 지속가능금융 서비스 지원Facilitation, 지속가능 분야 대출Financing, 지속가능 투자Investment 등 세 가지 지속가능금융 분야에서 1000억 달러 규모의 금융을 지원한다.

② 2025년까지 HSBC 자체 비즈니스에 필요한 전기 에너지의 90%를, 2030년까지는 100%를 재생에너지로 충당한다.

③ 석탄산업 익스포저를 축소하고 기타 고탄소 산업의 저탄소 전환을 적극적으로 유도한다.

④ 투명성 제고를 위해 TCFD 권고 공시를 수행한다.

⑤ 지속가능금융 및 투자와 관련한 논의를 주도하고 여론을 형성한다.

HSBC에는 크게 4개의 비즈니스 부문이 있다. ▲리테일 & 웰스 매니지먼트, ▲기업금융, ▲글로벌 뱅킹 & 시장, ▲글로벌 PB의 4개 직접 영업 부문인데, 이와 별도로 '글로벌 지속가능금융' 부문을 두고 여기서 4개 비즈니스 부문의 지속가능금융을 지원하는 역할을 하고 있다. 지속가능금융 부문은 비즈니스 부문 중에서도 특히 기업금융 부문 및 글로벌 부문과 밀접한 협업 체계를 유지하면서 각 부문의 고객(기업 고객, 기관투자자 고객 등)의 지속가능금융 수요에 효과적으로 대응하는 전략을 취하고 있다.

HSBC의 다섯 가지 실행 목표 중에서 1번 목표는 고객의 지속가능금융 수요 발굴을 통해 은행의 비즈니스 기회를 확대하는 것이다. 이는 다음의 세 가지 금융 서비스로 구성된다. 첫 번째는 지원 분야로, 그린/소셜/지속가능 본드 관련 서비스(주관사, 인수단, 자문서비스 등), 금융자문, 부채자본시장debt capital market 상품, 주식시장equity capital market 상품 등이 포함된다. 두 번째는 파이낸싱 분야로, 프로젝트 파이낸스 또는 그린 론의 형태로 이루어지는 대출업무다. 세 번째는 투자 분야로, HSBC 자산운용이 출시한 그린 본드 펀드를 통해 기후변화 대응 관련 채권에 투자하는 펀드가 그 사례다.

1번 목표와 관련하여 HSBC는 2025년까지 고객사들에게 1000억 달러 규모의 지

속가능금융을 제공하겠다는 계획이었는데, 2019년까지 벌써 524억 달러의 실적을 내고 있다.

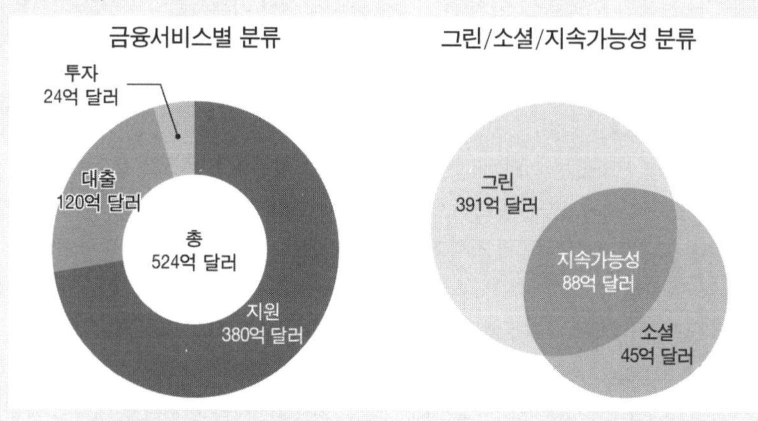


다섯 가지 실행 목표 중 3번 목표는 기후변화와 관련한 은행의 리스크 관리를 고도화하고자 하는 목표다. 기후변화 리스크는 물리적 리스크와 전환 리스크가 있는데, 특히 전환 리스크는 글로벌 경제가 저탄소 경제로 전환함에 따라 고객사가 원리금 상환 의무를 이행하지 못할 리스크를 의미한다. HSBC는 전환 리스크를 세 가지 기준으로 관리하는데, 첫 번째는 은행의 익스포저 중 전환 리스크 규모, 두 번째는 고객사의 전환 리스크 관리 방식, 세 번째는 고객사의 탄소 배출 저감 성과 측정이다. 첫 번째 기준과 관련해 HSBC는 이산화탄소 배출 비중이 높은 6개 산업을 전환 리스크가 높은 산업군으로 정의하고, 동 산업군에 대한 은행의 익스포저를 산정했다. 고高리스크 산업군은 ▲석유·가스, ▲건물·건축, ▲화학, ▲자동차, ▲발전, ▲금속·탄광의 6개 산업이다. 이들 산업군에 대한 HSBC 익스포저는 전체 기업금융 자산 중 20.6%에 해당한다. 두 번째 기준인 고객사의 전환 리스크 관리 상태를 파악하기 위해 HSBC는 다양한 방법을 시도했는데 그중 한 가지는 고객사 매출의 탄소 집약도를 측정한 것이다. 즉, 고객사별로 100만 달러 매출당 직접 배출Scope 1과 간접 배출Scope 2에 해당하는 탄소 배출량을 측정하고 이를 해당 고객에 대한 익스포저로 가중하여 해당 산업군의 가중 평균 탄소배출량을 측정했다. 그 결과 단순 익스포저 비율로는 알 수 없었던 산업별 탄소 집약도 현황을 파악할 수 있었다.

**HSBC 6대 고高전환리스크 산업 탄소집약도**

| | 석유·가스 | 건물·건축 | 화학 | 자동차 | 발전 | 금속·탄광 | 계 |
|---|---|---|---|---|---|---|---|
| 고위험산업 내 비중 | 18% | 19% | 19% | 15% | 15% | 13% | 100% |
| 가중평균 탄소배출량[2] | 688 | 408 | 517 | 301 | 7235 | 787 | |

HSBC는 고객기업과 협력해 공급망의 지속가능성을 높이는 시도도 추진했다. 2017년 월마트는 '프로젝트 기가톤'이라는 캠페인을 시작했는데, 이는 공급사들과의 협력을 통해 2030년까지 글로벌 공급망에서 발생하는 온실가스 10억 톤을 감축하겠다는 계획이다. 2019년 4월 HSBC는 공급사들의 저탄소 전환을 돕고 월마트의 프로젝트를 지원하기 위해 '지속가능 공급망 금융 프로그램'을 가동했다. 이 프로그램은 월마트 공급사가 THESIS라고 하는 지속가능성 스코어에서 높은 성과를 거두면 이에 상응하여 무역 금융의 조건을 우대해 주는 프로그램이다. 이는 금융기관과 고객기업이 협력하여 경제 각 부문의 지속가능성을 가속화시킨 매우 좋은 사례라 하겠다.

HSBC는 이러한 활동이 이사회, 경영위원회 등 톱 매니지먼트는 물론이고 실무를 담당하는 직원들이 전문성을 가지고 수행할 수 있도록 지원했다. 2019년에는 지속가능금융과 기후변화를 주제로 하루짜리 마스터클래스를 열기도 했고, 직원의 지속가능금융 역량을 향상시키기 위한 교육 프로그램도 운영하고 있는데, 직원들이 프로그램에 참여한 횟수는 2019년 5300회에 달했다.

자료: HSBC Holdings plc, "Annual Report and Accounts 2019"(2020); "Environmental, Social and Governace Update 2019"(2020).

도 계속 출시되고 있다. 글로벌 은행, 투자운용·자문사들에게는 새로운 시장이 열린 것이다.

글로벌 은행들은 기업금융업무를 수행하는 데에서 지속가능성과 관련한 리스크 요인도 철저히 평가·반영하고 있다. 기후위기는 은행 포트폴리오에 편입된 기업의 자산을 물리적 리스크physical risk에 노출되게 하는 것은 물론이고, 운영방식을 변화시켜야 하는 전환리스크transition risk에도 직면하게 한다. 글로벌 은행들은 기업고객이 직면한 지속가능성 리스크를 분석하여 이를 '전환Transition'시킴으로써 은행 포트폴리오에 미치는 영향을 최소화하거나, 좌초자산Stranded assets[3]화할 것으로 예상되는 자산은 매각, 상환 등 회수방안

2 가중평균 탄소배출량: 고객당 '탄소배출량(Scope 1&2)/100만 달러 매출'을 구하고 이를 산업 내 익스포저로 가중평균하여 산출한다.

3 좌초자산은 국제에너지기구IEA에 따르면 '투자자산 중 경제적 수명이 남아 있는데도

을 모색한다.

한편, 기후변화와 지속가능발전에 대응해 새로운 금융상품이 출현하고 관련 리스크에 대한 분석이 중요하게 되자, 기후변화 및 지속가능성과 관련한 기업의 현황에 대한 정보 공개가 요구되고 있다. 기후변화가 기업의 재무적 성과에 실제로 영향을 미치기 시작하자, 투자자들과 이들을 위해 투자상품을 만드는 은행들이 기후변화로 인한 기업의 리스크와 기회를 정확하게 분석하기를 원하게 된 것이다. 이들은 먼저 기후변화와 관련된 기업공시의 프레임워크를 수립하기 위해 민간 주도의 '기후 관련 재무정보공시 태스크포스TCFD'를 2015년 출범시켰다. TCFD는 2017년 최종 보고서를 완성하여 발표하여 네 가지 주제별로 11개의 공시사항을 권고했다. 아직까지는 TCFD는 각국의 공식적인 공시제도로 편입되지는 않았다. 하지만 현재 수많은 금융기관과 각 정책 당국들이 속속 TCFD 지지 의사를 표명하고 TCFD 채택에 대비한 실무적 준비를 진행하고 있어 TCFD가 공식적으로 채택될 날이 곧 올 것으로 생각된다. TCFD의 자세한 내용은 제11장에서 구체적으로 살펴보기로 한다.

박스 9-2 • 전 세계 좌초자산의 급증

**#1. 글로벌 메이저 오일컴퍼니, 9000억 달러 자산의 좌초자산화**

파리 협정이 체결되면서 앞으로 전 지구가 앞으로 배출가능한 온실가스 배출량인 '탄소예산carbon budget'이 정해졌다. UN IPCC에 따르면 2100년까지 지구 온난화 2℃ 제한 목표를 달성하기 위한 탄소예산은 1200기가톤이며, 1.5℃ 목표 탄소예산은 464기가톤에 지나지 않았다. 그런데 현재 저장 확인된 석유, 석탄, 가스에 포함된 이산화탄소는 2910기가톤이다. 무슨 말인가 하면, 2℃ 시나리오에서는 59%의 저장된 화석연료를, 1.5℃ 시나리오에서는 84%를 못 쓰게 될 수 있다는 것이다. 《파이낸셜 타임스Financial Times》의 렉스Lex 칼럼에서는 만약 국제사회가 지구 온난

---

더는 수익을 창출하지 못하는 자산'으로 정의된다.

화 한계를 1.5℃로 설정하는 공격적인 목표를 설정해 금세기 말까지 이를 밀어붙이면 메이저 석유·가스 기업은 약 9000억 달러의 손실을 입게 될 것이라고 추정했다. 투자자들은 이 시나리오에 크게 우려하고 있다. 아직까지는 보유한 석유·가스에 대해 가치를 인정하지만 언제까지 자산이 가치를 가질 수 있는지는 장담할 수 없기 때문이다. 석탄산업만 해도 지난 10년간 블룸버그 글로벌 석탄산업지수Bloomberg's index of global coal miners가 2011년 피크에 비해 74%가 폭락한 사례가 있으니 말이다(《파이낸셜 타임스Financial Times》, 2020.2.4).

#2. 국민연금, 미 에너지기업 투자 손실 우려

국민연금이 글로벌 운용사인 블랙 스톤을 통해 간접 또는 직접 투자한 미국 셰일 관련 에너지업체의 주가가 급락해 투자원금 손실 우려가 커졌다. 블랙 스톤이 운용 중인 인프라펀드가 미국 셰일 에너지 업체인 톨그래스에너지 인수계약을 체결한 후, 2020년 초 사우디아라비아와 러시아의 '석유전쟁'으로 유가가 폭락하면서 동사 주가가 급락했기 때문이다. 톨그래스에너지는 미국 전역에 1만 마일에 달하는 파이프라인을 보유한 미드스트림 업체인데, 당초 블랙 스톤 등이 회사를 인수한 것은 유가가 배럴당 50~60달러를 유지해 미국 셰일 원유 생산이 안정적으로 이루어진다고 봤기 때문이었다. 하지만 유가가 30달러 수준까지 폭락하면서 셰일업체들의 줄도산이 예상됨에 따라, 톨그래스에너지 투자건도 상당한 손실이 예상되고 있다. 국내에선 국민연금을 비롯해 교직원공제회 등 다수 기관이 블랙 스톤에 수천억 원을 출자했고, 국민연금은 이와 별도로 톨그래스에너지 인수에 공동투자자로 5억 달러 이상을 추가 투자한 것으로 알려졌다(《한국경제》, 2020.3.11).

#3. 두산중공업, 2019년 4900억 원 손실

두산중공업이 '탈석탄·탈원전' 정책의 직격탄을 맞아 2년 연속 대규모 순손실을 냈다. 최근 2년간 누적 순손실이 1조 2000억 원을 넘는다. 벼랑 끝에 내몰린 두산중공업은 명예퇴직에 이어 일부 휴업을 검토 중이다. 두산중공업의 잇따른 대규모 순손실은 매출의 10~20%를 차지하는 원자력 설비 부문이 탈원전 정책으로 수주가 급감한 탓도 있지만, 매출의 60~70%를 차지하는 석탄 화력발전시장이 글로벌 환경규제 강화로 전 세계적으로 발주가 감소한 탓이 더 크다(《조선비즈》, 2020.3.11).

## 3. 그린 론 시장의 가이드라인, 그린 론 원칙

지속가능금융 시장과 그린 파이낸스 시장이 빠르게 성장하자 민간 대출시장에서도 그린 론에 대한 기준을 마련해야 할 필요성이 대두되었다. 영국 대출시장협회Loan Market Association가 수립한 그린 론 원칙Green Loan Principle: GLP은 대출 상품 단위에서 대출이 '그린'으로 분류될 수 있는 기준을 명확히 제시함으로써 그린 론 마켓에서 활용될 수 있는 일관된 방법론을 제시하는 것이 그 목적이다.

### 1) 그린 론 원칙의 개요

그린 론 원칙(이하 GLP)는 그린 론 상품의 개발과 건전성integrity을 촉진할 목적으로, 영국 대출시장협회가 주도하여 신디케이티드 대출 시장의 주요 금융기관들이 참가한 실무그룹에 의해 개발되었다.[4]

GLP의 목적은 높은 수준의 시장 스탠더드와 가이드라인을 개발하여, 그린 론 마켓에서 사용될 수 있는 일관된 방법론을 제공하고, 대출 상품이 유연성을 갖도록 하며, 그린 론 시장의 건전성을 확보하는 것이다. GLP는 자발적 가이드라인으로 구성되며, 시장참가자가 대출 거래의 성격에 따라 건별로 적용을 한다. 또한 대출이 '그린'으로 분류될 수 있는 경우를 명확하게 함으로써 그린 론 시장의 건전성을 촉진하고자 한다.

GLP에 따르면 '그린 론'은 신규 또는 기존의 적격 그린 프로젝트를 전부 또는 부분적으로 파이낸싱 또는 리파이낸싱하기 위한 대출 상품을 의미한다. 차주는 그린 프로젝트를 아래 네 가지 핵심 구성요소에 맞추어 제시하여

---

4 GLP는 그린 본드 원칙Green Bond Principle: GBP을 참조하여 만들어졌다. GBP는 그린 본드 시장의 투명성, 공시, 리포팅을 촉진하기 위한 국제적으로 인정된 채권 발행 가이드라인이다.

은행 등 그린 론 대주단syndicate of lenders으로부터 대출을 받는다. 은행은 차주가 제시한 그린 론 프레임워크가 그린 론 원칙과 정합성을 갖는지 여부를 외부 기관을 통해 평가받을 것을 권고하거나 때로는 요구조건으로 내건다.

그린 론 프레임워크는 ① 조달자금의 사용처, ② 프로젝트의 평가와 선정 프로세스, ③ 조달자금 관리, ④ 보고라는 네 가지 요소로 구성된다.

### 2) 그린 론 프레임워크

#### ① 조달자금의 사용처

그린 론의 근본적 결정요소는 대출자금을 그린 프로젝트(R&D를 포함한 기타 관련 비용을 포함한다)에 사용하는 것이며, 이는 관련 서류와 마케팅 자료에 적절하게 기술되어야 한다. 모든 그린 프로젝트에는 명확한 환경적 편익이 있어야 하는데, 이는 채무자에 의해 평가되어야 하고 가능하다면 정량화되고 측정되고 보고되어야 한다.

조달자금의 전부 혹은 일부가 리파이낸스를 위해 사용되거나 될 수 있는 경우, 채무자는 신규 프로젝트 파이낸싱 대 기존 프로젝트 리파이낸싱의 비중 현황을 제공하는 것이 권장되며, 어떤 투자안이나 프로젝트가 리파이낸스되는지, 그리고 리파이낸스되는 그린 프로젝트의 '과거 프로젝트 포함 기간Expected Look-back period'을 적정한 범위 내에서 명확히 하는 것이 권장된다. 그린 론은 론 퍼실리티loan facility의 하나 또는 복수의 트랜치tranche에서 이루어질 수 있다. 그러한 경우에는 그린 트랜치를 명확하게 지정하며, 차입자가 적절한 방식으로 동 트랜치의 조달자금을 별도 계정으로 분류하여 관리해야 한다.

GLP는 기후변화, 자연자원의 고갈, 생물 다양성의 상실, 대기/수질/토양 오염 등 그린 프로젝트의 적격성을 판단할 수 있는 카테고리를 명시한다. 이는 박스 9-3에 표시되어 있으며 그린 론 마켓이 지원할 대표적 형태의 프로

박스 9-3 • 적격 그린 프로젝트 예시

- 재생가능 에너지
  (발전, 송전, 장치, 상품을 포함)
- 에너지 효율
  (신축·리폼 건물, 에너지 저장, 지역 난방, 스마트 그리드, 장치, 상품 등)
- 오염 방지 및 억제
  (대기 배출의 삭감, 온실효과 가스 관리, 토양 정화, 폐기물의 발생 억제, 폐기물의 삭감, 폐기물의 재활용 및 에너지/배출 효과가 높은 폐기물 발전)
- 생물 자연자원 및 토지이용과 관련한 환경지속형 관리
  (환경지속형 농업, 환경지속형 축산, 생물학적 곡물관리 또는 점적 관개drip irrigation라는 환경 스마트팜, 환경지속형 어업·수산양식업, 식림이나 삼림재생과 같은 환경지속형 임업, 자연경관의 보전 및 복원 포함)
- 육상 및 수생 생물의 다양성의 보전
  (연안·해양·하천 유역 환경의 보호 포함)
- 클린 수송
  (전기자동차, 하이브리드 자동차, 대중교통, 철도, 비자동차식 수송, 멀티모달multi-modal 수송, 청정에너지 차량과 유해물질 배출 감소를 위한 인프라 등)
- 지속가능한 수자원 및 폐수관리
  (청결한 물이나 음료수 확보를 위한 지속가능한 인프라, 폐수처리, 지속가능한 도시배수 시스템, 하천개수 및 기타 방법에 의한 홍수완화 대책 포함)
- 기후변동에의 적응
  (기후관측 및 조기경보 시스템 등 정보 서포트 시스템 포함)
- 고환경 효율 상품, 환경 적응 상품, 환경을 고려한 생산 기술 및 프로세스
  (에코라벨이나 환경 인증, 자원 효율적인 포장 및 배송과 같은 환경 지속가능형 상품의 개발 및 도입)
- 지역, 국가 또는 국제적으로 인지된 표준이나 인증을 받은 그린 빌딩

자료: Loan Market Association, "Green Loan Principle"(2018. 12).

젝트를 나열한다. 다만, '그린' 및 '그린 프로젝트'의 정의는 섹터와 지역에 따라 달라질 수 있다.

② 프로젝트의 평가와 선정 프로세스

그린 론 차입자는 대출기관에 다음 사항을 명확하게 전달해야 한다.

- 환경적 지속가능성 목표
- 차입자의 프로젝트가 박스 9-3의 적격 그린 프로젝트 카테고리의 범위 안에 포함된다고 판단한 차입자의 의사결정 프로세스
- 관련된 적격성 기준(해당되는 경우 배제 기준도 포함) 및 차입자의 프로젝트와 관련된, 잠재적으로 중요한 환경적 리스크를 확인하고 관리하기 위해 적용된 프로세스

차입자는 환경적 지속가능성에 관련된 중요한 목표, 전략, 정책 및 프로세스의 문맥 안에서 이러한 정보를 표시해야 한다. 차입자는 그들이 따르고자 하는 환경적 기준이나 인증에 대해서도 정보공시해야 한다.

③ 조달자금 관리

그린 론의 조달자금은 별도 계정으로 귀속하거나 차입자가 적절한 방식으로 관리하여 투명성과 무결성을 유지해야 한다. 그린 론이 대출 퍼실리티의 하나 또는 복수의 트랜치 형태를 가질 때에는 각각의 그린 트랜치가 명확하게 지정되어야 하며, 그린 트랜치의 조달자금은 별도 계정으로 귀속하거나 차입자가 적절한 방식으로 관리해야 한다. 차입자는 내부 거버넌스 프로세스를 확립하여 그린 프로젝트에 대해 배분되는 자금을 별도로 관리할 수 있어야 한다.

④ 보고

차입자는 자금 용도에 관한 최신 정보를 입수 가능한 형태로 생성하고 유지해야 하는데, 이는 조달자금이 최종 배분될 때까지 매년 갱신되어야 하며, 중요한 진전이 있을 경우에도 수시로 이루어져야 한다. 보고 내용은 그린 본드로 조달자금을 배분한 프로젝트 리스트, 프로젝트의 간단한 설명, 배분 금

액과 예상되는 효과를 포함한다. 비밀유지협약이 존재하거나, 경쟁상황이 존재하거나, 대상 프로젝트 개수가 너무 많거나 하여 정보의 양을 제한할 필요가 있을 경우에는 정보를 포괄적인 형태로 또는 전체 포트폴리오 기준으로 제시할 수 있다. 정보는 대출 참여 기관에게만 제공된다.

프로젝트의 기대 효과 전달에는 투명성이 특히 중요하다. GLP는 정성적 성과지표를 사용할 것을 권장하며, 가능한 경우에는 정량적 성과 지표(예를 들어 에너지 용량, 전력 발전량, 온실효과 가스배출 삭감량·회피량 등)와 더불어 주요 방법론과 가정사항을 공개할 것을 권장한다. 달성된 효과를 모니터링할 역량이 있는 발행사는 이를 정기 리포팅에 포함할 것을 권장한다.

### ⑤ 외부 평가

필요한 경우, 외부 평가를 받는 것을 권장한다. 차입자가 그린 론 차입 과정에서 외부 평가를 받을 수 있는 다양한 형태와 방식이 있다.

- 컨설턴트 평가Consultant Review: 차입자는 외부 컨설턴트 또는 환경 지속가능성/그린 론 분야의 전문가를 보유한 기관으로부터 조언을 받을 수 있다. 외부기관 의견Second party opinion도 포함된다.
- 검증Verification: 차입자는 감사기관 또는 독립된 ESG 평정기관 등 적격 심사기관으로부터 그린 론, 그린 론 프레임워크, 대상자산 등을 검증받을 수 있다. 인증과 달리 검증은 차입자가 내부 기준을 준수했는지만을 평가한다.
- 인증Certification: 차입자는 외부 그린 론 평가기준에 따라 그린 론, 그린 론 프레임워크를 인증받을 수 있다.
- 등급Rating: 차입자는 전문적 리서치기관 또는 등급평정기관에 의해 그린 론, 그린 론 프레임워크의 등급을 부여받을 수 있다.

외부 평가는 그린 론, 그린 론 프레임워크의 어떤 측면만을 다루는 부분적인 것도 있고, GLP의 네 가지 핵심 요소와의 정합성을 평가하는 전체적인 것도 있다. 그린 론에 참여하는 모든 기관이 요청할 경우 자료를 제공해야 한다. 필요할 경우, 비밀유지 협약 및 경쟁상황 등을 감안하되, 외부 평가 결과 또는 요약자료를 웹사이트 등을 통해 공개해야 한다.

때로는 그린 론이 GLP의 핵심 구성요소와 일치한다는 것을 내부 전문역량을 활용하여 보여줄 수 있을 경우에는 차입자의 셀프 인증으로도 충분하다. 이는 전통적으로 대출시장이 관계에 의해 형성된 시장relationship- driven market이며 대출자가 차입자의 현황과 활동을 잘 알고 있다는 점을 감안한 것이다. 이 경우 차입자는 관련된 내부 프로세스와 내부 전문가를 포함한 내부 전문역량을 충분한 자료를 통해 입증해야 하며, 그 자료는 대출기관이 요청하면 제시해야 한다. 필요할 경우 비밀유지 협약 및 경쟁상황 등을 감안하되, 그린 프로젝트 내부 평가 기준과 평가 역량 등을 웹사이트 등을 통해 공개해야 한다.

## 4. UN 책임은행 원칙

### 1) UN 책임은행 원칙 개요

UN 책임은행 원칙은 UN 환경계획 금융 이니셔티브UNEP FI가 준비하고 2019년 9월 UN 총회 기간 중에 49개국 130개 은행이 서명함으로써 처음 시작되었다.[5] 책임은행 원칙은 경제 시스템의 중추적인 역할을 하는 은행산업이 사업전략과 상품·서비스를 통해 사회와 환경에 긍정적인 임팩트를 확산

5 한국의 은행으로는 신한금융지주와 하나금융지주가 30개의 설립 은행Founding Bank으로 참여했으며, 최초 서명식에는 KB금융, DGB금융지주도 참여했다.

박스 9-4 • UN 책임은행 원칙의 6개 항목

| |
|---|
| **원칙 1. 정합성**: 사업전략을 UN 지속가능 발전 목표SDGs 및 파리 기후협정과 정렬 |
| **원칙 2. 임팩트와 목표 설정**: 금융상품·서비스의 부정 영향 축소 및 긍정 영향 확대 |
| **원칙 3. 클라이언트 및 고객**: 클라이언트 및 고객의 지속가능한 관행 장려 |
| **원칙 4. 이해관계자**: 사회목표 달성을 위한 이해관계자와의 파트너십 |
| **원칙 5. 거버넌스 및 문화**: 효과적인 지배구조 체계와 책임은행 문화로 원칙 이행 |
| **원칙 6. 투명성 및 책임성**: 원칙이행 정기 리뷰, 긍정 및 부정 영향의 투명성 확보 |

자료: UNEP FI, "Principles for Responsible Banking—Guidance Document"(2019. 12).

하고, 부정적인 임팩트를 최소화하는 데 기여할 수 있도록 글로벌 벤치마크를 제시하고자 제정되었다.

UN 책임은행 원칙은 사회적 목표에 맞게 은행의 사업 전략을 수립할 수 있는 프레임워크를 제공하는데, 이는 박스 9-4의 6개 원칙으로 구성된다.

책임은행 원칙 서명은행은 서명 후 18개월 내 및 연간단위로 (연차보고 사이클에 맞추어) 본 원칙의 실시상황에 관한 보고가 의무화된다. 다만 서명 후 4년까지는 전체 보고서가 아닌 일부 항목 보고로 갈음할 수 있다.

### 2) 6개 원칙

**원칙 1: 정합성**Alignment

참여은행은 UN 지속가능 발전 목표SDGs, 파리 협정Paris Climate Agreement 및 기타 국가·지역별 프레임워크에서 나타난 바와 같은, 개인의 니즈와 사회적 목표와 일치하고 기여할 수 있도록 사업전략을 수립한다.

**원칙 2: 임팩트와 목표 설정**Impact and Target setting

참여은행은 은행의 활동, 상품 및 서비스가 인류와 환경에 미치는 긍정적 임팩트를 확대하고 부정적 임팩트는 감소시키며 리스크를 감소시키는 활동을 지속한다. 이러한 임팩트를 극대화할 수 있는 목표 수준을 설정하고 이를 공개한다.

**원칙 3: 클라이언트 및 고객**Clients and Customers
참여은행은 은행의 클라이언트·고객과 책임 있게 협력하여, 그들의 지속가능 관점 경영을 권장하고, 현재와 미래 세대의 공동 번영을 추구할 수 있는 경제활동을 지원한다.

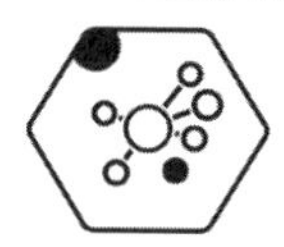

**원칙 4: 이해관계자**Stakeholders
참여은행은 사회의 목표를 달성하기 위해 관련 이해관계자와 적극적이고 책임 있게 협의, 참여 및 협력한다.

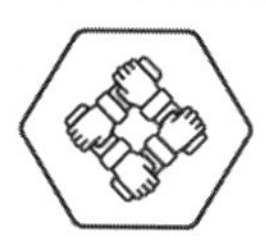

**원칙 5: 거버넌스 및 문화**Governance and Culture
참여은행은 효과적인 거버넌스와 책임은행 문화 정착을 통해 본 원칙을 이행해 나간다.

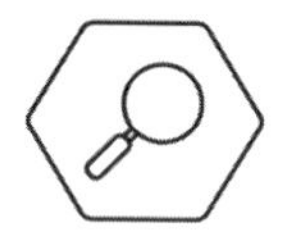

**원칙 6: 투명성 및 책임성**Transparency and Accountability
참여은행은 본 원칙의 개별적/집합적 이행에 관한 정기적 평가를 실시하는 한편, 긍정적/부정적 임팩트 및 사회적 목표 기여도를 투명하게 공개하고 책임진다.

### 3) 각 원칙의 중점 사항 및 보고 사항

은행은 책임은행원칙만을 위해 추가적 정식 보고서를 새로 작성할 필요는 없다. 보고 양식은 기존 보고서 또는 공개정보 중에서 책임은행원칙 실시에 관한 필요정보의 참조 또는 링크를 표시하도록 설계되어 있기 때문이다.

다만, 보고 양식은 서명은행이 서명기관으로서 여섯 가지 원칙의 각 항목들을 충실히 이행하고 있다는 것을 나타내야 하며, 특히 다음의 여섯 가지 항목은 ▲검증기관의 한정적 확인limited assurance, ▲각 항목의 요구조건 충족 시에 은행의 검토결과를 반드시 포함해야 한다.

- 임팩트 분석
- 목표 설정

- 목표의 실행과 모니터링 계획
- 목표달성 진척상황
- 원칙실행을 위한 거버넌스 구조
- PRB 실행 진척도

제10장

# 기후변화에 따른 글로벌 보험산업의 대응

지속가능금융 시대의 보험 산업 추진 전략

## 1. 기후변화가 보험산업에 미치는 영향

금세기 내에 지구 온난화가 4℃ 이상 진행된다면
전 세계는 보험으로 더는 커버할 수 없을 것이다.
— 토머스 뷰벨Thomas Buberl(악사AXA CEO), 파리 원 플래닛 서밋(2017.12)

금융산업 내에서 기후변화 대응을 위해 최전선에서 싸우고 있는 분야는 보험산업이다. 보험산업, 특히 손해보험사와 재보험사는 자연재해로부터 발생할 수 있는 리스크를 인수하여 분산하고 관리함으로써 경제의 안전판 역할을 한다. 그런데 최근 보험산업에서 새롭게 부상하는 리스크 요인 중 가장 중요한 것은 기후변화와 관련된 이슈다. 기후변화는 보험회사가 지난 수십 년간 구축해 온 정교한 예측모델의 범위를 벗어나는 자연재해의 주요 원인이기 때문이다.

스위스리의 최고 경영자 크리스천 무멘탈러Christian Mumenthaler는 2019년 3월에 발간한 「2018년 주주 연례 보고서」에서 "한 해 동안 자연재해로부터 받은 경제적 영향은 '충격적'이었다"고 밝혔다. 스위스리를 포함한 전 세계 보험사들은 이례적이라고 할 수 있었던 2017년에 이어 2018년과 2019년에도 대형 자연재해가 계속되자 이제는 회사의 사업모델 및 전략의 변화를 심각하게 고민하고 있는 것이다.

기후변화로 인해 보험산업이 당면한 리스크를 구분하면, 물리적 리스크physical risk, 전환 리스크transition risk 및 책임보험 리스크liability risk로 구분할 수 있다.

### ① 물리적 리스크

물리적 리스크는 날씨 패턴의 변화, 해수면 상승 등과 같은 기후변화 트렌드, 그리고 자연재해, 이상기후 등과 같은 기후변화 이벤트로부터 비롯되는 물리적 현상으로 인한 손상과 손실을 의미한다.

보험회사는 일반적으로 이러한 극단적 현상의 구조를 이해하고 있으며, 연간 보험료 재조정을 통해 익스포저를 조절할 수 있다고 할 수 있다. 그러나 물리적인 기후 위험은 종종 비선형적 방식으로 발생할 수 있어 예상치 못한 클레임 증가가 발생한다. 2017년에 기후 관련 자연재해 손실 보험금이 사상 최고를 기록했던 것이 그 예이다. 2005년부터 2015년까지 자연재해에 따른 전 세계 경제적 손실은 1.3조 달러 수준으로 연간 평균으로 보면 1200억 달러 수준이었다. 그런데 2017년에는 대형 허리케인Hurricane Harvey과 산불 등 전 세계적인 자연재해가 집중되면서 전 세계의 자연재해 경제적 손실은 3400억 달러에 달했고, 보험사들의 보험금도 1380억 달러에 이르게 되었다. 손실의 83%는 북미 대륙에 집중되었고 이 중 미국이 거의 50%를 차지했다.

기후 관련 손실이 증가할수록 부보付保(보험계약으로 위험을 커버하는 것)되지 않은 손실, 즉 '보장 갭protection gap'이 커지게 된다. 그런데 최근에는 경제적 총손실의 50% 이상이 미未부보 되고 있으며, 그러한 미부보 손실이 점점 증가 추세에 있는 것이 문제이다. 이는 가계와 기업에 상당한 부담으로 작용할

그림 10-1 • 부보 vs 미부보 손실(1970~2018년)

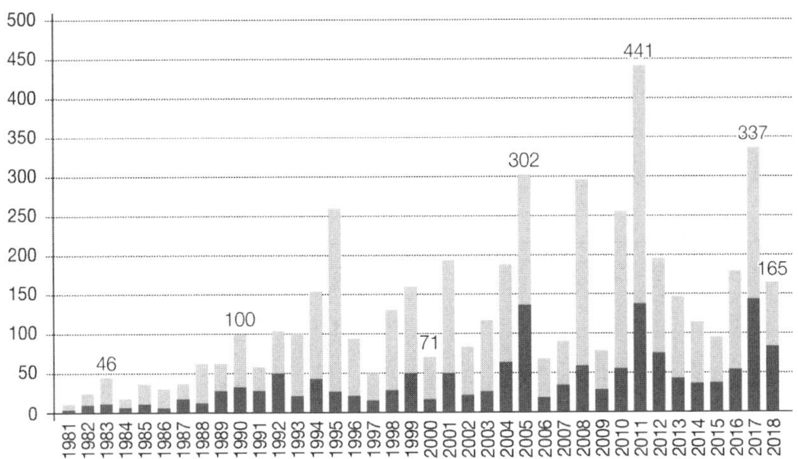


자료: Swiss Re Institute, "Natural catastrophes and man-made disasters in 2018: "secondary" perils on the frontline," No. 2(2019).

수 있으며 결국 경제 전반에 걸쳐 자원의 가용성, 기업의 생산성과 수익성에 부정적 영향을 주어 궁극적으로 보험 수요에도 영향을 미칠 수 있다.

물리적 리스크로 인한 미부보 손실은 각 금융기관의 가계와 기업 익스포저에도 영향을 준다. 이는 결국 은행과 투자회사의 건전성에 영향을 미쳐 금융 시스템의 전반적 부실화를 초래할 수 있다.

### ② 전환 리스크

전환 리스크는 경제구조가 저탄소 경제로 전환함에 따라 발생하는 리스크인데, 자산가치의 변동 또는 기업 운영비용의 증가 등이 그 사례이다. 보험회사 관점에서 보면 에너지, 운송, 공장 등 탄소집약적 산업에 영향을 미치는 정책 변화나 규제 신설 같은 것이 전환 리스크에 포함된다. 이는 보험회사가 보유한 부동산 포트폴리오 등 투자자산 가치에도 영향을 줄 수 있고 크게는 자본시장 전체에도 영향을 줄 수 있다. 또한 이와 관련된 평판 리스크도 전환 리스크의 일종이라고 할 수 있다. 예를 들어 시민운동가들이 석탄산업에 대한 보험인수 중단을 요구할 경우, 보험회사는 평판 리스크에 직면하게 된다.

표 10-1 • 전 세계 기후변화 관련 소송 현황

| 국 가 | 기후변화 관련 소송 |
|---|---|
| 미 국 | 654 |
| 호 주 | 80 |
| 영 국 | 49 |
| E U | 40 |
| 기 타 | 61 |
| 계 | 884 |

자료: UN Environment Programme, "The Status of Climate Change Litigation" (2017.5).

### ③ 책임보험 리스크

책임보험 리스크는 피보험자가 기후변화로 인한 이벤트로 인해 제3자에 대해 손해를 배상해야 하는 경우 이를 보장하는 리스크이다. UN 환경계획의 자료에 따르면 2017년 3월 현재 전 세계에서 기후변화와 관련된 소송이 진행된 나라와 건수는 24개국, 880여 건에 달한다. 이 중 미국이 654건으로 대부분을 차지하지만 선진국으로 갈수록 그리고 시간이 경과할수록 기후변화와 관련된 소송이 증가하는 경향이 있어 결코 남의 일이라고만 할 수 없다.

기후변화 관련 소송은 기후변화 완화mitigation 및 적응adaptation과 관련된 어떤 '행위action'뿐 아니라 '비행위inaction'에 대해서도 일어날 수 있다. 임원배상책임보험D&O, 전문인배상책임보험PI 및 환경책임보험 등에도 리스크가 증가할 가능성이 있다.

최근 사례로, 2018년 뉴욕시는 셰브론Chevron, 엑슨모빌Exxon Mobil 등 5개 메이저 석유회사에 대해 연방법원에 소송을 제기했는데, 뉴욕시는 이들 5개 회사는 화석연료가 온실가스 배출을 유발하며 대기 중에 축적될 것을 알고 있으면서도 산업혁명 이후 수세기 동안 온실가스를 배출시켜 대기에 축적시킴으로써 현재 뉴욕시 온실가스의 11% 이상에 책임이 있다고 주장했다. 뉴욕시는 소장에서 이들이 야기한 온실가스 배출로 인해 뉴욕시의 인프라와 재산 그리고 시민들의 건강, 안전 및 재산에 중대한 손해가 발생했다며 이를

배상할 것을 요구했다.[1]

### ④ 보험산업의 영향

위에 언급한 기후 관련 물리적 리스크, 전환 리스크, 책임보험 리스크가 현실화되면 보험산업은 어떤 영향을 받게 될 것인가? 보험회사의 핵심은 언더라이팅과 투자인데 기후 리스크는 이 두 가지에 모두 큰 영향을 줄 것이며, 생명보험사와 손해보험사 중에서는 손해보험사(재보험사 포함)가 더 큰 영향을 받을 것이다.

무디스Moody's사는 2018년 3월 발간한 보고서에서 "기후변화는 손해보험사, 재보험사에 심각한 도전이 될 것이며, 향후 신용도에 부정적인 영향을 줄 것이다"라고 언급했다. 무디스는 "원래 재난 리스크는 손해보험사와 재보험사에게 항상 주요 리스크 중 하나였지만, 해안선 인근의 부보 자산가치가 증가하는 상황에서 기후 관련 재난 이벤트 빈도가 계속 늘어나는 것이 문제다. 이로 인해 재난 리스크 평가·완화 등 리스크 관리가 더욱 어려워지고 있으며 이들 보험사의 손익변동성이 확대될 가능성이 있다"고 언급했다.[2] 실제로 2017년의 경우 자연재해로 인해 전 세계 손해보험사의 ROE가 2016년 11%에서 크게 하락한 -4%를 기록하기도 했다.

만약 리스크 기반의 재난 보험 가격이 급증하여 수요탄력성 범위, 즉 소비자가 지불할 수 있는 범위를 벗어날 경우, 보험사의 인수 여력underwriting capacity이 크게 줄어들 수 있다. 산불, 태풍, 해수면 상승 등 물리적 리스크 익스포저가 매우 크다고 판단되면 해당 고위험 섹터는 인수를 제한받게 될 것이다. 예를 들어 미국의 경우 해안에서 1마일 이내에 있는 자산 중 약 6000억 달러는 현재 국가 홍수 보험 프로그램National Flood Insurance Programme으로 커버

---

1 본 소송은 2018년 7월 19일 연방법원에서 기각되었다.

2 Moody's Investors Service, "P&C Insurance and Reinsurance—Global: Climate change risks outweigh opportunities for P&C (re)insurers"(2018. 3).

표 10-2 • 기후 관련 리스크가 보험사 언더라이팅·투자 부문에 미치는 영향

| | 보험 언더라이팅 영향 | 투자 부문 영향 |
|---|---|---|
| 물리적 리스크 | • 손보: 부보 자산의 리스크 프로파일 변화에 따른 프라이싱 리스크<br>• 생보: 생명표의 생존률/사망률 변화<br>• 예상보다 심각한 이상기후 발생으로 인한 클레임 증가<br>• 시장의 미부보 자산 증가 등 시장 구조 변화로 인한 시장 리스크 | • 물리적 기후 현상으로 인한 투자 대상 자산/회사/산업의 수익성, 비용구조 변화 |
| 전환 리스크 | • 특정 산업(석탄, 석유, 해상운송 등)의 시장 수요 감소 리스크<br>• 시장 트렌드, 기술 혁신, 정책 변화 등으로 인한 소비자 수요 패턴 변화 | • 시장, 정책, 기술, 사회의 변화로 인해 투자대상 회사/산업의 수익성, 비용 구조 변화 |
| 책임 보험 리스크 | • 불법, 태만 등에 대한 책임보험 배상 리스크<br>• 임원배상책임보험D&O 리스크 | • 투자 의사결정 중 기후변화와 관련된 소송 또는 집단소송 리스크<br>• 기후 리스크 부적절 공시 리스크 |

자료: IAIS(International Association of Insurance Supervisors), "Issue Paper on Climate Change Risks to the Insurance Sector"(2018.7).

되고 있지만, 집중적 투자를 통해 해결방안이 나오지 않을 경우 몇십 년 내에 부보가 안 될 가능성도 있다.

이와 같은 리스크가 현실화될 경우 보험 상품·서비스 수요 패턴이 변화할 것이고, 이에 따른 상품·서비스 변화가 이루어지지 못하면 산업 내 시장점유율 변화 또는 업계 구조조정까지도 발생할 수 있다. 투자 부문도 보험사 투자 포트폴리오가 물리적 리스크와 전환 리스크와 관련된 회사 또는 산업에 집중되어 있을 경우 투자 수익이 크게 영향을 받고 이는 다시 보험사의 클레임 지불 능력에 영향을 줄 것이다.

기후 관련 리스크가 보험사 언더라이팅과 투자 부문에 미치는 영향을 요약하면 표 10-2와 같다.

## 2. 지속가능보험 4대 원칙

기후변화로 인해 보험산업이 받는 영향을 최소화하는 동시에 보다 전략적이고 적극적으로 이에 대응하고자 하는 시도가 바로 UNEP FI와 보험업계가 공동으로 출범시킨 지속가능보험 원칙Principles of Sustainable Insurance: PSI이다.

보험사가 고객과 비즈니스 파트너에게 리스크를 이해하고 관리할 수 있도록 하는 것이 비즈니스의 본질인데, 최근 환경·사회·지배구조(특히 환경) 측면에서 리스크 요인이 증가하고 있고 이는 보험산업 자체의 생존가능성에도 큰 영향을 미치고 있다. 따라서 이에 대응하기 위해 보다 전체적이고 미래지향적인 리스크 관리를 추구하고자 하는 것이 지속가능보험 원칙이 출범한 이유다.

지속가능보험 원칙은 '2012년 UN 지속가능발전 정상회의'[3]에서 출범했으며, UN 사무총장이 지지를 표명한, UN과 보험산업 간의 최대 협력 이니셔티브다. 현재 세계 140개 이상의 보험사 및 보험 유관기관이 이 원칙을 채택함으로써 전 세계 수입보험료의 25% 이상을 차지하는 보험사가 참여하는 이니셔티브로 발전했다. 지속가능보험 원칙은 다우존스 지속가능지수DJSI와 영국의 FTSE4굿FTSE4Good 지수 중 보험산업지수 선정 기준으로도 활용된다.

지속가능보험 원칙은 우리 사회를 보다 건강하고 안전하고 회복탄력성이 있고 지속가능한 사회로 만들기 위해 보험산업이 그 역할을 확대해야 한다고 보고, 이를 위해 환경·사회·지배구조 측면에서 리스크를 인식·예방·감소시키는 한편 신뢰성 있는 위험보장 제공 기회를 만들어내는 것을 목적으

---

3 브라질 리우데자네이루에서 2012년 6월 개최. 리우Rio 2012, 리우 +20 또는 2012 지구 정상회의Earth Summit로도 부르며, 1992년 같은 도시에서 개최되었던 '환경 및 개발에 관한 UN 회의United Nations Conference on Environment and Development: UNCED'의 20주년을 맞아 개최되었다. 경제와 환경의 조화로운 발전을 도모하는 지속가능발전을 주제로 한 세 번째 정상회의다.

박스 10-1 • 지속가능보험 4대 원칙

| |
|---|
| **원칙** 1. 보험사의 의사결정 시, 환경·사회·지배구조 이슈를 고려한다. |
| **원칙** 2. 고객 및 비즈니스 파트너들과 협력하여 이들의 환경·사회·지배구조에 대한 인식을 고양시키고, 위험 관리 및 솔루션 개발에 협력한다. |
| **원칙** 3. 정부, 감독기관 및 기타 주요 이해관계자들과 협력하여 환경·사회·지배구조와 관련한 사회 전반에 걸친 광범위한 활동을 촉진한다. |
| **원칙** 4. 원칙의 이행 성과를 정기적으로 대중에게 공개함으로써 신뢰성과 투명성을 확보한다. |

자료: UNEP FI, "Principle for Sustainable Insurance"(2012. 6).

로 한다. 지속가능보험 원칙은 4대 원칙 및 세부 전략으로 구성된다.

### • 원칙 1. 보험사의 의사결정 시, 환경·사회·지배구조 이슈를 고려한다

① 사업 전략

- 이사회 및 경영진 레벨에서 사업 전략을 수립할 때 ESG 이슈를 식별·평가·관리·모니터링한다.
- 사업 전략을 주주와 논의 시에도 ESG 이슈에 관하여 의사소통한다.
- 채용, 연수, 종업원 참여 프로그램 등에 ESG 이슈를 포함한다.

② 위험 관리 및 언더라이팅

- 포트폴리오에 내재된 ESG 이슈를 확인하고 평가하기 위한 프로세스를 정립하고 회사의 트랜스액션에 따른 ESG 관련 잠재적 영향에 대해 인식한다.
- 리서치, 모델링, 조사연구 등 통해 위험관리, 언더라이팅, 자본 적정성 관련 의사결정에 ESG 이슈를 반영한다.

### ③ 상품 및 서비스 개발

- ESG 이슈에 긍정적 임팩트를 갖는 한편 리스크를 감소시키는 상품 및 서비스를 개발한다.
- 리스크 및 ESG 이슈에 관한 이해도를 제고시킬 수 있는 프로그램을 개발한다.

### ④ 보상 관리

- 고객에 신속, 공정, 정확, 투명하게 보상 관련 대응을 하며 보상 절차 설명과 이해 제고에 힘쓴다.
- 수리, 대체 및 기타 보상 서비스에도 ESG 이슈를 고려한다.

### ⑤ 세일즈 및 마케팅

- 세일즈 및 마케팅 인력에 대하여 상품 및 서비스 관련 ESG 이슈을 철저하게 교육한다.
- 상품 및 서비스의 커버리지, 혜택 및 비용 등에 대해 적절하고 투명하게 설명되고 이해시키도록 한다.

### ⑥ 투자 관리

- 투자 의사결정 및 주주권 행사시에도 ESG 이슈를 반드시 고려한다(책임투자 원칙Principle for Responsible Investment 이행).

- **원칙 2. 고객 및 비즈니스 파트너들과 협력하여 이들의 환경·사회·지배구조에 대한 인식을 고양시키고, 위험 관리 및 솔루션 개발에 협력한다**

### ① 고객 및 공급자

- 고객 및 공급자와 커뮤니케이션을 통해 ESG 이슈 관리의 장점을 이해

시키고, ESG 이슈에 대한 보험사의 기대와 요구사항을 설명한다.

- 고객 및 공급자가 ESG 이슈를 관리하는 데 도움이 되는 정보와 수단을 제공한다.
- 공급자 선정 프로세스에 ESG 이슈를 감안한다.
- 고객 및 공급자가 ESG 이슈를 공개하도록, 적절한 공시 프레임워크를 사용하도록 권고한다.

② 보험사, 재보험사 및 중개사

- 본 원칙 채택을 권유한다.
- 보험산업 내 교육연수 및 윤리규범에 ESG 이슈를 포함토록 지원한다.

- **원칙 3. 정부, 감독기관 및 기타 주요 이해관계자들과 협력하여 환경·사회·지배구조와 관련한 사회 전반에 걸친 광범위한 활동을 촉진한다**

① 정부, 감독기관 및 규제 당국

- ESG 이슈와 관련된 리스크 감소, 혁신, 관리개선이 가능하도록 하는 건전성 정책, 감독/법적 프레임워크가 제정되도록 지원한다.
- 정부 당국 및 감독 당국과 협의하여 통합 리스크 관리 어프로치와 리스크 이전 솔루션이 개발되도록 추진한다.

② 기타 이해관계자

- 국제 조직 및 비정부조직과 커뮤니케이션을 통해 리스크 관리/이전 서비스를 제공하여 지속가능개발을 지원한다.
- 각 산업별 연합회와 협의하여 ESG 이슈 이해와 관리역량 제고를 지원한다.
- 학계 및 과학계와 협의하여 보험산업 관점에서 ESG 이슈에 관한 조사/교육 프로그램을 지원한다.

- 언론사와 협의하여 ESG 이슈와 올바른 리스크 관리 관행에 대한 일반의 인식 개선을 지원한다.

- **원칙 4. 원칙의 이행 성과를 정기적으로 대중에게 공개함으로써 신뢰성과 투명성을 확보한다**

- ESG 이슈 관리에 관한 보험사의 성과를 평가·측정·모니터링하고 대중에게 선제적이고 정기적으로 공개한다.
- 공시 프레임워크에 참여한다.
- 고객, 감독 당국, 등급평정기관 등 이해관계자와 커뮤니케이션을 통해 공시의 가치에 관한 상호 이해도를 제고한다.

## 3. 손해보험사의 ESG 리스크 언더라이팅

앞에서 살펴본 지속가능보험 원칙PSI은 ESG 리스크와 기회에 대응하기 위한 보험사의 전략적 프레임워크를 제시했다고 할 수 있는데, 이를 바탕으로 하여 보험실무 특히 손해보험 언더라이팅에서 ESG 리스크에 대응할 수 있는 방법론이 개발되었다.

UNEP FI와 지속가능보험 사무국 그리고 독일 보험사 알리안츠Allianz는 공동으로 프로젝트팀을 구성하여[4] 지속가능보험 원칙과 몇 가지 선행 프로젝트를 바탕으로 하여 손해보험사의 언더라이팅에 활용가능한 'ESG 가이드라

---

4 프로젝트 팀에는 알리안츠Allianz사 외에도 악사AXA, 제네랄리Generali, 마프레Mapfre, 뮤니크리Munich Re, QBE, RSA, 산탐Santam, 취리히Zurich, 템플대학교Temple University, 시드니 공과대학교University of Technology Sydney, 웨스트체스터대학교West Chester University 등이 참여했다.

인'을 개발했다.

가이드라인은 "손해보험사의 환경·사회·지배구조 리스크 언더라이팅 Underwriting environmental: social and governance risks in non-life insurance business"이라는 제목으로 2019년 2월 초안이 발표되었고, 전 세계 보험사와 이해관계자로부터의 의견수렴을 통해 2020년 상반기 최종안이 확정될 예정이다. 가이드라인의 주요 내용을 살펴본다.

### ① ESG 언더라이팅 가이드라인의 개요

보험사에서 언더라이팅은 손해보험사의 보험 리스크를 평가하고 가격을 부여하는 핵심적 프로세스로서, 지속가능보험 원칙 사무국이 보험업계와 공동으로 개발한 세계 최초의 ESG 리스크 관리를 위한 가이드라인이다.

가이드라인은 지속가능보험 원칙을 실행하기 위한 실무 가이드라인인데, 특히 원칙 1(보험사의 의사결정 시, 환경·사회·지배구조 이슈를 고려한다)의 실무 가이드라인 역할을 한다.

### ② ESG 위험성향Risk appetite 정립

보험사들은 어떤 ESG 리스크에 집중할 것인지, 즉 위험 성향(리스크 애피타이트)을 정한다. 어떤 리스크에 집중할 것인지는 수많은 요인에 따라 결정되는데, 어떤 산업을 주로 언더라이팅하는지 그리고 어떤 보험종류(보종)를 운영하는지에 따라 결정된다. 위험 성향을 결정할 때는 평판위험 관점, 윤리적 관점도 고려해야 하며, 언더라이팅 부서는 물론 투자 부서도 참여하는 것이 좋다.

### ③ ESG 이슈에 관한 R&R 정립

효과적인 ESG 리스크 언더라이팅을 위해서는 ESG 이슈에 관한 R&R를 사전 정립해야 하지만, 보험사마다 각각의 조직형태와 문화가 다르기 때문에 이는 매우 다양한 형태로 나타나게 된다.

ESG 거버넌스를 정립하고 후속 실행방안을 추진하기 위해 가장 중요한 것은 ESG 이슈에 대한 경영진의 관심과 지원이다. 경영진은 개별적으로 또는 ESG 관련 위원회를 통해 ESG 이슈가 정상적으로 보고되고 있는지, 그리고 잘 실행되고 있는지 등을 점검해야 한다.

언더라이팅 부서는 ESG 리스크 탐지에 가장 중요한 역할을 해야 한다. 언더라이팅 대상 기업 및 프로젝트의 ESG 리스크 탐지는 내부 직원이 자체적인 정보 수집을 통해 할 수도 있지만 외부 서비스/툴이 효과적인 경우도 있다. 어떤 경우이든 언더라이팅 부서에 대한 교육 프로그램을 통해 언더라이터의 ESG 리스크에 대한 개념 정립이 필요하다.

리스크 관리 부서도 ESG 리스크를 회사의 전체 리스크 프레임워크 안에 통합하고 분석하는 역할을 한다. 보험사에 따라서 이들이 개별 거래 또는 특정 보종에 대한 위험 성향(리스크 애피타이트)을 감독하기도 한다. 이들에 대해서도 교육 프로그램이 필요한 것은 물론이다. 한편, 평판 리스크가 중요한 경우에는 홍보부서에서도 ESG 리스크를 관리하는 것이 좋다.

### ④ ESG 리스크에 대한 의사결정

ESG 리스크를 분석할 때는 언더라이팅 대상 회사·프로젝트의 ESG 리스크의 심각성이 어느 정도인지를 판단함과 동시에 구조적인지 혹은 일회성 이슈인지를 살펴봐야 한다. 일회성 이슈라면 의사결정 시 이를 반영할 필요가 있다. 또한 리스크가 있더라도 언더라이팅 대상 회사·프로젝트가 이를 치유 또는 완화하기 위한 조치를 취했는지를 살펴봐야 한다.

언더라이팅 대상 회사가 언론이나 공공으로부터 제기된 ESG 이슈에 대해 명확한 대응방안을 제시하지 못해 리스크가 확대되는 경우도 있다. 또 보험사가 고객, 에이전트사, 주관보험사 등과 협의하는 과정에서 미처 나타나지 않은 이슈일 수도 있다. 이런 경우에는 추가적 정보를 요청해서 판단해야 하지만, 언더라이팅 시한에 쫓기거나 고객, 에이전트사 등이 이해도가 부족해서 관련 정보를 획득하지 못할 경우도 있다.

이런 경우에는 조건부 승인을 실시하고 추가 협의를 하거나 또는 최종 갱신 전 재검토를 실시하는 방안이 있다. 이 경우, 계약 당사자들은 어떤 상황하에서는 최종 인수가 거절될 수 있다는 점을 인식하고 프로세스를 진행해야 한다. 언더라이팅 의사결정은 다음 중 하나로 진행될 수 있다.

- 승인.
- 승인. 단, 갱신 전 추가 모니터링/정보 확인.
- 승인. 단, 갱신 전 고객사/파트너사와 재협의.
- 거절.

### ⑤ 산업별 ESG 리스크 지도

산업별 ESG 리스크 지도는 손해보험사의 언더라이팅 시 활용할 수 있도록 만든 각 산업별 잠재적 ESG 리스크 수준 현황표이다. 각 보험사는 각 사별 위험 성향(리스크 애피타이트)과 리스크 관리 어프로치를 기반으로 본 현황표를 이용한다.

'ESG 가이드라인'은 22개 산업에 대한 ESG 리스크 지도를 분석했는데, 이 책 본문에서는 '전자/테크 산업' 및 '에너지운영 산업'의 2개 산업군만 예를 들어 표시했으니(표 10-3)[5] 22개 전체 산업군에 대한 리스크 지도는 부록을 참고하기 바란다.

---

5 전체 ESG 가이드라인은 환경·사회·지배구조의 세 부문에 대한 리스크를 분석, 맵으로 표시했으나, 여기서는 환경 부문에 대한 리스크만 표시했다.

표 10-3 • 산업별 ESG 리스크 지도

| | |
|---|---|
| | 리스크 없음 |
| | 잠재적 리스크 있음 |
| | 중간 정도 리스크 있음 |
| | 높은 또는 직접적 리스크 |

| 주제 | 리스크 범주 | 리스크 완화 위한 모범적 조치 | 전자/테크 | 에너지 운영 |
|---|---|---|---|---|
| 기후변화 | 대기오염, 온실가스 배출, 이행 리스크 | 운영 과정 그리고/또는 제품생산 과정의 온실가스 배출량 공시(예: $CO_2$, $CH_2$, $N_20$, HFCs, PCFs, $SF_6$) | | |
| | | 고객사 또는 거래와 관련된 연료/원료/탄소 집약도 세부사항 공시(예: 발전 믹스) | | |
| | | 환경/사회 임팩트 평가ESIA 중 건강에 대한 부정적 영향, 위험완화 조치, 폐로decommissioning 계획 | | |
| | | 탈탄소화 이행 계획/목표 | | |
| | 물리적 리스크(폭염, 산불, 홍수, 태풍, 열대 사이클론, 해수면 상승 등) | 홍수/해안보호 관리계획, 광범위한 기후 탄력성 적응 계획 등 자연 기반 해결방안 | | |
| 환경오염 | 비정상적 채굴 관련 관행(산 정상 채굴, 강가 광물 폐기, 해저 채굴 등) | 국제적 이니셔티브 참여: 채굴산업 투명성 이니셔티브, 광업/금속 국제위원회, 킴벌리 프로세스[b] | | |
| | 산림파괴, 지역 황폐화(이탄지 또는 경사지 경작, 불법 벌목/화전, 생물다양성 감소, 댐 건설) | 야자유, 종이 원산지 증명. 댐 건설 스탠더드: IHA 프로토콜, UNEP 댐 건설, 적도 원칙 | | |
| | 토양 오염 | 환경/사회 임팩트 평가 중 건강에 대한 부정적 영향, 위험완화 조치, 폐로 계획 | | |
| | 수질 오염 | 물 관리 조치(예: 수질, 물부족, 과다사용), 수질오염 관련 ESIA 프로세스, 외부 감사/인증 | | |
| 보존지역/생물 | 세계문화유산World Heritage Sites, 기타 보호지역 | 멸종위기종에 대한 영향, 필요한 위험완화 조치 등 포함한 ESIA, 전문가 리스트: 람사르Ramsar, 유네스코 세계문화유산 | | |
| | 멸종위기종 관련 IUCN 레드리스트 | 멸종위기종에 대한 영향, 필요한 위험완화 조치 등 포함한 ESIA | | |

| 지속 가능 관행 | 비정상적 에너지 이용(예: 북극 석유, 수압 파쇄, 역청탄, 심해 굴착) | 에너지 이니셔티브 참여: IPIECA, IFC EHS 가이드라인, 오일·가스 산업의 에너지·생물다양성 이니셔티브, 북극 위원회, 오일샌드 이니셔티브 | | |
|---|---|---|---|---|
| | 불법 조업 선박, 비정상적 조업/양식 | 불법적, 미보고, 미규제[IUU] 조업에 관한 PSI-Oceana 가이드, IUU 조업 리스트, 양식 관리위원회 인증 | | |
| 동물 복지 / 실험 | 8시간 이상 또는 열악한 상태의 생물 운송 | 8시간 이상 운송에 대한 통풍, 온도관리 인증, 사료, 물, 공간 등 조건 유지 | | |
| | 비정상적 사육조건, 항생제 등 화학제품/약품 사용 | 생육 관련 인증, 동물 임상실험에 대한 윤리적 프로세스 | | |
| | 마취제 또는 고통감소 기술 미사용 | 동물실험의 3원칙(3R: 대체, 감소, 고통완화) 준수 | | |
| | 동물실험에서 야생동물 또는 유인원 사용 | | | |

자료: UNEP FI, PSI & Allianz, "Underwriting environmental, social and governance risks in non-life insurance business," *PSI Working Paper*(2019. 2).

### ⑥ 보종별 ESG 리스크 지도

보험종류(보종)별 ESG 리스크 지도는 손해보험사의 언더라이팅 시 활용할 수 있도록 만든 각 보종별 잠재적 ESG 리스크 수준 현황표이다. 각 보험사는 각 사별 위험 성향(리스크 애피타이트)과 리스크 관리 어프로치를 기반으로 본 현황표를 이용한다.

앞의 산업별 리스크 지도와 마찬가지로 이 책 본문에서는 '재물보험Property' 및 '임원책임보험D&O'의 2개 보종만 예를 들어 표시했으니(표 10-4)[7] 전체 보종에 대한 리스크 지도는 부록 2를 참고하기 바란다.

---

6 킴벌리 프로세스: 아프리카 다이아몬드 채굴 과정에서 아동 강제노역을 비롯한 인권 유린을 방지하고, 다이아몬드가 분쟁지역 무기 구입의 자금원으로 쓰이는 것을 막기 위해 2003년 출범한 단체이다. 우리나라도 가입되어 있다.

7 마찬가지로, 전체 ESG 가이드라인은 환경·사회·지배구조의 세 부문에 대한 리스크를 분석, 맵으로 표시했으나, 여기서는 환경 부문에 대한 리스크만 표시했다.

표 10-4 • 보종별 ESG 리스크 지도

| | |
|---|---|
| | 리스크 없음 |
| | 잠재적 리스크 있음 |
| | 중간 정도 리스크 있음 |
| | 높은 또는 직접적 리스크 |

| 주제 | 리스크 범주 | 리스크 완화 위한 모범적 조치 | 재물보험 | D&O |
|---|---|---|---|---|
| 기후변화 | 대기오염, 온실가스 배출, 이행 리스크 | 운영 과정 그리고/또는 제품생산 과정의 온실가스 배출량 공시(예: $CO_2$, $CH_2$, $N_2O$, HFCs, PCFs, $SF_6$) | | |
| | | 고객사 또는 거래와 관련된 연료/원료/탄소 집약도 세부사항 공시(예: 발전 믹스) | | |
| | | 환경/사회 임팩트 평가 중 건강에 대한 부정적 영향, 위험완화 조치, 폐로 계획 | | |
| | | 탈탄소화 이행 계획/목표 | | |
| | 물리적 리스크(폭염, 산불, 홍수, 태풍, 열대 사이클론, 해수면 상승 등) | 홍수/해안보호 관리계획, 광범위한 기후 탄력성 적응 계획 등 자연 기반 해결방안 | | |
| 환경오염 | 비정상적 채굴 관련 관행(산 정상 채굴, 강가 광물 폐기, 해저 채굴 등) | 국제적 이니셔티브 참여: 채굴산업 투명성 이니셔티브, 광업/금속 국제위원회, 킴벌리 프로세스 | | |
| | 산림파괴, 지역 황폐화(이탄지 또는 경사지 경작, 불법 벌목/화전, 생물다양성 감소, 댐 건설) | 야자유, 종이 원산지 증명. 댐 건설 스탠더드: IHA 프로토콜, UNEP 댐 건설, 적도 원칙 | | |
| | 토양 오염 | 환경/사회 임팩트 평가 중 건강에 대한 부정적 영향, 위험완화 조치, 폐로 계획 | | |
| | 수질 오염 | 물 관리 조치(예: 수질, 물 부족, 과다사용), 수질오염 관련 ESIA 프로세스, 외부 감사/인증 | | |
| 보존지역/생물 | 세계문화유산, 기타 보호 지역 | 멸종위기종에 대한 영향, 필요한 위험완화 조치 등 포함한 ESIA, 전문가 리스트: 람사르, 유네스코 세계문화유산 | | |
| | 멸종위기종 관련 IUCN 레드리스트 | 멸종위기종에 대한 영향, 필요한 위험완화 조치 등 포함한 ESIA | | |
| 지속가능 | 비정상적 에너지 이용(예: 북극 석유, 수압 파 | 에너지 이니셔티브 참여: IPIECA, IFC EHS 가이드라인, 오일·가스 산업의 | | |

| | | | | |
|---|---|---|---|---|
| 관행 | 쇄, 역청탄, 심해 굴착) | 에너지·생물다양성 이니셔티브, 북극 위원회, 오일샌드 이니셔티브 | | |
| | 불법 조업 선박, 비정상적 조업/양식 | 불법적, 미보고, 미규제 조업에 관한 PSI-Oceana 가이드, IUU 조업 리스트, 양식 관리위원회 인증 | | |
| 동물복지/실험 | 8시간 이상 또는 열악한 상태의 생물 운송 | 8시간 이상 운송에 대한 통풍, 온도관리 인증. 사료, 물, 공간 등 조건 유지 | | |
| | 비정상적 사육조건, 항생제 등 화학제품/약품 사용 | 생육 관련 인증. 동물 임상실험에 대한 윤리적 프로세스 | | |
| | 마취제 또는 고통감소 기술 미사용 | 동물실험의 3원칙(3R: 대체, 감소, 고통완화) 준수 | | |
| | 동물실험에서 야생동물 또는 유인원 사용 | | | |

자료: UNEP FI, PSI & Allianz, "Underwriting environmental, social and governance risks in non-life insurance business," *PSI Working Paper*(2019. 2).

제11장

# 기후 관련 기업 재무공시, TCFD

## 지속가능금융 시대의 새로운 기업공시제도

회계의 개념이 시작된 이래 기업공시는 기업활동에 반드시 필요한 표준적 절차로 여겨지고 있다. 그러나 공시의 방식은 항상 지금과 같지는 않았다. 기업공시는 투자자와 사회의 변화하는 기대를 반영하여 진화했고, 이제는 의사결정자들이 사용하기 위해 반드시 필요한 기업의 커뮤니케이션 수단으로 정착했다. OECD는 1999년 제정한 '기업 지배구조 원칙Principle of Corporate Governance'에서 공시제도의 중요성을 다음과 같이 표현했다. "강력한 공시제도가 존재하면 자본을 유치하는 데 도움이 되며, 자본시장의 신뢰성이 크게 향상된다. 반대로 공시제도가 취약할 경우 비윤리적 행위가 만연하게 되고 시장의 건전성이 훼손되어 해당 회사는 물론 전체 경제에도 큰 손해가 된다."

기업공시는 일련의 사건이나 위기 상황을 계기로 발전하고 진화해 오고 있다. 예를 들어 엔론 회계 부정사건을 계기로 미국의 샤베인스-옥슬리Sarbanes-Oxley 법안이 만들어진 것이 하나의 사례다. 그러나 기후 관련 기업공시의 발전은 과정이 약간 다른데, 이는 위기가 실제로 발생한 것은 아니지만 정말 큰 위기가 발생하는 것을 방지함으로써 금융의 안정성을 선제적으로 유지하고자 하는 목적에서 비롯되었다. 최초로 '지속가능성 관련 정보공시'의 개념이 탄생한 계기가 된 것은 1987년 지속가능개발이라는 개념을 최초로 제시한 「브룬트란트 보고서」와 이를 계기로 개최된 1992년 리우 정상회의Rio Summit다. 본격적으로 기후 관련 재무정보공시가 논의된 것은 2015년 금융안정위원회Financial Stability Board 의장인 마크 카니Mark Carney가 업계 주도 기후 관련 재무정보공시 태스크포스인 TCFDTask Force on Climate-related Financial Disclosure를 출범시키면서부터다.

## 1. 기후 관련 리스크와 공시

기후변화가 경제 시스템과 기업 활동에 미치는 영향을 이해하는 것은 어렵고 불확실하다. 기후변화로 인한 위기 상황이 언제 그리고 어떤 정도로 발생하는지는 추정하기가 매우 어렵다. 또 기후변화의 영향은 대규모로 발생하지만 장기에 걸쳐 나타나는 특성이 있어 회사의 경영진은 기후변화가 오늘 당장 문제가 되는 사안이 아니라고 잘못 판단하기도 한다. 그러나 기후변화의 복잡성, 불확실성, 장기성이라는 특성이 이와 관련된 정보를 공시하지 않아도 되는 이유가 더는 되지 않는다는 것이 점점 설득력을 얻고 있다.

기후변화로 인해 산업 생태계, 기업의 활동과 재무적 성과가 영향을 받은 사례는 수없이 많다. 미국 캘리포니아주의 대형 유틸리티 회사인 PG&E Pacific Gas and Electricity사는 2018년 캘리포니아주에서 발생한 최악의 산불 사태로 인해 2019년 파산을 신청했다. 2018년 유럽 대륙의 기록적인 가뭄으로 인해 라인강의 수위가 크게 낮아지면서 산업 수송 능력이 크게 악화되었고 이는 독일 경제는 물론 유럽 산업계 전체로도 큰 피해를 주었다. 호주의 REST Retail Employees Superannuation Trust는 운영 중인 펀드가 기후변화위험과 관련된 정보를 공개하지 않고 적절한 대응을 하지 않고 있다는 이유로 피소되기도

박스 11-1 • 기후변화가 기업과 산업생태계에 충격을 준 사례

PG&EPacific Gas and Electric Company

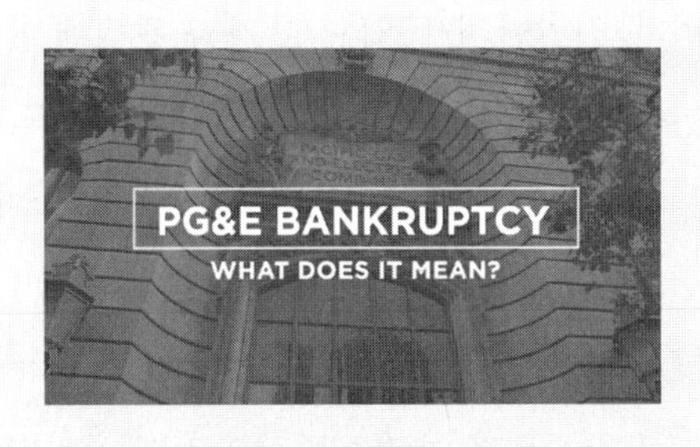


1905년 설립된 미국 캘리포니아 북부 지역 최대의 전기 가스 사업자로, 약 540만 가구에 전력 서비스를 제공하고 있으며 뉴욕 증시에도 상장된 회사다. 2017년 10월과 2018년 11월 캘리포니아 북부지역에서 미국 역사상 최악의 산불로 기록되는 대형 산불이 발생했는데, 모두 PG&E사가 관리하는 전력 시설에서 최초 발생한 것이었다.

PG&E사는 2018년 산불 발생 당일, 산불 발생 예상 지역에서 선제적으로 정전을 시행토록 하는 '공공안전을 위한 예방정전Public Safety Power Shutoff' 프로그램을 불이행하여, 산불을 예방하지 못한 것으로 나타났다. 2019년 1월, 회사는 결국 책임을 공식적으로 인정했고 CEO의 사임, 파산보호 신청을 하기에 이르렀다.

2019년 12월, 회사는 산불 책임과 관련하여 희생자들의 피해 변제를 위해 135억 달러(약 16조 원)의 배상금을 지불하기로 합의했다. 동 합의와 별도로 회사는 2017년과 2018년 산불과 관련해 보험회사 및 기타 대위변제 기관에 110억 달러(약 13조 1000억 원)을 지불키로 했다.

라인강 가뭄으로 인한 공급망 충격

매년 독일에서 배로 운송되는 2억 2300만 톤의 화물 중 약 80%가 독일의 산업 중심지에서 벨기에, 네덜란드, 북해를 연결하는 라인강을 통과한다. 2018년 유럽 대륙에 기록적인 가뭄이 발생하여 라인강 수위가 크게 낮아졌고, 선박 항해가 불가능해졌다. 대형 구조물 등 선박으로만 운송 가능한 제품들은 생산을 계속할 수 없게 되었고 결국 산업 공급망에 큰 충격이 발생했다. 이는 2018년 3분기 독일의 총생산이 0.2% 감소하는 데에 상당한 원인을 제공했고, 그 충격은 4분기에도 이어졌다.

했다.

기후 관련 정보공시에는 두 가지 관점이 있을 수 있다. 첫 번째 관점은 소비자/시민단체/종업원/투자자 관점에서 환경 및 사회적 영향을 중심으로 이루어지는 공시다. 회사의 활동이 기후변화에 미치는 영향은 어떤 것인지, 온실가스 감축 전략은 무엇인지, 자원 소비 또는 오염물질 배출 등 현황은 어떤지, 회사가 기후변화 대응과 관련해 어떻게 기여하는지 등을 공시하게 함으로써 회사의 행동 변화를 유도하고자 하는 것이다. 두 번째 관점은 투자자 관점에서 재무적 영향을 중심으로 이루어지는 공시다. 기후변화가 회사의 미래 재무적 성과, 전략 및 포지션 등에 미치는 영향을 공시하는 것이다. 두 가지 공시가 모두 기후변화 대응을 위해 중요한 관점이라 할 수 있으나, 그린 스완의 시대에 금융산업이 기후변화 리스크와 기회에 대응할 수 있는 인프라를 제공하기 위해서는 투자자 관점의 공시가 더욱 체계화되어야 한다.

투자자들은 투자 리스크 익스포저를 정확하게 평가하고 자산을 효과적으로 배분해야 하기 때문에, 피투자회사의 기후 관련 리스크·기회 관리에 관한 적절하고 비교가능하며 일관되고 의사결정에 유용한 정보를 필요로 한다.

표 11-1 • 기후 관련 물리적 리스크 및 재무적 영향

| 구분 | 기후변화 관련 위험 | 잠재적 재무적 영향 |
| --- | --- | --- |
| 급격한 물리적 리스크 | • 태풍 및 홍수와 같은 이상기후 현상의 심각성 증가 | • 운송장애, 공급망 중단 등 생산 능력 감소로 인한 수익 감소<br>• 인력에 미치는 부정적 영향(결근, 건강악화, 안전문제 등)<br>• 고위험 지역의 재산 및 자산 손상<br>• 보험료 상승, 고위험 지역 보험구득 어려움 및 기타 영업비용 증가<br>• 생산 / 판매 감소로 인한 수익 감소 |
| 완만한 물리적 리스크 | • 강수 및 날씨 패턴의 변화 및 변동성 심화<br>• 평균 온도 상승<br>• 해수면 상승 | |

자료: TCFD, "Final Report: Recommendations of the Task Force on Climate-related Financial Disclosure"(2017.6).

표 11-2 • 기후 관련 전환 리스크 및 재무적 영향

| 분야 | 기후변화 관련 위험 | 잠재적 재무적 영향 |
| --- | --- | --- |
| 정책 및 법률 | • 온실가스 배출 관련 가격 인상<br>• 배출량 보고의무 강화<br>• 기존 제품/서비스 규제<br>• 소송 증가 | • 영업 비용 증가(예: 준법감시비용 상승, 보험료 인상 등)<br>• 평가절하, 자산 손상 및 정책 변화로 인한 기존 자산의 조기 상각<br>• 벌금/판결 등으로 인한 제품/서비스 수요 감소 |
| 기술 | • 저탄소기술로 기존 제품/서비스 대체<br>• 신기술 투자 실패<br>• 저탄소기술로 전환에 따른 비용 | • 평가절하, 기존 자산의 조기 상각<br>• 제품/서비스에 대한 수요 감소<br>• 신기술 및 대체기술 연구개발 비용 및 자본투자<br>• 새로운 실무 프로세스 적용 비용 |
| 시장 | • 고객 행동의 변화<br>• 시장 신호의 불확실성<br>• 원료 비용 증가 | • 소비자 선호도 변화<br>• 에너지 비용, 폐기물 처리 비용 등 증가로 인한 생산 비용 증가<br>• 자산 재평가(토지, 증권 등) |
| 평판 | • 소비자 선호도 변화<br>• 고탄소산업의 경우 낙인효과<br>• 이해관계자의 부정적 피드백 | • 제품/서비스 수요 감소<br>• 직원유치 및 보유 어려움 |

자료: TCFD, "Final Report: Recommendations of the Task Force on Climate-related Financial Disclosure"(2017.6).

기업의 기후 관련 물리적 리스크, 전환 리스크에 관한 프로파일과 재무적 영향은 표 11-1, 표 11-2와 같다.

한편 기후변화는 기업들에게 리스크 요인뿐 아니라 새로운 사업 기회를 제공할 수 있다(표 11-3). 2020년 코로나19 사태로 경제·금융 시스템에 유례없는 큰 충격이 있었지만 백신·치료제·진단 등 바이오 관련 기업은 물론 비대면 사업에 경쟁력이 있는 기업들은 새로운 사업기회가 왔던 것처럼 말이다.

표 11-3 • 기후변화로부터 파생되는 사업 기회

| 분야 | 기후변화 관련 기회 | 잠재적 재무적 영향 |
| --- | --- | --- |
| 자원 효율성 | • 고효율 운송수단으로 전환<br>• 고효율 생산 및 유통 프로세스로 전환<br>• 고효율 건물로 이전<br>• 재활용 증가 | • 효율성 향상을 통한 영업 비용 감소<br>• 생산 능력 증대로 인한 수익 증가 |
| 에너지 자원 | • 저탄소 에너지원 사용<br>• 저탄소 인센티브 사용<br>• 신기술 활용<br>• 탄소 시장 참여 | • 미래 화석연료 가격상승에 따른 위험 방지<br>• 온실가스 배출량 감소로 탄소비용 변화에 대한 민감도 감소<br>• 저탄소 기술 활용으로 투자수익률 증가 |
| 제품/서비스 | • 저탄소 제품/서비스 개발<br>• R&D 및 혁신 통한 신제품/서비스 개발<br>• 사업활동 다각화 능력 향상 | • 저탄소 제품/서비스 수요 충족 통한 수익 증대 |
| 시장 | • 새로운 시장 접근 가능<br>• 공적 인센티브 사용 | • 정부 및 개발은행 등 통한 신규 시장 접근 가능<br>• 그린 본드 등 금융자산 다각화 |

자료: TCFD, "Final Report: Recommendations of the Task Force on Climate-related Financial Disclosure"(2017.6).

## 2. 기후 관련 정보공시(TCFD 이전)

TCFD 이전에도 많은 기후 관련 정보공시 기준 및 프레임워크가 있었다. 이들 기준과 프레임워크는 각각 고유의 목적을 가지고 특정 오디언스를 타깃으로 활동해 오고 있다. 대표적인 기후 관련 공시기준 및 프레임워크는 표 11-4와 같다. 이들 공시 프레임워크 외에 기후 정보공시를 지원하는 많은 이니셔티브도 있는데 이들은 표 11-5와 같다. 이들 공시 프레임워크와 이니셔티브의 상세 내용은 부록 3을 참고하기 바란다.

기후 관련 공시기준 및 프레임워크가 다수 출현하게 되자 이들 기준 간에

표 11-4 • 기후 관련 공시기준 및 프레임워크

| 기준/프레임워크 명 | 기준/프레임워크 정식 명칭 |
|---|---|
| CDP | 탄소공개프로젝트Carbon Disclosure Project |
| CDSB | 기후공시기준위원회Climate Disclosure Standards Board |
| GRI | 글로벌 공시 이니셔티브The Global Reporting Initiative |
| SASB | 지속가능성회계기준 위원회Sustainability Accounting Standards Board |
| IIRC | 국제통합보고 위원회The International Integrated Reporting Council |
| ISO26000 | 국제표준화기구The International Organization for Standardization: ISO |

표 11-5 • 기후 정보공시 지원 이니셔티브

| 이니셔티브 명 | 이니셔티브 정식 명칭 |
|---|---|
| GHG Protocol | 온실가스 프로토콜GHG Protocol |
| TPI | 전환 경로 이니셔티브The Transition Pathway Initiative |
| NCC | 천연자원 연합Natural Capital Coalition |
| RE100 | 재생에너지100RE100 |
| Science Based Targets | 과학 기반 목표Science Based Targets |
| WBA | 세계 벤치마킹 연합World Benchmarking Alliance |

비교가능성과 일관성을 제고하기 위한 플랫폼도 나타났다. CRDCorporate Reporting Dialogue가 그러한 역할을 하는 플랫폼인데, CRD는 각종 공시기준들 간의 차이점을 식별하는 동시에 충돌·중복·불일치 등을 방지하는 역할도 한다.

## 3. TCFD 공시 개요와 특징

2015년 금융안정위원회Financial Stability Board 의장인 마크 카니Mark Carney는 업계 주도 태스크포스인 TCFDTask Force on Climate-related Financial Disclosure를 출범

시켰다. 목적은 투자기관, 대출기관, 보험회사 등이 기후 관련 리스크와 기회를 평가하고 가격을 매길 수 있는 정보를 제공함으로써, 이들 금융기관이 자금을 배분하고 리스크를 인수하는 데 도움이 되는, 자발적이고도 일관된 기후 관련 기업공시를 개발하기 위한 것이었다.

TCFD의 의장은 마이클 블룸버그Michael Bloomberg가 맡게 되었고, 민간 금융업계의 다양한 분야 – 은행, 보험사, 자산운용사, 연기금, 일반기업, 회계컨설팅사, 신용평가사 – 가 멤버로 참가했다. TCFD의 권고사항은 기존 기후공시 프레임워크의 장단점, 이해관계자들의 의견, 멤버사들의 전문성을 더하여 만들어졌다. 2017년 TCFD는 네 가지 핵심 주제와 11개 권고 공시사항을 포함한 최종 보고서를 완성하여 발표했는데, 이는 서로 다른 나라의 다양한 섹터의 기업들에게 모두 적용가능하도록 디자인되었다. TCFD가 위에서 살펴본 기존 기후공시 프레임워크들과 구별되는 특징은 다음과 같다.

① 비재무정보와 재무정보의 연계

TCFD는 기후변화에 따른 재무적 영향에 초점을 맞추므로 어떤 비재무적 이벤트라도 이를 재무정보와 연계시키도록 한다. 예를 들어 기후변화 관련 리스크와 기회가 현재의 재무제표를 미래에 어떻게 변화시킬 것인지 알려주는 정보를 제공하는 것이다.

② 리스크와 기회를 포괄

저탄소경제 전환은 상당한 투자가 필요하기 때문에 새로운 투자기회를 제공하게 되는데, TCFD 권고안은 이런 점을 감안하여 기후변화와 관련된 물리적 리스크뿐 아니라 저탄소경제로 전환과 관련된 리스크와 기회도 포괄한다.

③ 영향의 시기

기후변화의 영향은 이미 나타나고 있지만, 기후변화가 회사에 영향을 미칠 시기는 여전히 불확실하며 현재의 사업 계획기간보다 더 장기로 나타날 수 있다. 따라서 TCFD는 기업들이 자체적인 영향의 시기Time Horizon를 정의하고, 단기/중기/장기 영향을 구분해서 이를 모두 표시하도록 하고 있다.

### ④ 시나리오 분석 및 미래 관점Forward-looking 공시

회사들이 기후변화 영향으로부터 탄력적으로 대응을 하기 위해 TCFD는 시나리오 분석을 실시할 것을 권유한다. 미래에 발생할 수 있는 여러 가지 상황을 고려하여 시나리오를 작성하고 이에 따른 영향을 전망해 보는 것이다.

### ⑤ 정규 재무정보공시에 포함

TCFD는 기후 관련 재무정보공시를 회사의 기존 정규 공시에 포함하여 실시할 것을 권고한다. 많은 회사들이 중요 리스크 정보 공시를 정규 재무정보

박스 11-2 • 시나리오 분석

**시나리오란?**

TCFD에 따르면 시나리오는 특정 결과를 만들어내는 사건의 경로를 의미한다. 시나리오는 반드시 미래에 관한 상세한 설명을 갖출 필요는 없고 미래에 발생할 수 있는 중심적 요소만 열거해 이에 주목하게 해도 된다. 또한 이는 예측이나 전망 또는 민감도 분석이 아니고 가정적 설계이다.

**시나리오 분석이란?**

TCFD 권고사항 중 '전략Strategy' 부문의 세 번째 항목은 "2℃ 시나리오를 포함한 다양한 기후변화 시나리오를 감안한 회사 전략의 회복탄력성resilience을 설명"할 것을 규정하고 있다. 시나리오 분석은 회사가 그들의 회복탄력성을 더 잘 이해할 수 있는 수단 중 하나다.

또한 시나리오 분석은 비판적, 전략적 사고의 툴로 활용할 수 있다. 시나리오 분석의 특징의 하나는 미래에 관한 기존의 상식을 뒤엎는 가정을 하는 것이다. 불확실성의 시대에서 시나리오는 '온실가스 배출량 전망치Business-as-usual' 가정을 뒤엎고 대안을 탐색하는 방법이 된다.

공시에 포함하고 있는데, 기후 관련 리스크와 기회에 관한 정보도 이에 준하는 정보라고 판단되기 때문이다.

## 4. TCFD 공시사항

TCFD의 권고 공시사항은 기후 관련 리스크와 기회의 중요한 재무적 영향에 관해 일관되고, 의사결정에 유용하며, 미래 관점Forward-looking의 정보를 제공하도록 설계되었다. 또한 기업이 노출된 리스크와 기회가 어떤 것이고 이들을 어떻게 관리하는가를 자본공급자들이 더 잘 이해할 수 있도록 공시하는 정보에 대해 기술한다. 권고사항은 거의 모든 형태의 조직에 적용할 수 있는 4개의 핵심 주제와 총 11개의 권고 공시사항으로 구성되어 있다(표 11-6).

표 11-6 • TCFD 핵심 주제별 11개 권고공시

| 핵심 주제 | 핵심 주제의 범위 | 권고 공시사항 |
|---|---|---|
| ① 지배구조 | 기후 관련 위험과 기회에 대응하는 회사의 지배구조를 공시 | • G(a) 이사회가 기후변화와 관련된 위험과 기회를 어떻게 감독하는지 설명<br>• G(b) 경영진이 기후변화와 관련된 위험과 기회를 어떻게 평가하고 관리하는지 설명 |
| ② 전략 | 기후 관련 기회와 위험이 회사의 사업·전략·재무계획 등에 미치는 실질적·잠재적 영향을 중요성 원칙하에 공시 | • S(a) 단기/중기/장기 관점에서 회사에 발생할 수 있는 기후 관련 위험과 기회를 설명<br>• S(b) 기후 관련 위험과 기회가 회사의 사업·전략·재무계획 등에 미칠 수 있는 영향을 설명<br>• S(c) 2℃ 시나리오를 포함한 다양한 기후변화 시나리오를 감안한 회사 전략의 회복탄력성resilience을 설명 |
| ③ 위험관리 | 회사가 어떻게 기후 관련 위험을 식별, 평가, 관리 | • R(a) 회사가 기후 관련 위험을 식별하는 프로세스를 설명<br>• R(b) 회사가 기후 관련 위험을 관리하는 프로세스를 설명 |

| | 하는지 공시 | • R(c) 기후 관련 위험 식별·평가·관리 프로세스가 회사의 전사적 위험관리ERM에 어떻게 통합되는지 설명 |
|---|---|---|
| ④<br>지표와<br>목표수준 | 기후 관련 위험을 평가·관리하는 데 사용되는 지표와 목표수준을 중요성 원칙하에 공시 | • M(a) 회사가 회사의 전략 및 위험관리 프로세스에 따라 기후 관련 위험·기회를 평가하기 위해 사용하는 지표를 공시<br>• M(b) Scope 1, Scope 2, 그리고 해당되는 경우 Scope 3[1]의 온실가스 배출량 및 관련 위험을 공시<br>• M(c) 회사가 기후 관련 위험·기회를 관리하기 위해 설정한 목표수준 및 목표 대비 성과를 공시 |

자료: TCFD, "Final Report: Recommendations of the Task Force on Climate-related Financial Disclosure"(2017. 6).

TCFD 공시사항을 작성하는 방법은 다음과 같다. 먼저 11개 권고 공시사항을 G(a)부터 M(c)까지 하나씩 작성하는데, 각 공시사항별로 TCFD에서 마련해 놓은 일반적 가이던스guidance 사항을 참고해서 작성한다. 특정 공시사항에 대해서는 보충적 가이던스 사항까지 작성하는 것이 좋다. TCFD에서는 산업별로 보충적 가이던스를 작성하는 기준도 별도로 마련해 놓았다(표 11-7). 예를 들어 은행은 11개 공시사항을 작성할 때 S(a), R(a), M(a)의 항목의 경우 보충적 가이던스 사항이 별도로 있으니 이를 작성하라는 것이며, 에너지 기업은 S(b), S(c), M(a) 항목의 보충적 가이던스 사항을 작성하라는 것이다. 11개 권고 공시사항에 대한 일반적 가이던스는 이 책의 부록 3에 포함했으며, 보충적 가이던스는 TCFD 사이트를 참고하기 바란다.[2]

---

1 Scope 1(직접배출량): 보일러, 운송수단 등 연소, 에어컨 냉매 유출 등 직접적으로 배출되는 온실가스 배출량.
Scope 2(간접배출량): 전력, 열, 수도, 폐기물 등 소비단계에서는 배출되지 않으나 생산단계에서 배출되는 온실가스 배출량.
Scope 3(기타 직·간접배출량): 출장, 통근 등 Scope 1, 2에 포함되지 않은 온실가스 배출량.

2 https://www.fsb-tcfd.org/publications/final-implementing-tcfd-recommendations/.

표 11-7 • 산업 분류별 보충적 가이던스 작성 기준

| 산업 분류 | | 지배구조 | | 전략 | | | 위험관리 | | | 지표와 목표수준 | | |
|---|---|---|---|---|---|---|---|---|---|---|---|---|
| | | G(a) | G(b) | S(a) | S(b) | S(c) | R(a) | R(b) | R(c) | M(a) | M(b) | M(c) |
| 금융 산업 | 은행 | | | ■ | | | ■ | | | ■ | | |
| | 보험회사 | | | | ■ | ■ | ■ | ■ | | ■ | | |
| | 자산운용사 | | | | ■ | ■ | ■ | ■ | | ■ | ■ | |
| | 자산보유기관 | | | | ■ | | ■ | ■ | | ■ | ■ | |
| 비금융 산업 | 에너지 | | | | ■ | ■ | | | | ■ | | |
| | 수송 | | | | ■ | ■ | | | | ■ | | |
| | 원자재, 건축 | | | | ■ | ■ | | | | ■ | | |
| | 농산물, 식품, 임산물 | | | | ■ | ■ | | | | ■ | | |

자료: TCFD, "Final Report: Recommendations of the Task Force on Climate-related Financial Disclosure"(2017.6).

표 11-8 • 일반적 가이던스와 보충적 가이던스 사례

| S(a) 단기/ 중기/ 장기 관점에서 회사에 발생할 수 있는 기후 관련 위험과 기회를 설명 | **일반적 가이던스**<br>• 회사의 자산 및 인프라의 특성 등을 감안했을 때, 단기/중기/장기의 기간 정의<br>• 단기/중기/장기 각각의 기간 중 잠재적으로 발생하여 회사에 중대한 재무적 영향을 미칠 수 있는 특정 기후 이슈 설명. 그리고 동 기후 리스크가 전환 리스크인지 실제 물리적 리스크인지 구분<br>• 어떤 리스크와 기회가 회사에 중대한 재무적 영향을 미칠지를 판단하는 회사 내 프로세스 설명<br>• 필요시 회사 내 섹터별, 지역별 리스크와 기회를 구분하여 정보 제공 |
|---|---|
| | **보충적 가이던스(은행)**<br>• 은행은 탄소 관련 자산에 대한 여신 규모와 집중도를 공시<br>• 여신업무와 기타 금융 중개업무에서 기후 관련 전환 리스크와 물리적 리스크를 공시 |

은행을 예로 들어 S(a) 항목(단기·중기·장기적 관점에서 회사에 발생할 수 있는 기후 관련 위험과 기회를 설명)을 작성할 경우 일반적 가이던스와 보충적 가이던스에 어떤 항목이 있는지에 관한 사례가 표 11-8에 나와 있다.

## 5. TCFD 정보공시 주체와 채널

TCFD 공시는 상장 및 비상장의 모든 회사가 공시 주체가 된다. 다만 TCFD 공시는 아직은 자율공시이므로 모든 기업들에게 공시 의무가 있는 것은 아니다.

TCFD의 정보공시 채널과 관련하여 TCFD는 연간 정규 재무공시에 포함하여 기후 관련 공시를 시행할 것을 권고한다. 대부분의 국가에서는 공모주식·채권을 발행한 기업은 연간 재무공시에 중요 정보를 공시할 것을 규정하고 있다. 따라서 TCFD도 기업들이 기존 공시규제에 보다 효과적으로 맞추는 것을 목표로 하는 것이다. 연간 정규 재무공시에 기후 관련 정보를 공시한다는 것은 다른 재무정보와 동일한 정도의 엄격성과 내부통제를 거친 정보여야 한다는 것을 의미한다.

만약 TCFD 권고 공시가 한 국가의 공시 요건과 일치하지 않을 경우에는 기후 관련 재무 정보를 별도의 공식적 보고서를 통해 공시할 것을 권고한다. 이 경우 이 보고서는 최소 1년에 1회 이상 발행해야 하며 투자자들이 구독할 수 있어야 한다. 또한 동 정보는 다른 재무정보와 동일한 내부 거버넌스 프로세스하에서 생성되어야 한다.

제4부는 한국의 기후변화 대응 성과와 그린 파이낸스 시장의 미래에 관해 논의한다. 한국의 온실가스 감축 성과는 어떠한지, 금융 시스템은 어떤 역할을 해야 하는지, 한국 금융산업은 그린 파이낸스 시장에서 어떤 기회와 리스크 요인을 갖는지 그리고 금융 정책·감독 당국은 이 시장의 성장을 주도하기 위해 어떤 리더십을 갖추어야 하는지를 이야기한다.

제4부

# 그린 스완 시대의 한국 금융

제12장

# 금융산업 관점에서 바라본 한국의 기후변화 대응

## 1. 국내 기후변화 및 기상이변 현실

이제 한반도도 이상기후, 폭염, 한파, 계절변화 등 기후변화가 더는 뉴스거리가 되지 않을 정도가 되었다. 실제로 지난 100년간 한반도의 기후변화를 숫자로 살펴보면, 지구 온난화에 따른 이상기후는 한반도라고 비껴가지 않았음을 알 수 있다. 2018년 기상청이 발간한 「한반도 100년의 기후변화」에 따르면 지난 106년간 한반도 평균기온은 1.8℃가 상승했는데, 이는 산업화(1850년대) 이후 지구 평균기온이 1.1℃ 상승한 것에 비하면 매우 큰 폭으로 상승한 것이다. 1.8℃ 상승 중 1.4℃의 상승은 최근 30년간 일어난 현상이다. 106년간 1.8℃ 상승했다는 것은 10년당 0.18℃ 상승했다는 것인데, 계절별로 보면 특히 겨울(0.25℃/10년)과 봄(0.24%℃/10년)의 기온 상승이 가장 큰 것으로 나타났다. 겨울은 따뜻해지고 봄은 더워진 것이다. 계절의 길이도 과거 30년(1912~1941)과 최근 30년(1988~2017)을 비교하면 여름이 19일 길어지고 겨울은 18일 짧아지는 등 온난화 현상이 명확하게 관측되고 있다.

그림 12-1 • 한반도 연평균 기온 변화(1912~2017년)

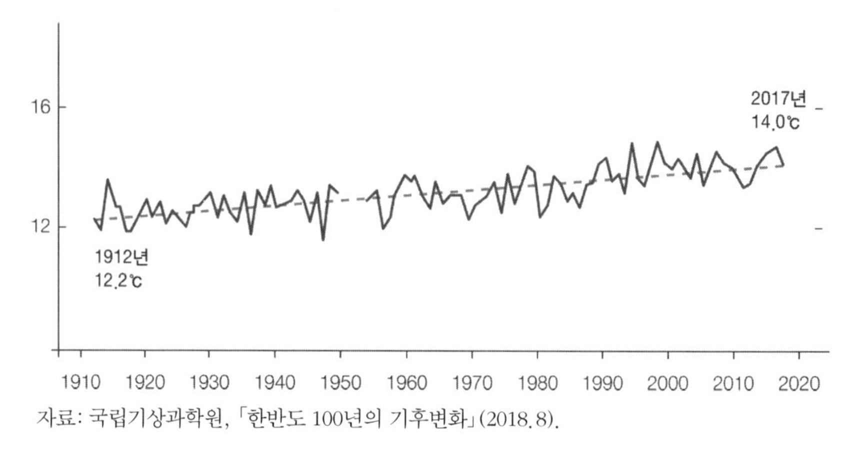


자료: 국립기상과학원, 「한반도 100년의 기후변화」(2018.8).

그림 12-2 • 한반도 계절 길이 변화(과거 30년 대비 최근 30년)

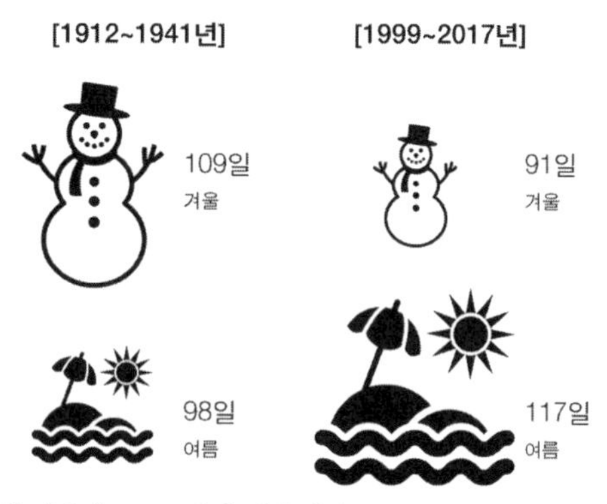


자료: 국립기상과학원, 「한반도 100년의 기후변화」(2018.8).

기후변화에 따른 사회·경제적 피해도 어마어마하게 증가했다. 2008년부터 2017년까지 10년간 한반도에 발생한 기상재해는 152명의 인명피해, 약 20만 명의 이재민을 낳았으며, 재산피해와 복구에 따른 경제적 손실은 10조 7000억 원이 발생했다. 특히 태풍과 호우로 인한 피해액이 전체의 88.4%로 기상재해 피해 중 가장 큰 비중을 차지하고 있다.

표 12-1 • 기후변화로 인한 사회·경제적 피해

최근 10년간 기상재해

| 구분 | 피해 규모 |
|---|---|
| 사망,실종(명) | 152 |
| 이재민(명) | 20만 2467 |
| 침수면적(ha) | 3만 5356 |
| 재산피해액(조 원) | 3.5 |
| 피해복구액(조 원) | 7.3 |

기상재해에 따른 피해액

| 재해원인 | 피해액(억 원) |
|---|---|
| 태풍 | 1조 5877 |
| 호우 | 1조 4940 |
| 대설 | 2262 |
| 강풍·풍랑 | 817 |
| 지진 | 964 |

자료: 관계부처합동, 「제2차 기후변화대응 기본계획」(2019.10).

## 2. 한국 온실가스 배출 실태

한국은 온실가스 배출에 관한 한 성적이 지극히 좋지 않다고 할 수 있다. 먼저 $CO_2$ 배출량 기준(2017년 기준)으로는 전 세계 7위라는 상당히 높은 순위에 있다. 전 세계 GDP 순위로만 놓고 보면 12위에 해당하는 국가인데 말이다. 다만 이 순위는 $CO_2$만을 기준으로 한 것이고, 전체 온실가스 기준으로 한 2017년 순위는 12위에 해당한다. $CO_2$와 온실가스 순위 차이가 나는 것은 $CO_2$ 배출은 에너지, 산업공정과 관련이 큰 반면 온실가스는 농축산업, 임업, 토지이용 변화 등에도 영향을 받기 때문이다.

한편 한국은 1인당 $CO_2$ 배출량이 13.6톤(2018년 기준)으로, OECD 국가 중에서 룩셈부르크, 호주, 캐나다, 미국에 이어 다섯 번째로 배출이 많은 나라다.[3] GDP 단위당 집약도, 즉 GDP 단위당 온실가스 배출은 0.39kg으로 OECD 국가 중에서 6위에 해당한다.[4] 이 외에도 배출구조 측면에서 에너지

3 European Union Joint Research Center, "Fossil $CO_2$ and GHG emissions of all world countries — 2019 Report"(2019).

4 www.oecd-ilibrary.org/sites/ac4b8b89-en/index.html?itemId=/content/publication/ac4b8b89-en#section-d1e1259.

그림 12-3 • 국가별 이산화탄소($CO_2$) 배출량 현황(2017년 기준)

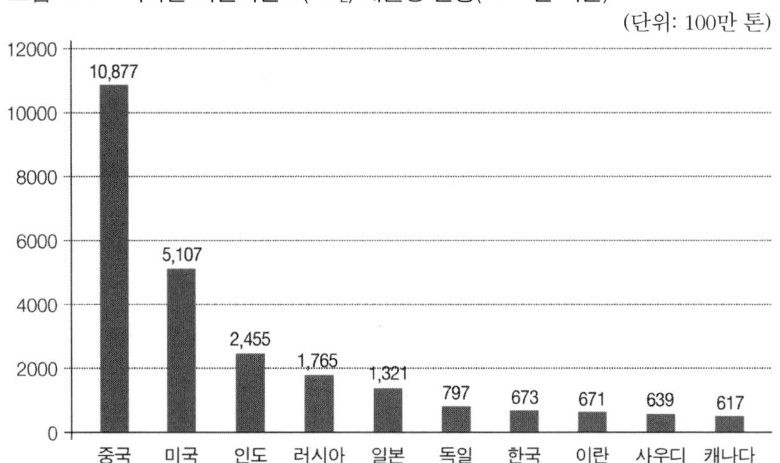


자료: European Union Joint Research Center, "Fossil $CO_2$ emissions of all world countries—2018 Report"(2018).

소비에 따른 배출량은 국가 총배출량의 87%로서 OECD 국가 중 최대 수준(2015년 기준)이고, 재생에너지 발전 비중이 OECD 국가 중 33위로 밑에서 두 번째이며 석탄화력 발전 비중이 상위 4위(이상 2018년 기준)를 기록하는 등, 저탄소와 관련한 한국의 지표는 국제사회에서 명함을 내밀기 힘들 정도다.

### 3. 국가 온실가스 로드맵과 추진 성과

한국은 교토 의정서 체제에서는 비非부속서 국가에 해당되어 온실가스 감축 의무가 부여되지 않았지만, 2015년 파리 협정으로 신기후체제가 출범하면서 국제사회에 온실가스 감축 목표(국가결정기여Nationally Determined Contributions: NDC)를 제출하게 됨에 따라 국가 대응전략을 수립할 필요성이 대두되었다. 이에 따라 정부는 2016년 12월 수립·발표한 '제1차 기후변화 대응 기본계획'(이하

'기본계획')에서 '2030 국가온실가스감축 기본로드맵'을 수립했다. 2018년 7월 한 차례 수정을 거친 로드맵은 2020년과 2030년을 목표년도로 하여 한국의 온실가스를 얼마나 그리고 어떻게 감축할 것인가를 정했다. 이 기본계획은 대한민국의 NDC로서 UN에 제출되었으며 앞으로 5년마다 이행상황을 점검하고 그 결과를 감안하여 새로운 NDC를 제출해야 한다.

로드맵에 따르면 한국은 2030년 BAUBusiness As Usual(현 수준보다 강화된 온실가스 감축 조치를 취하지 않을 경우 2030년에 배출할 것으로 예상되는 배출량) 대비 37%를 감축하는 목표를 설정했다. 아무 조치를 취하지 않을 경우 8억 5100만 톤의 이산화탄소 환산톤이 배출될 것으로 예상되는데, 2030년까지 이를 37% 감소시킨 5억 3600만 환산톤으로 감축시키겠다는 것이다. 목표 수립 당시는 목표 수준이 지나치게 의욕적이며 산업계에 부담을 줄 수 있다는 우려가 없지는 않았지만, 국제사회에서 한국의 위상과 기대수준에 맞는 목표를 설정해야 한다는 당위론이 우세하여 감축 목표가 최종 확정되었다. 감축은 전환, 산업, 건물, 수송 등 온실가스를 배출하는 모든 부문에 걸쳐 이루어지도록 하였다. 한편, 2016년 12월에 설정된 로드맵 목표에 대해 국외감축 비중이 높고, 국내감축 중에서도 특히 산업 부문 감축 목표가 적다는 지적이 이어지자 2018년 7월 로드맵에서는 국외감축 비중을 감소시키고 산업 부문 감축 목표를 상향 조정했다. 그 결과 최종 확정된 2030년 배출 목표는 2030년 BAU 대비 37%를 감축시킨 5억 3600만 톤으로 결정되었다. 이는 2017년 실제 배출량인 7억 910만 톤에 비해서도 24.4%를 감축하겠다는 목표이다.[5]

---

5 국내 산업계에서는 37% 감축 목표로 인한 국내 산업활동 위축과 경쟁력 저하를 우려하는 목소리가 높지만, 국제적 환경단체는 오히려 한국의 목표가 '공정한 부담' 수준이 아닌 것으로 평가하고 있다. 독일 베를린에 본부를 둔 기후변화 정책 전문 연구기관인 클라이밋 애널리틱스Climate Analytics는 2020년 5월 공개한 보고서에서 한국이 2030년까지 BAU 대비 37%를 감축하기로 한 감축 목표를 "매우 불충분한 수준"이라고 평가하면서, 공정한 부담을 위해 BAU 대비 74% 이상으로 감축 목표를 강화해야 한다고 주장했다. 이들의 주장대로라면 2030년 배출 목표를 현재 5억 3600만 톤에서 2억

그림 12-4 • 한국의 2030년 온실가스 감축 목표

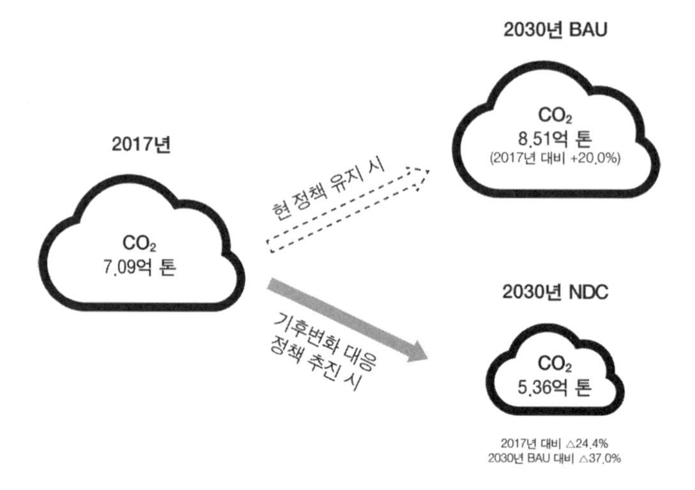


정부는 감축계획의 예측가능성 제고와 이행관리 강화를 위해 2030년 목표치만 제시한 것이 아니라 2019년부터 3년 단위로 감축경로를 제시했다. 또 전환 부문, 산업 부문, 건물 부문, 수송 부문 등 각 배출 부문에 대해 부문별 감축 목표, 핵심 과제, 주요 감축과제 등을 제시함으로써 계획의 실행가능성을 제고하고자 했다.

또한 정부는 시장을 활용한 온실가스 감축을 촉진하기 위해 배출권거래제의 실효성을 높이는 방안도 추진하고 있다. 배출권거래제는 2018년부터 2020년까지가 2기 계획기간에 해당하는데 2기에는 609개 업체에 대해 17억 7000만 톤의 배출허용총량이 설정되었다. 정부는 앞으로 온실가스 배출기업의 책임을 강화하기 위해 배출권 유상할당 비율을 현재의 3%에서 2021년부터 10% 이상으로 점진적으로 확대하는 한편, 할당 대상업체의 업체별 온실가스 감축정보도 공개할 계획이다. 또 배출권거래 유동성을 제고하기 위해 계획기간 내 이행년도 간 이월을 순매도량에 비례하여 허용하는 등 배출

---

1700만 톤으로 절반 이상 더 줄여야 한다.

표 12-2 • 부문별 온실가스 감축계획 요약

| 부문 | 감축 목표 | | | | 주요 과제 |
|---|---|---|---|---|---|
| | 2017 배출 | 2030 BAU | 2030 목표 | 감축률 (BAU 대비) | |
| 전환* | 253.1 | 333.2 | 192.7 | 42.2% | • 신규 석탄발전 금지, LNG 등 친환경 전원믹스 강화<br>• 재생에너지 발전 비중 2030년까지 20% 달성<br>• 에너지공급자 효율향상 의무화제도<br>• 에너지 가격체계 개선·강화 |
| 산업 | 392.5 | 481.0 | 382.4 | 20.5% | • 공장에너지관리시스템FEMS 도입<br>• 에너지 원단위 개선 협약<br>• 국제기준 맞는 친환경 냉매 |
| 건물 | 155.0 | 197.2 | 132.7 | 32.7% | • 기존 건축물 에너지성능 개선<br>• 신규 건축물 허가기준 강화 |
| 수송 | 99.7 | 105.2 | 74.4 | 29.3% | • 2030년까지 전기차(300만 대), 수소차(85만 대) 보급<br>• 연비기준 강화 및 바이오디젤 확대 |
| 합계* | 709.1 | 850.8 | 536.0 | 37.0% | |

* 전환(발전) 부문은 산업, 건물, 수송 등에 중복으로 계산되어 있다. 전환 부문을 제외하고도 합계가 맞지 않는 이유는 공공, 농축산 등 기타 부문, 산림흡수원 등 감축수단을 표에는 표시하지 않았기 때문이다. 상세한 내용은 「제2차 기후변화 대응 기본계획」(2019.10) 참고.

권 이월을 제한하고 시장조성자 제도를 확대 운영할 계획이다.

그렇다면 지금까지 '2030 국가온실가스감축 기본로드맵' 실행에 따른 온실가스 감축 성과는 어느 정도일까. 아쉽게도 현재까지 2030 로드맵에 따른 감축성과는 보고되지 않았다. 2019년에 발표된 「2019년 국가 온실가스 인벤토리 보고서」가 2017년 배출실적까지만 측정했기 때문이다. 따라서 일단 '2020 로드맵'(2014년 수립)의 성과를 먼저 살펴봄으로써 한국의 감축계획 대비 성과를 가늠해 보기로 한다.

2014년 1월 발표한 '2020 로드맵'에서 정부는 2020년 온실가스를 배출전망BAU 7억 7600만 환산톤 대비 30% 감축한 5억 4300만 톤까지 감축하겠다고 선

그림 12-5 • 2014~2017년 온실가스 로드맵 대비 실적

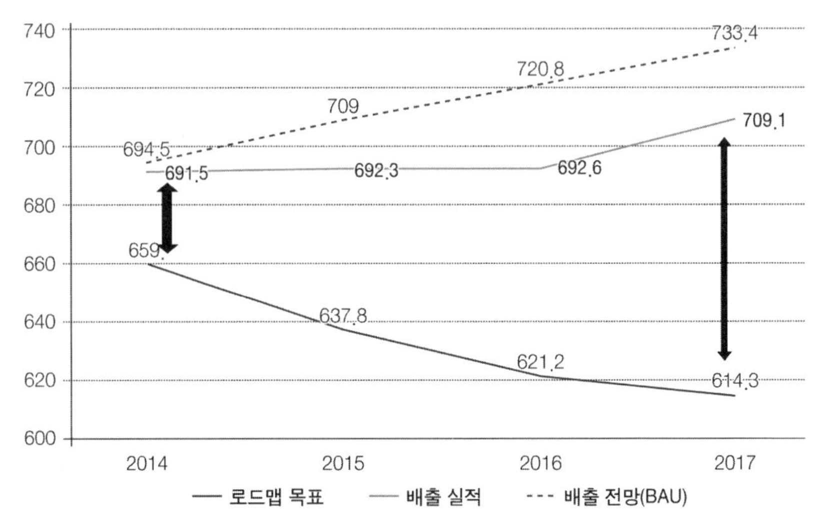


자료: 관계부처합동, 「제2차 기후변화대응 기본계획」(2019. 10).

언했다. 6년이 지난 2020년 현재 그 목표는 어떻게 되었을까. 2017년까지의 배출실적을 가지고 그간의 성과를 살펴보면 한국은 온실가스 감축성과가 제로에 가깝다고 해도 할 말이 없을 정도다. 그림 12-5에 나타난 것처럼 로드맵 발표년도인 2014년부터 2017년까지 배출실적은 감축 목표를 줄곧 달성하지 못해왔으며 심지어 간극이 점점 커지고 있다. 배출 절대량도 여전히 증가 추세다. 국제사회와 해외 NGO가 지속적으로 한국의 온실가스 감축의지를 지적하고 정책 보완을 권고하는 것도 무리가 아니다. OECD는 2017년 제출된 「제3차 한국 환경성과 평가보고서」에서 한국의 온실가스 감축 목표 달성을 위한 구체적 수단이 부족함을 지적하고, 화석연료 중심의 에너지 수급계획 개정을 권고했다. 민간 국제 기후정책 분석기구인 기후행동추적CAT은 한국의 국제 기후변화 대응 수준이 "매우 불충분highly insufficient하다"고 평가하기도 했다.

## 4. 온실가스 감축 부진 원인과 금융 시스템의 역할

이렇듯 한국의 온실가스 감축성과가 계획 수준에 크게 미치지 못한 것은 에너지, 산업, 건물 등 주요 배출원들이 하나같이 저탄소 구조로 '결정적 전환decisive transition'을 이루지 못하고 있기 때문이다. 전환 부문에서는 여전히 석탄발전이 신·증설[6]되는 등 전원믹스가 악화되고 있고, 소득수준 증가와 함께 냉·난방 수요가 증가하면서 전력수요도 증가하고 있다. 제철·석유화학·시멘트 등 에너지 다소비 업종 중심의 산업구조가 지속적으로 유지되고 있지만 이들 업종 내에서 온실가스를 저감하는 새로운 기술 개발과 투자는 부진하다. 특히 산업 부문의 전력 소비가 지난 10년간 연평균 3% 이상 증가하는 등 에너지 소비 중 전력 비중이 지속적으로 증가해 왔다.[7] 건물 부문도 크게 다르지 않은데, 에너지 효율이 여전히 낮은 상황에서 최근 몇 년간 폭염·한파의 영향 등으로 총에너지사용량이 꾸준히 증가하고 있다.

온실가스 감축과 경제성장은 양립하기 어렵다는 시각 때문에 온실가스 감축이 어려운 면도 있다. 2015년 정부가 2030년 온실가스 37% 감축 목표를 확정·발표하자 전국경제인연합회를 비롯한 경제계와 산업계는 일제히 반발 성명을 냈다. 이들은 "정부가 국가 경제와 직결된 온실가스 감축 목표를 정하면서 국민 부담이나 산업 현장의 현실보다 국제 여론만 의식했다"고 지적하고 "정부의 과도한 감축 목표가 우리 경제 발목을 잡는 암 덩어리 규제가

---

6 당초 제6차 전력수급계획(2013~2027년)에서는 2022년까지 신규 석탄화력발전소를 10기, LNG 발전소를 4기 건설하는 것이 목표였다. 하지만 문재인 정부 때 신규석탄화력발전소 9기 중 2기(당진에코파워 1·2호기)를 LNG 발전소로 전환하고 나머지 7기를 예정대로 건설하기로 결정했다. 신규 건설예정인 석탄화력발전소 7기는 신서천화력발전(충남), 고성하이화력 1·2호기(경남), 강릉안인화력 1·2호기(강원), 포스파워삼척화력발전 1·2호기(강원) 등이다.

7 산업 부문 에너지 소비 중 전력비중이 1990년 14%에서 2005년 15%, 2010년 16%, 2016년 17%로 해마다 증가했다.

그림 12-6 • 한국의 이산화탄소 배출 증가 추이(1990~2017)

(단위: 100만 톤)

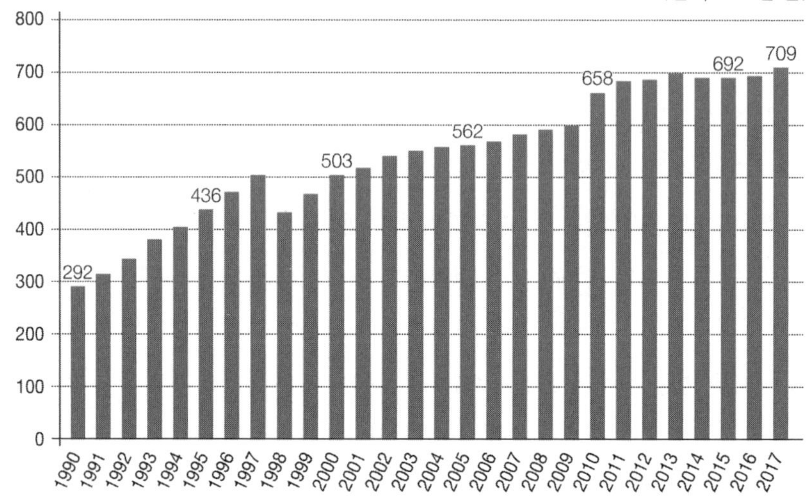


자료: 환경부 온실가스종합정보센터, 「2019 국가 온실가스 인벤토리 보고서」(2019.10).

될 것"이라며 강한 유감을 표명한 바 있다. 최근에는 미세먼지 상황이 악화되고 국민들의 환경감수성이 점점 높아지면서 경제계와 산업계가 드러내 놓고 반대를 표명하지는 않고 있지만, 여전히 온실가스 감축 목표가 기업의 투자의지를 약화시키는 요인이라며 우려하고 있는 것이 사실이다.

한국의 온실가스 감축이 부진한 또 다른 원인으로 한국 금융산업이 그 역할을 다하지 못하고 있기 때문이라는 점도 들 수 있다. 금융산업은 자금의 수요자와 공급자를 연결하는 중개intermediation 기능이 본질적 기능이며, 역사적으로도 금융산업은 자금중개와 배분 기능을 통해 산업의 발전과 구조조정을 주도해 왔다.

금융산업은 1970~1980년대 철강 및 중화학공업 육성, 2000년대 IT 및 반도체 산업 육성, 2010년대 조선산업 구조조정 등 우리 경제와 산업의 굵직한 흐름들을 주도해 왔다. 그런데 한국의 금융산업은 전 세계적인 '신기후경제'의 흐름과 관련해서는 산업 트렌드를 주도하는 것은 고사하고 흐름 자체를

읽지 못하고 있다. 한국 경제와 산업계가 '기후변화 대응과 경제성장 양립'이라는 어려운 과제를 풀어낼 수 있도록 산업의 흐름을 주도하는 역할을 해줘야 함에도, 온실가스 감축 등 환경 문제를 '기업의 사회공헌CSR' 이슈 정도로만 보거나 아니면 정부나 산업계가 풀어야 할 일이라며 금융산업의 역할은 애써 외면하고 있는 것이다.

정부도 온실가스 감축 대책 논의에서 금융산업의 역할을 뚜렷하게 제시하지 못하고 있다. '기후변화 대응 기본계획'(2019년 10월)상에 나와 있는 금융 기능을 활용한 온실가스 대책을 살펴보면, ▲배출권거래 유동성을 제고하기 위한 장내 파생상품과 시장조성자 제도 등에 대한 계획 ▲감축투자 유인을 위한 보증·보험상품 개발 등이 언급되어 있을 뿐, 민간 금융 기능을 활용하여 온실가스 감축 투자를 유도하겠다는 계획은 보이지 않는다. 그나마 온실가스 감축을 위한 기후전문 금융기관 설립을 추진하겠다는 계획이 눈에 띄지만, 실행 의지가 있는지, 실행이 되더라도 실효성 있는 금융기관이 될지는 의문이다

환경 관련 부처는 금융에 대한 인식이 부족해 그렇다고 할 수도 있는데, 그렇다면 금융 관련 부처는 어떤 상황일까. 금융위원회의 2020년 업무계획을 보면, 한국 금융정책 중 기후변화 대응을 위한 금융정책은 후순위 중의 후순위 정책임을 알 수 있다. 금융위원회는 2020년 업무계획에서 8개 대과제를 제시했는데 마지막 여덟 번째 과제인 '금융 부문의 공정성·책임성 강화' 과제 중에서 역시 가장 마지막 소과제인 '지속가능금융 기반 마련' 과제 안에 '기후금융'이라는 항목의 계획을 몇 줄 포함한 것이 온실가스 대책의 전부라고 할 수 있다. 그런데 기후금융이 금융정책과제에서 후순위 과제라는 것보다 더 문제인 것은 금융정책 당국조차도 '금융의 사회적 책임'의 맥락에서만 지속가능금융, 그린 파이낸스를 바라보고 있다는 것이다. 세부내용도 '기본계획'에서 이미 언급한 배출권 선물시장 개설 계획에 더해 녹색산업 혁신성장 지원 명목으로 30조 원 규모의 대출·투자·보증 공급을 추진하겠다는 정도가 기후금융 대책의 전부다.

박스 12-1 • 기후변화 대응 기본계획(2019년 10월)의 금융 기능 활용 온실가스 대책

**배출권거래 유동성 제고**

• 배출권거래 시장의 유동성 확보를 위한 배출권 이월 제한
 - 계획기간 내 이행년도 간 이월을 순매도량에 비례하여 허용하는 등 부분적 이월 제한을 통해 배출권거래에 필요한 최소 유동성 확보
• 시장조성자 제도의 확대·운영
 - 시장조성자 제도를 확대·운영하여 시장에 거래유동성을 공급하고 호가 스프레드를 감소시켜 적정가격 형성 유도
 - 시장조성자 제도의 운영(2019.6~2020.6) 효과를 분석하여 제도 고도화 추진
• 시장 내 파생상품 도입·활성화
 - 장내 파생상품(선물거래 등)을 도입하고, 금융기관 등 제3자가 참여하는 선물거래를 통해 잉여배출권의 시장 공급을 유도
 - SWAP 등 장외 파생거래의 장내 전환을 유도하기 위해 거래비용의 한시적 할인, 주기적 교육(4회/년), 배출권 간 직접교환 제한 등을 검토
 - 선물거래 활성화 이후에는 이행년도 및 계획기간 간 이월제한 폐지, 금융상품 연계 등 제도 고도화 추진

**감축투자 유인을 위한 정책금융 활성화**

• 보증·보험상품을 통한 기술투자 및 배출권 매매 위험 최소화
 - 기술보증보험 등 보증회사와 협업을 통해 기업의 온실가스 감축투자에 대한 기술보증 발급 검토, 배출권 시장의 리스크 완화
 - 금융기관의 보험상품[8] 개발을 장려하여 탄소배출권 획득을 위한 투자, 금융, 보증 과정에서 발생할 수 있는 손실 회피 지원
• 모태펀드를 통한 탄소저감 사업 지원 확대 검토
 - 유상할당 자금 일부를 활용하여 펀드 조성 등 탄소저감·효율향상 분야의 사업 지원 방안 검토

**기후변화 대응 신산업 육성**

• 효율적 온실가스 감축을 위한 탄소시장 육성
 - 배출권거래제·목표관리제 등 탄소시장을 통해 온실가스 감축효과가 확인된 기

---

8 과거 국내사례 및 해외사례로 한국무역보험공사의 탄소종합보험, 스위스 탄소보험이 있다.

술은 우선적으로 보급·확산 지원
- 배출권거래 시장의 활성화를 도모하기 위해 시장조성자 제도를 더욱 활성화하고 장내 파생상품 등 다양한 금융상품과 연계한 시장 확대
- 배출권거래제·목표관리제의 기반이 되는 배출량 검·인증 전문성 강화를 위한 검증기관의 질적·양적 향상 도모

• 온실가스 감축을 위한 기후 전문 금융기관 설립
- 온실가스 감축 투자 활성화를 위한 전문 금융기관 설립 추진
(사례: 미국 연방녹색은행, 영국 녹색투자은행, 몽골 녹색금융공사, 두바이 그린 펀드 등)
- 민간 중심으로 기관 설립을 추진하되, 정부의 배출권 유상할당 재원·녹색금융 등과 연계 추진

자료: 관계부처합동, 「제2차 기후변화대응 기본계획」(2019. 10).

제5장에서 살펴보았지만 이는 유럽연합이 폰데어라이엔 집행위원장 체제 출범과 함께 기후변화 대응을 새 집행부의 1번 현안으로 선정하고 민간 금융산업이 유럽 그린 딜에 참여할 수 있도록 모든 금융 시스템을 전환하고 있는 것과는 달라도 너무 다른 모습이다. 한국도 온실가스 감축이라는 환경적 목표는 말할 것도 없고, 금융산업의 국제적 경쟁력을 유지하기 위해서라도, 그린 파이낸스와 지속가능금융 시장을 확대하고 메인스트림화해야 한다. 다음 장에서는 한국 그린 파이낸스 시장의 기회 요인과 리스크 요인을 살펴보고 그린 파이낸스를 한국 금융산업의 새 흐름으로 만들기 위한 제언을 논의한다.

제13장

# 한국 금융산업의 뉴웨이브, 그린 파이낸스 시장

## 1. 그린 파이낸스 관련 한국 금융산업의 기회 요인

한국의 금융산업도 머지않아 그린 파이낸스의 물결이 몰려올 것이다. 선진 금융시장은 이제 그린 파이낸스가 거의 메인스트림 시장화했다. 우리도 금융 당국의 정책 변화만 기다리고 있을 수는 없다. 금융시장이 움직이면 금융 당국의 정책 변화는 언젠가 시작될 것이다.

선진국 시장과 마찬가지로 한국도 그린 파이낸스 시장은 투자금융시장에서 가장 먼저 활성화되고 있다. 벌써 발 빠른 채권 발행기관들은 한국물Korean Paper 시장에서 달러화 그린 본드를 상당수 발행했다. 2019년의 경우 그린 본드를 포함한 ESG 채권으로 발행된 한국물 발행물량은 20건, 98억 달러였다. 이는 2018년 9건, 36억 달러에 비해 무려 170% 증가한 수치다. 특히 2019년 6월에는 한국정부가 외평채로 발행한 그린·지속가능성 채권이 발행되어 시장을 뜨겁게 달구었다. 정부가 발행한 5년 만기 5억 달러의 그린·지속가능성 채권 조달자금은 한국투자공사에 위탁되어 그린 빌딩, 신재생에너

표 13-1 • 국내 기업들의 한국물 ESG 채권 발행 현황(2019년)

| 기업명 | 채권종류 | 발행시기 | 발행금액 |
|---|---|---|---|
| 한국중부발전 | 그린 본드 | 2019. 1 | 3억 달러 |
| KEB하나은행 | 지속가능성 채권 | 2019. 1 | 6억 달러 |
| 국민은행 | 지속가능성 채권 | 2019. 2 | 4.5억 달러 |
| 현대캐피탈 | 그린 본드 | 2019. 2 | 2.5억 달러 |
| 한국서부발전 | 지속가능성 채권 | 2019. 2 | 2억 달러 |
| LG화학 | 그린 본드 | 2019. 4 | 15.6억 달러 |
| 신한은행 | 지속가능성 채권 | 2019. 4 | 4억 달러 |
| 미래에셋대우 | 지속가능성 채권 | 2019. 5 | 3억 달러 |
| 우리은행 | 지속가능성 채권 | 2019. 5 | 4.5억 달러 |
| 주택금융공사 | 소셜 본드 | 2019. 6 | 5.6억 달러 |
| 대한민국 정부 | 그린 본드 / 지속가능성 채권 | 2019. 6 | 5억 달러 |
| 한국전력 | 그린 본드 | 2019. 6 | 5억 달러 |
| 국민은행 | 지속가능채권 | 2019. 7 | 5억 달러 |
| 산업은행 | 그린 본드 | 2019. 7 | 5.6억 달러 |
| 포스코 | 지속가능성 채권 | 2019. 7 | 5억 달러 |
| 한국가스공사 | 지속가능성 채권 | 2019. 7 | 5억 달러 |
| 한화에너지USA | 그린 본드 | 2019. 7 | 3억 달러 |
| 신한금융지주 | 지속가능성 채권 | 2019. 8 | 5억 달러 |
| 롯데물산 | 지속가능성 채권 | 2019. 8 | 3억 달러 |
| 신한은행 | 그린 본드 | 2019. 10 | 5.5억 달러 |

지, 공공주택 등 친환경, 친사회적 사업에 투자될 계획이다. 한국기업들의 ESG 채권 발행이 증가한 것은 글로벌 투자시장에서 ESG 투자가 하나의 흐름을 담당하게 되면서 한국물 시장에도 그린 본드 발행을 요구하는 수요가 증가했기 때문이다. 발행사들이 대부분 한국의 대표적 금융기관이나 우량 기업과 에너지회사들로 구성되어 있어 금리 등 발행조건도 좋은 편이었다.

국내 채권시장에서 원화 그린 본드 등 ESG 채권 발행도 크게 늘어나고 있다. 2018년 5월 산업은행이 국내에서 최초로 그린 본드 3000억 원을 발행함으로써 원화 그린 본드 시장의 문을 연 이후, 국내 대표 금융기관과 에너지회

표 13-2 • 국내 기업들의 원화 ESG 채권 발행 현황(2018~2019년)

| 발행사 | 채권종류 | 발행시기 | 발행금액 (억 원) | 대표주관사 |
|---|---|---|---|---|
| 산업은행 | 그린 본드 | 2018. 5 | 3000 | KB, SK, 미래대우 |
| 신한은행 | 그린 본드 | 2018. 8 | 2000 | 교보 |
| 한국남부발전 | 그린 본드 | 2018. 9 | 1000 | SK |
| 산업은행 | 소셜 본드 | 2018.10 | 3000 | KB, 하이, 하나 |
| 우리은행 | 지속가능성 채권 | 2019. 2 | 2000 | 하나 |
| IBK기업은행 | 지속가능성 채권 | 2019. 2 | 3000 | SK |
| 우리카드 | 소셜 본드 | 2019. 4 | 1000 | SK |
| 현대캐피탈 | 그린 본드 | 2019. 4 | 3000 | KB, 한투 |
| 산업은행 | 지속가능성 채권 | 2019. 5 | 4000 | 인수단 |
| 한국수력원자력 | 소셜 본드 | 2019. 6 | 3000 | KB, NH |
| 신한카드 | 소셜 본드 | 2019. 8 | 1000 | SK |
| 현대카드 | 그린 본드 | 2019. 8 | 2400 | KB, NH |
| IBK기업은행 | 지속가능성 채권 | 2019. 9 | 6500 | 교보, 미래대우, 하나, 한국 |
| SK에너지 | 그린 본드 | 2019. 9 | 5000 | KB |
| GS칼텍스 | 그린 본드 | 2019.10 | 1300 | KB |
| 산업은행 | 소셜 본드 | 2019.10 | 4000 | 시장매출 |
| 한국전력공사 | 지속가능성 채권 | 2019.10 | 2000 | 미래대우 |

사들의 그린 본드와 소셜 본드 발행이 이어졌다. 2019년에는 SK에너지가 비금융 민간기업으로는 최초로 그린 본드 5000억 원을 발행했고, 2019년 한 해 동안 발행된 원화 ESG 채권 총액도 3조 8200억 원에 이르러 발행 첫해에 비해 크게 증가했다. 다만 아직 전체 시장에서 차지하는 비중은 적은 편인데, 2019년 은행채·금융채·회사채 전체 발행물량인 283조 원 대비 1%를 조금 상회하는 규모에 머무르고 있다.

원화 그린 본드와 ESG 채권 발행이 확대되는 것은 글로벌 시장 흐름에 따른 것이긴 하지만, 국내 연기금 등 자산보유기관의 변화하는 수요에 맞춘 것이기도 하다. 국내 ESG 투자를 주도하는 기관은 역시 국민연금이라고 할 수 있는데, 국민연금은 2016년 4월, 기금운용지침에 책임투자 관련 조항을 최

표 13-3 • 국내 주요 연기금의 책임투자 운용 규모(2019년 말 기준)

| | 국민연금 | 사학연금 | 공무원연금 |
|---|---|---|---|
| 기금운용 규모 | 737조 원 | 21조 4495억 원 | 8조 8900억 원<br>(금융자산 규모) |
| 책임투자 규모 | 32.2조 원 | 1263억 원 | 1632억 원 |
| 비중 | 4.4% | 0.6% | 1.8% |

자료: 각 연기금 홈페이지 공시자료.

초로 마련한 이후 2018년 7월 수탁자책임에 관한 원칙(스튜어드십 코드)을 도입하겠다고 발표했고, 2019년에는 책임투자를 기존 위탁운용에서 직접운용으로 확대하는 등 ESG 투자 확대에 적극 나서고 있다. 2019년 말 국민연금의 국내주식 책임투자 자산은 32조 원에 달하는데, 그중 직접 운용 책임투자가 27조 원, 위탁 운용 책임투자가 5.2조 원이다. 전체 AUM 중 비중은 4.4%로 유럽 48%, 미국 26%에 비하면 아직 비중이 크게 작지만 매년 규모가 증가하는 추세다.

국민연금은 여기서 한발 더 나아가 2019년 12월 '국민연금 주주활동 가이드라인'에서 ESG 평가등급이 2등급 이하로 떨어져 C등급 이하에 해당하거나 책임투자 관련 기업가치 훼손 우려가 발생한 경우 주주권을 적극적으로 행사하기로 했다. 그리고 마침내 2020년 1월에는 13년 만에 기금운용원칙을 개정하여 기존 5대 운용원칙(수익성, 안정성, 공공성, 유동성, 운용독립성)에 '지속가능성' 원칙을 추가했다. 이 원칙은 '투자자산의 지속가능성 제고를 위해 환경(E), 사회(S), 지배구조(G) 등의 요소를 고려해 신의를 지켜 성실하게 운용해야 한다'라는 것을 의미한다. 다만 아직까지 국민연금의 ESG 투자는 지배구조에 초점을 맞춘 ESG 투자이고 책임투자의 성격이 강하다. 환경 측면에서 국민연금의 ESG 투자는 네거티브 스크리닝 전략[9]으로 보이며 경제 전반

9 ESG 투자 전략 중 하나로, 펀드나 포트폴리오에서 특정 ESG 기준을 충족하지

그림 13-1 • 세대별 투자 판단에서 ESG 고려 여부(미국)

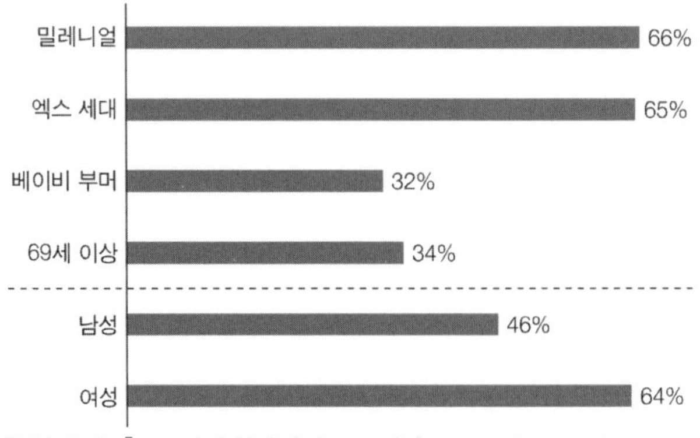


자료: 신한금융투자, 「2020년대 투자전략, EPS에서 ESG로」(2019. 12).

의 기후변화 대응을 적극적으로 이끌어내는 단계는 아닌 것으로 판단된다.

연기금과 같은 자산보유기관의 투자 수요는 변화하고 있는데, 개인들의 투자 수요는 어떨까. 글로벌 자산운용사인 레그메이슨Legg Mason의 조사에 따르면 개인들이 투자 판단 시 ESG를 고려할 것인가라는 질문에 밀레니얼 세대는 66%가, 제너레이션 X 세대는 65%가 그럴 것이라고 답했다. 69세 이상에서 34%만 고려 요인으로 생각하고 있는 것에 비하면 매우 높은 수치다. 성별로는 남성 46%에 비해 여성이 64%로, 여성이 ESG 투자에 대해 적극적인 것으로 나타났다. 개인들의 이러한 투자 성향이 얼마나 실제 투자로까지 이어질지는 미지수다. 더욱이 우리나라는 개인들의 지속가능 투자에 대한 인식 수준이 매우 낮다고 봐야 한다. 하지만 이제 시작일 뿐이다. 모건스탠리의 조사에 따르면 조사 대상 미국 내 자산운용사 중 89%가 ESG 투자가 더는 일시적 유행이 아닌 금융업의 주류라고 응답했다. 고객들이 원하기 시작했기 때문이다.

새로운 형태의 채권 발행이 증가하게 되면 은행, 증권사 등 금융기관의 업

---

못하는 섹터, 기업, 활동을 배제방식으로 투자 전략을 실행하는 것을 말한다.

무도 재편된다. 글로벌 투자은행, 상업은행들은 벌써 몇 년 전부터 기업고객, 개인고객을 담당하는 직접 영업조직 외에 이들을 지원하는 조직으로 지속가능금융 부서를 출범시켰다. 고객회사의 기후변화 대응을 위한 금융수요가 증가하면서 기존 영업조직이 대응하기에는 전문성 부족을 절감했기 때문이다. 예를 들어 기업고객의 자금 조달 수요가 있을 때 기존에는 고객별 RM Relation Manager이 기업의 자금부서와 대출, 프로젝트 파이낸스, 채권 발행 등 자금조달 옵션에 대한 논의를 한 후 대출심사 또는 수요예측 등 절차를 진행하게 된다. 그러나 지속가능금융과 관련한 자금 수요가 발생하게 되면 지속가능금융 전담부서가 합류해야 한다. 필요 자금을 그린 본드, 그린 론 또는 지속가능성 연계 부채 등으로 조달하기 위해서는 각각의 금융상품에 필요한 요건을 정의하고, 발행사가 이 요건에 부합하는지 확인하거나 부합하도록 하는 절차가 필요하기 때문이다.

국내 금융기관들은 아직 지속가능금융 전담부서를 설치하는 단계에 이르지 않았지만 조만간 관련 조직 설치가 필요할 것이다. 특히 투자금융업계는 국민연금 등 연기금에서 지속가능금융 투자수요가 급증하고 있어 이에 상응한 업무 재편이 필요하다. 이미 국내 증권사들은 신재생에너지 금융 또는 기후금융을 담당하는 조직을 결성하고 국내 그린 본드 발행 관련 주관사·인수단 업무, 탄소배출권 관련 업무 선점에 나서고 있다.

국내 은행산업은 어떤 기회 요인을 갖게 될까. 글로벌 시장에서도 그린 파이낸스는 간접금융보다는 직접금융의 비중이 크기 때문에, 유니버설 뱅킹 시스템으로 운영되지 않는 국내 은행산업에게는 상대적으로 기회 요인이 적다고 여겨질 수도 있다. 그러나 아직 한국의 그린 파이낸스 시장은 시작조차 하지 않았다. 2030년, 2050년 그리고 2100년을 바라봐야 한다. 파리 협정에 따라 2030년까지 2℃ 목표를 달성하기 위한 인프라, 신기술 투자는 아직 어느 정도 필요한지 잘 알지도 못한다. 2050년 장기적 목표를 위한 투자는 더욱 커져야 하고, 커질 것이다. 직접금융은 기업의 자금수요에 발 빠르게 대

박스 13-1 • LG화학 그린 론 조달

LG Chem Secures 550 Million Euros In Green Loan To Expand Battery Factory in Poland: Report

LG화학은 2020년 4월 23일 5억 5000만 유로(약 7000억 원)의 그린 론 조달 계약을 체결했다. 그린 론 대출 금융기관은 산업은행, 수출입은행, 농협은행으로, 이번 그린 론은 2019년 12월 이들 은행과 체결한 '산업·금융 협력프로그램'에 따른 대출이다. LG화학은 이 프로그램으로 향후 5년간 총 50억 달러를 조달해 친환경 사업에 투자할 예정인데, 이번 그린 론 조달 자금은 폴란드 전기차 배터리 공장 증설에 사용된다. LG화학은 '2024년 배터리 사업 부문 매출 30조 원 이상 달성'을 목표로 하고 있다.

응할 수 있는 장점이 있는 반면, 상대적으로 규격화되어 있어 고객의 니즈에 맞는 다양한 파이낸싱 조건을 제시하기 어렵다. 예를 들어 국내 은행들이 저탄소 전환 성과와 파이낸싱 조건을 연동시킨 대출 상품 시스템을 구축한다면 저탄소 금융상품으로서 상당한 경쟁력을 갖추게 될 것이며 그린 파이낸스 시장도 리드할 것이다.

보험산업에게 기후변화는 비즈니스의 원천이다. 기후변화가 초래할 리스크를 인수하여 분산하고 관리하는 것이 보험산업의 기본적 역할이기 때문이다. 다만, 최근 기후변화 양상은 보험회사가 지난 수십 년간 구축해 온 정교한 예측모델의 범위를 벗어나고 있어 보험사 비즈니스 모델 및 전략의 변화를 고민하게 한다. 그럼에도 기후변화에 따른 자연재해와 이로 인한 손해가 지속적으로 증가할 경우 이는 보험산업에 상당한 기회로도 작용할 것이다. 자연재해로 인한 지급보험금의 증가 리스크에 대해서도 대형 손해보험사는 지리적 분산, 재보험의 효과적 출재 등을 통해 일정 부분까지는 관리할 수 있다. 따라서 기후변화 위험이 언더라이팅에 미치는 영향을 사전에 철저히 인식하고 이를 언더라이팅 리스크 모델링에 제대로 반영한다면 보험 언더라이팅 사이클은 오히려 지속적으로 개선될 것이다.

## 2. 그린 파이낸스 관련 한국 금융산업의 리스크 요인

기후변화와 관련하여 한국 금융산업이 당면하게 될 리스크 요인은 다음 네 가지로 요약할 수 있다.

- 좌초자산 리스크
- 기후변화 관련 물리적 리스크가 높은 고객의 원리금 상환 리스크
- 기후변화 관련 전환 리스크가 높은 고객의 원리금 상환 리스크
- 기후변화 미대응 시 경제·사회 시스템 리스크

### 1) 좌초자산 리스크

한국이 지금과 같은 석탄화력 발전을 계속할 경우 '좌초자산'에 따른 손실액이 세계에서 가장 많을 것이라는 연구가 있다. 기후변화가 금융시장에 미치는 영향을 조사하는 런던의 비영리 싱크탱크인 카본 트래커 이니셔티브Carbon Tracker Initiative의 연구인데, 이 연구자들은 전 세계 34개국의 좌초자산 리스크를 산정했더니 그중 한국의 좌초자산 리스크가 가장 크다고 지적했다. 이들은 좌초자산 규모를 산정하기 위해 현재 한국의 발전시장 구조하에서 발전회사들이 받게 되는 현금흐름Cash flow과 파리 협정의 2℃ 시나리오를 달성하기 위한 구조하에서 발전회사가 받게 될 현금흐름의 차이를 산정했는데, 한국은 그 수치가 1060억 달러(약 127조 원)로 조사대상 국가 중 가장 높게 나타난 것이다.

그림 13-2 • 2℃ 시나리오 달성 구조하 국가별 좌초자산 추정

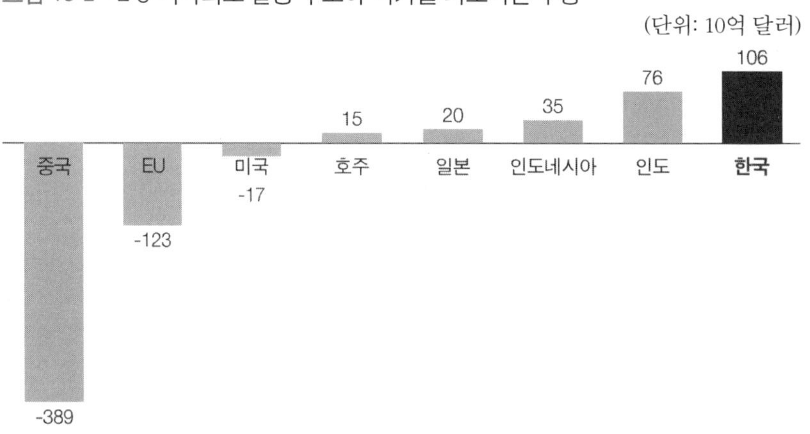


자료: Carbon Tracker Initiative, "Brown is the new green"(2019. 3).

카본 트래커 이니셔티브는 그 원인을 석탄 발전회사의 수익을 보장해 주는 한국 정부의 정책 때문이라고 지적했다. 즉, 현재 미국, EU는 물론이고 중국도 석탄 발전시장이 부의 현금흐름 상태인 데 비해 한국은 세계 어떤 나라보다 석탄 발전회사들에게 대규모로 현금흐름을 보장해 주고 있어 좌초자산 위험이 크다는 것이다. 이들은 늦어도 2027년까지는 태양광 발전 단가가 기존 석탄발전 단가보다 낮아지게 되는데, 이렇게 되면 신규 건설은 말할 필요도 없고 기존 석탄발전의 경제성도 크게 떨어지게 될 것이므로 석탄발전 자산은 좌초자산화할 수밖에 없는 운명이라고 지적했다. 또한 이들은 한국의 석탄발전은 2017년 현재 총발전량의 43%를 차지하는데, 이미 건설 중인 5.4GW 규모의 석탄발전소에다 추가로 계획 중인 2.1GW 규모의 신규 발전소까지 있어 글로벌 트렌드와 엇박자가 나고 저탄소 정책이 본궤도에 이르지 못하고 있다고 지적했다. 이들은 한국 정부에 대해 신규 석탄발전 건설(성능개선 투자 포함)을 중단하고 기존 석탄발전도 단계적 퇴출 스케줄을 마련할 것을 권고했다.

이러한 좌초자산 리스크가 현실화할 경우, 금융기관 입장에서는 맨 먼저

한국전력공사와 같은 석탄발전회사 익스포저가 좌초자산화할 것이다. 한국전력은 2019년 말 원화·외화표시의 대출·채권 등 금융부채가 33조 원 규모로 엄청난 금융부채를 보유하고 있는데, 한전이 기후변화에 효과적으로 대응하지 못할 경우 금융기관의 한전 익스포저는 부실자산화 가능성은 낮더라도 신용도 하락 등 어려움을 겪을 수 있다. 실제로 노르웨이 국부펀드는 2017년 이미 한전을 투자 철회 대상 기업 명단에 올렸다. 노르웨이는 각국 석탄화력발전 기업과 광산 기업들 중 '전력 생산 또는 매출액의 30% 이상을 발전용 석탄에 의존하는 기업'은 투자 대상에서 제외하는 투자기준을 제정한 바 있는데, 한국전력이 여기에 해당하는 것이다. 노르웨이 국부펀드의 투자 철회 명단에 오르면 본사와 발전자회사에 대한 신규 투자는 물론 기존 투자금도 회수하며, 여기에는 주식뿐 아니라 보유 채권도 포함된다.

### 2) 기후변화 관련 물리적 리스크가 높은 고객의 원리금 상환 리스크

한국 금융산업이 당면한 기후변화와 관련한 물리적 리스크는 급격한 이상기후로 인해 채무 공여 기업·가계에게 재산 손실이 발생하고 그에 따라 기업·가계의 원리금 상환 능력이 감소되는 리스크라고 할 수 있다. 지금까지는 한반도가 여름과 겨울에 이상기후가 발생하더라도 그 심도와 지속성이 심각하지 않아서 고객의 상환능력에까지 결정적인 영향을 주지 않았다. 그러나 앞에서 살펴본 것처럼 한반도도 더는 이상기후의 안전지대가 아니다. 태풍, 홍수의 빈도와 심도는 말할 것도 없고, 국토가 바다에 접한 면적이 많은 만큼 해수면 상승에 따른 리스크도 결코 무시할 수 없다. 몇십 년 후에는 서울 한강변과 부산의 해운대에 즐비한 고급 주거지역이 해수면 상승 위험에 노출될 가능성이 매우 높고, 이 경우 금융기관의 이들 지역 익스포저도 같은 리스크를 안을 수밖에 없게 되는 것이다.

해수면 상승과 같은 이벤트 외에도 기업고객의 경우 운송 장애·공급망 중단 등 생산능력 감소로 인한 수익 감소 리스크, 기후변화가 감염병을 초래할 경우 인력의 건강·안전 리스크 등이 발생할 수 있다. TCFD가 정의한 물리적 리스크 유형 및 이로 인한 기업들의 재무적 리스크는 제11장의 표 11-1을 참고하기 바란다.

### 3) 기후변화 관련 전환 리스크가 높은 고객의 원리금 상환 리스크

좌초자산 리스크와 물리적 리스크가 직접적, 단기적 리스크인 데 비해 전환 리스크는 장기적으로 영향을 줄 수 있는 시스템 리스크 요인이라 할 수 있다. 따라서 전환 리스크의 범위와 영향은 훨씬 크고 광범위하다. 기업들이 보유한 자산 중 많은 자산들이 평가절하 또는 조기 상각의 대상이 될 수 있고, 소비자의 선호도가 변화하면서 제품 및 서비스에 대한 수요가 급변할 수도 있다. 정부의 규제가 갑자기 강화되면 이런 트렌드가 더욱 빨라질 수도 있다. 비용 구조 측면에서도 새로운 공정기술 비용, 에너지 비용 등 생산 비용 구조가 불리해질 수 있으며, 컴플라이언스 또는 소송 비용이 발생할 개연성도 있다. TCFD가 정의한 전환 리스크 유형 및 이로 인한 기업들의 재무적 리스크는 제11장의 표 11-2를 참고하기 바란다.

글로벌 은행들은 전환 리스크에 따른 원리금 상환 리스크를 감소시키기 위해 대응 방안을 강구하고 있다. HSBC는 이산화탄소 배출 비중이 높은 6개 산업을 전환 리스크가 높은 산업군으로 정의하고, 이들 산업 내 기업고객들을 집중 관리하고 있다. 고高리스크 산업군은 ▲석유·가스, ▲건물·건축, ▲화학, ▲자동차, ▲발전, ▲금속·탄광의 6개 산업으로, HSBC는 이 산업별 익스포저의 탄소집약도를 산출하고, 기업들과 지속적 커뮤니케이션, 협력 프로그램 등을 통해 저탄소 전환을 유도하고 있다(HSBC 사례의 구체적 내용은 제9장 참고).

## 3. 금융정책·금융감독 당국의 그린 파이낸스 리더십

금융산업이 변화하고 있으며 금융시장의 메인스트림이 바뀌고 있다. 기후위기 대응을 위한 새로운 산업이 부상함에 따라 새로운 자금조달 방식이 속속 출현하고, 리스크 관리 방식도 바뀌고 있다. 우리 금융산업은 20세기 후반 한국 경제의 고도 성장기에 제조업과 수출기업의 돈 줄 역할을 하며 성장을 지원하고 함께 커왔다. 지금은 경제성장만을 추구하던 20세기가 아니고 경제성장과 기후위기 대응을 동시에 추구해야 하는 21세기다. 금융산업으로서도 이는 도전이자 기회의 시기이다. 변화의 시기에 금융산업이 새로운 비즈니스 기회를 만들어나가는 동시에 글로벌 경쟁력을 갖출 수 있도록 금융정책 당국과 감독 당국이 프레임과 운동장을 만들어주는 것이 필요하다.

제5장과 제6장에서 살펴본 것처럼 선진국은 오래전부터 지속가능금융과 관련된 금융 시스템이 크게 진화해 왔다. 여기에는 각국 정부의 수반을 비롯한 최고위층의 리더십과 이를 정책적 프레임으로 구현해 낸 금융정책 거버넌스의 역할이 크다. 역사상 최초로 여성 집행위원장으로 선출된 폰데어라이엔 EU 집행위원장은 향후 5년간 추진 정책의 최우선과제로 유럽 그린 딜European Green Deal을 추진하겠다고 밝히면서, "생태적 변화의 시대에 가장 먼저 그리고 가장 빨리 움직이는 자가 기회를 가진다. EU가 엄청난 자금을 이 분야의 최신 연구와 혁신에 쏟아 붓는 이유다. 그러나 공적 금융만으로는 부족하기에 민간 투자와 금융 시스템이 지속가능금융과 그린 파이낸싱을 함께 추진하도록 할 것이다"라고 말했다. 그녀는 그 일환으로 '그린 파이낸싱 전략'과 '유럽 지속가능 투자 계획Sustainable Europe Investment Plan'을 수립하고 유럽투자은행Europe Investment Bank 일부 기능을 떼어내 유럽기후은행Europe Climate Bank을 설립하겠다는 계획도 아울러 밝혔다. 신임 EU 집행위원장이 지속가능금융 추진에 대한 강력한 의지를 밝힘에 따라 EU가 2016년부터 준비해 온 EU지속가능금융 액션 플랜은 더욱 탄력을 받으며 하나씩 실현될 것으로 보인다.

우리 금융정책 당국도 지금부터 다음 사항들을 준비하고 추진해 나갈 것을 제언한다.

**첫째, 원화 그린 본드를 포함한 지속가능채권 시장의 활성화를 위한 제도적 기반을 마련한다.**

한국 금융산업은 불행하게도 '녹색금융'이라는 용어에 트라우마를 가지고 있다. 정치적 이유를 떠나서 아직 시장의 여건이 성숙하지도 않았던 시기에 지나치게 정부 주도로 '금융'과 '녹색'을 연결시킨 탓이라 생각한다. 그런데 그 부작용의 하나로 녹색금융, 즉 그린 파이낸스는 한 번 실패한 정책이고 이제 지나간 이슈라는 인식이 금융산업 내에 존재한다. 글로벌 금융시장에서는 이제 그린 파이낸스와 지속가능금융이 꽃피기 시작하는데도 말이다.

최근 한국 시장에도 원화 그린 본드 등 지속가능채권 발행시장이 형성되기 시작했다. 그런데 제대로 된 발행 기준이나 원칙이 없다 보니 그린 본드의 품질이 떨어질 가능성이 있다. 자산보유기관과 자산운용사들이 책임투자와 ESG 투자를 해야 하는 상황을 역이용해 '무늬만 그린 본드'가 발행될 가능성, 소위 '그린워싱Greenwashing'의 위험이 있는 것이다. 이런 상황이 지속될 경우 지속가능금융이 메인스트림 금융이 되기는커녕 녹색금융 트라우마와 오버랩되면서 그린 파이낸싱에 대한 시장의 불신만 더욱 커질 수 있다.

우리도 국제자본시장협회ICMA의 그린 본드 원칙Green Bond Principle, 기후채권 이니셔티브CBI의 기후채권 발행 기준Climate Bond Standard, 유럽연합의 EU 그린 본드 발행 기준EU-GBS 등을 참고하여 한국 채권시장에 적용할 원화 그린 본드 발행 기준을 수립해야 한다. 발행 기준에서는 그린 본드로 발행하기 위해서 거쳐야 할 절차, 공시해야 할 요소, 외부 평가 방식 등을 규정한다. 이와 함께 채권 조달자금이 저탄소경제 구현에 기여하는지를 판단하기 위한 인프라로 지속가능경제 분류체계Taxonomy 수립도 동시에 추진해야 한다.

발행 기준 등 제도적 기반 마련과 함께 지속가능성 채권 시장 활성화를 위해 적격 그린 본드 발행 기업 또는 그린 본드 편입 펀드에 대한 인센티브 등도 마련될 수 있으면 더 바람직할 것이다.

**둘째, 그린 본드 및 그린 론 등 그린 파이낸스 시장의 발전과 건전성을 위한 기업공시제도를 개선한다.**

투명하고 일관된 공시제도는 자본시장의 효율성과 건전성을 유지하기 위한 필수적 인프라다. G20가 주도하는 금융안정위원회FSB는 이미 2015년에 '기후 관련 재무정보공시 태스크포스Task Force on Climate-related Financial Disclosure, TCFD'를 설치했다. TCFD는 회사의 기후 관련 재무적 리스크를 투자기관, 대출기관, 보험사 등 관련 기관에 자발적이고 일관된 방식으로 공개하는 프레임워크를 개발했는데 지금은 전 세계 기후 관련 공시의 표준으로 자리 잡게 되었다.

한국은 비재무정보 공시제도를 갖춘 지 얼마 되지 않으며 그나마 아직은 기업 지배구조와 사회적 책임CSR 관련 공시 중심으로 운용되고 있다.[10] 국민연금 등 자산보유기관이 ESG 투자에 적극적으로 나서기 시작했지만 아직까지는 주로 지배구조 관점의 ESG 투자이며, 기후변화 대응을 적극적으로 이끌어내는 관점의 ESG 투자가 아니기 때문이다. 그러나 글로벌 자산보유기관과 자산운용사들의 투자 트렌드는 지배구조나 사회적 관점보다는 환경, 특히 기후대응이 최우선 테마다. 금융정책 당국과 한국거래소 등 관련 기관이 기후 관련 공시제도를 서둘러 준비해야 하는 이유다. 기후 관련 재무공시는 지배구조 공시에 비해 공시제도를 마련하는 데 많은 시간이 든다. 많은 전문가들이 참여해 TCFD 프레임워크도 연구하고 시장참가자들과 논의도 해야 한다. 무엇보다 공시를 해야 하는 기업들에게는 새로운 공시제도의 출현이 부담이 되는 것이 사실이고 또 준비해야 할 시간도 줘야 하기 때문에 더욱 서둘러야 하는 것이다.

10 2019년부터 자산총액 2조 원 이상 상장법인(코스피)에 대해 기업지배구조 보고서 공시 의무화가 시행되었다.

박스 13-2 • KRX 2020 업무계획 중 ESG 공시 관련 사항

2019 실적

• **기업지배구조 공시 의무화**: 2019년부터 자산총액 2조 원 이상 상장법인(코스피)에 대해 기업지배구조 보고서 공시 의무화 시행

2020 계획

• **SRI 채권 정보공개 강화**: 사회책임투자SRI 채권[11]의 발행·투자 활성화를 위해 인터넷 홈페이지에 관련 정보를 종합적으로 제공하는 전용 세그먼트를 구축
- 상장채권 중 SRI 채권만을 선별하여 구분·표시display하고,
- 조달자금 용도 관련 서류, 사회책임투자채권 원칙, 외부 평가 보고서 등 관련 공시자료를 집약·게시

• **ESG 정보 공개 활성화**: 지배구조(G) 공시의 안정적 정착과 더불어 환경(E)·사회(S) 정보공개 확대를 위한 다양한 방안 모색
- ESG 위원회를 신설하여 ESG 정책에 외부 전문가 자문, 기업지배구조 가이드라인 개정, 정보공개 우수기업 선정 등 수행
- 계도·안내 위주의 공시관리에서 벗어나 필요시 정정공시를 요구를 하는 등 기업지배구조 공시의 질적 수준 제고에 주력
- 향후 E·S 정보공개의 진행방향을 제시, 필요시 상장법인 및 투자자를 대상으로 한 교육 활동 강화

자료: KRX, 「한국거래소 유가증권시장본부 2020년 주요 사업계획」(2020. 1).

셋째, 파리 협정 2℃ 목표 달성을 위한 그린 파이낸스 로드맵을 작성, 추진한다.

한국의 기후변화 대응 정책은 환경 관련 부처만의 '나 홀로 정책'이다. '기후변화 대응 기본계획'(2019년 10월)에 금융 기능을 활용한 온실가스 대책이 포함되어 있지만 구색을 맞추는 수준이지 금융산업, 특히 민간 금융자본의 참여 등이 포함된 근본적 대책과 계획은 아닌 것으로 평가된다. EU, 영국, 일

11 조달자금 용도가 친환경·사회가치 창출사업으로 제한된 그린 본드, 소셜 본드, 지속가능성 채권.

본 등 금융선진국에서 수많은 태스크포스와 연구기관들이 기후변화 대응을 위한 금융산업의 역할과 과제를 연구하고 제시하며 이를 차근차근 실행해 나가는 모습과는 확연히 대비된다.

우리도 금융산업의 역할과 과제와 관련하여 추상적 구호가 아닌, '(가칭) 그린 파이낸스 로드맵'과 같은 장기 계획을 수립해 금융의 구체적인 역할, 필요한 파이낸싱 규모 등을 제시할 수 있어야 한다. 로드맵에 담아야 할 구체적 내용으로는, 우선 기후변화 대응과 2℃ 목표 달성을 위해 에너지/산업/건물/수송 등 각 부문별 기후변화 대응 기본계획 추진에 필요한 파이낸싱 필요 금액을 산정해야 한다. 다음으로 이를 공적 금융과 민간 금융으로 구분하여 공적 금융은 산업은행 또는 신설 기후전문 금융기관이 담당케 하고 민간 금융은 그린 본드와 같은 자본시장 또는 그린 론을 활용한 대출시장에게 새롭게 열리는 파이낸싱 시장으로 조성할 계획임을 밝힌다. 이와 함께 앞에서 언급한 그린 본드 시장 활성화를 위한 제도적 기반 및 개선 방안, 지속가능경제 분류체계Taxonomy 도입 방안, TCFD에 준하는 한국형 기후 관련 공시제도 도입 방안 등을 포함함으로써 국내 금융산업 참가자들에게 그린 파이낸스 발전에 관한 명확한 방향성을 제시해야 한다.

**넷째, 그린 파이낸스의 메인스트림화 실무 작업을 담당할 기관을 설립하고, 금융산업 종사자에 대한 교육을 강화한다.**

앞에서 언급한 그린 본드 등 지속가능채권 발행 기준 수립, 지속가능 경제활동에 대한 분류체계 수립, 기후 관련 공시제도 프레임워크 등은 몇 사람의 금융전문가나 공무원이 준비할 수 있는 수준을 크게 넘어선다. EU 집행부가 '지속가능금융에 관한 기술적 전문가 그룹Technical Expert Group on Sustainable Finance, TEG'이라는 상설 조직을 마련해 그린 본드 발행 기준 수립, 분류체계 수립 등을 담당하도록 한 것이나, 영국이 '그린 파이낸스 인스티튜트Green Finance Institute: GFI'라는 기관을 설립해 그린 파이낸스에 관한 연구와 협력 프로그램을 주관토록 한 것처럼 우리도 그린 파이낸스 제도의 밑그림을 그려갈 기관을 설립해야 한다. 형태는 민관 파트너십으로 설립하는 것이 좋다고 본다.

또한 금융산업 종사자에 대한 인식 제고와 이들의 전문적 지식을 함양시킬 수 있는 교육 프로그램 신설이 반드시 필요하다. 기후변화의 심각성, 파리 협정 등 국제사회의 대응, 글로벌 그린 파이낸스 시장의 새로운 동향 등을 체계적으로 교육함으로써 금융산업 종사자들이 그린 파이낸스의 필요성에 대해 깊이 깨닫고 주도적으로 미래 그린 파이낸스 시장을 이끌어나갈 수 있는 역량을 키워야 한다. 교육 프로그램은 각 금융권의 연수원 과정, 개별 금융기관별 교육, 대학의 금융 또는 환경정책 전공과정 등에 모두 필요하다.

금융감독 당국도 다음 사항을 준비할 것을 제언한다.

**첫째, 은행, 보험회사의 건전성 요건에 지속가능성 요인을 반영할 것을 검토한다.**

금융감독 당국의 역할은 각 금융기관의 리스크 관리 정책을 점검하고 리스크 양에 따른 자본건전성 지표를 산출하는 것이다. 은행산업을 예로 들면 신용·시장·운영위험에 대해 각각의 위험가중치를 반영한 위험가중자산을 계산하고 자기자본을 이 위험가중자산으로 나눈 BIS 자기자본비율을 기준으로 은행의 자본 건전성을 판단한다. 금융기관의 위험가중자산 산정 시 기후변화 리스크를 어떻게 반영할 것인지에 대해서는 국제적인 컨센서스가 아직 이루어지지 않은 것이 사실이다. 하지만 은행과 보험회사 중에서 비非지속가능성 자산에 투융자를 지속하고 있는 금융기관은 기후변화와 관련된 리스크에 분명히 노출되어 있기 때문에 어떤 방식으로든 이를 반영해야 한다는 것이 중론이다. BIS 기준을 주도하고 있는 EU는 벌써 이를 포함한 건전성 요건 마련에 착수했다.

**둘째, 금융감독의 거버넌스 체계 안에 지속가능성을 확고하게 내재시킨다.**

금융기관은 안정적 수익창출을 통해 해당 기관 주주의 이익 극대화를 우선적으로 도모해야 하지만 금융기관이 속한 사회의 경제적 발전과 리스크 관리에도 큰 역할을 담당해야 한다. 그러나 주주 중심주의는 종종 금융기관이 단기적 성과주의에 빠지게 한다. 금융감독기관이 지속가능성이라는 큰 틀에서 금융감독 체계를 이끌어나가야 하는 이유다. 감독기관은 금융기관 건전성 감독 기준, 회계기준, 금융 소비자 보호 기준 등 금융감독의 거버넌스 체계 안에 '지속가능성'을 확고하게 내재시켜야 한다. 이렇게 될 때 금융과 경제 시스템은 비로소 시스템 리스크에 대한 우려 없이 안정적이고 지속적으로 발전할 수 있기 때문이다.

# 부록

부록1 · 산업별 및 보종별 리스크 지도

부록2 · 기후 정보공시 기준 및 이니셔티브 현황

부록3 · TCFD 11개 권고 공시사항에 대한 일반적 가이던스

부록 1

# 산업별 및 보종별 리스크 지도

• 리스크 지도 범례

| 리스크 분류 | 설명 |
|---|---|
| | 리스크 없음 |
| | 잠재적 리스크 있음 |
| | 중간 정도 리스크 있음 |
| | 높은 또는 직접적인 리스크 |

• 산업별 리스크 지도 제외 업종: 농수축산업, 석유/가스 시추, 도박, 광업
• 보종별 리스크 지도 제외 보종: 농업
• 전체 ESG 가이드라인은 환경, 사회, 거버넌스의 3개 부문에 대한 리스크를 분석, 맵으로 표시했으나, 여기서는 환경 부문에 대한 리스크만 표시함.

자료: UNEP FI, PSI & Allianz, "Underwriting environmental, social and governance risks in non-life insurance business," *PSI Working Paper*(2019. 2).

# 1. 산업별 리스크 지도

| 주제 | 리스크 범주 | 리스크 완화를 위한 모범적 조치 | 화학 | 방위산업 | 전자/테크 | 에너지운영 | 석탄발전 | 수력발전 | 원자력 | 석유생산 | 금융 | 제약바이오 | 인프라건설 | 음식료 | 의류 | 부동산 | 유틸리티 | 운송 |
|---|---|---|---|---|---|---|---|---|---|---|---|---|---|---|---|---|---|---|
| 기후 변화 | 대기오염, 온실가스 배출, 이행 리스크 | 운영과정 그리고/또는 제품생산 과정의 온실가스 배출량 공시(예: $CO_2$, $CH_2$, $N_2O$, HFCs, PCFs, $SF_6$) | | | | | | | | | | | | | | | | |
| | | 고객사 또는 거래와 관련된 연료/원료/탄소 집약도 세부사항 공시(예: 발전 믹스) | | | | | | | | | | | | | | | | |
| | | 환경/사회임팩트평가ESIA 중 건강에 대한 부정적 영향, 위험완화 조치, 폐로 decommissioning 계획 | | | | | | | | | | | | | | | | |
| | | 탈탄소화 이행 계획/목표 | | | | | | | | | | | | | | | | |
| | 물리적 리스크(폭염, 산불, 홍수, 태풍, 열대사이클론, 해수면상승 등) | 홍수/해안보호 관리계획, 광범위한 기후 탄력성 적응 계획 등 자연 기반 해결방안 | | | | | | | | | | | | | | | | |
| 환경 오염 | 비정상적 채굴 관련 관행(산 정상 채굴, 강가 광물 폐기, 해저 채굴 등) | 국제적 이니셔티브 참여: 채굴산업 투명성 이니셔티브, 광업/금속 국제위원회, 킴벌리 프로세스 | | | | | | | | | | | | | | | | |
| | 산림파괴, 지역 황폐화(이탄지 또는 경사지 경작, 불법 벌목/화전, 생물다양성 감소, 댐 건설) | 야자유, 종이 원산지 증명.<br>댐 건설 스탠더드: IHA 프로토콜, UNEP 댐 건설, 적도원칙 | | | | | | | | | | | | | | | | |
| | 토양 오염 | 환경/사회임팩트평가ESIA 중 건강에 대한 부정적 영향, 위험완화 조치, 폐로 계획 | | | | | | | | | | | | | | | | |
| | 수질 오염 | 물 관리 조치(예: 수질, 물부족, 과다사용), 수질오염 관련 ESIA 프로세스, 외부 감사/인증 | | | | | | | | | | | | | | | | |

| 주제 | 리스크 범주 | 리스크 완화를 위한 모범적 조치 | 화학 | 방위산업 | 전자/테크 | 에너지 운영 | 석탄 발전 | 수력 발전 | 원자력 | 석유 생산 | 금융 | 제약 바이오 | 인프라 건설 | 음식료 | 의류 | 부동산 | 유틸리티 | 운송 |
|---|---|---|---|---|---|---|---|---|---|---|---|---|---|---|---|---|---|---|
| 보존 지역 / 생물 | 세계문화유산World Heritage Sites, 기타 보호지역 | 멸종위기종에 대한 영향, 필요한 위험완화 조치 등 포함한 ESIA, 전문가 리스트: 람사르Ramsar, 유네스코 세계문화유산 | | | | | | | | | | | | | | | | |
| | 멸종위기종 관련 IUCN 레드리스트 | 멸종위기종에 대한 영향, 필요한 위험완화 조치 등 포함한 ESIA | | | | | | | | | | | | | | | | |
| 지속 가능 관행 | 비정상적 에너지 이용(예: 북극석유, 수압파쇄, 역청탄, 심해 굴착) | 에너지 이니셔티브 참여: IPIECA, IFC EHS 가이드라인, 오일·가스 산업의 에너지·생물다양성 이니셔티브, 북극위원회, 오일샌드 이니셔티브 | | | | | | | | | | | | | | | | |
| | 불법 조업선박, 비정상적 조업/양식 | 불법적, 미보고, 미규제IUU 조업에 관한 PSI-Oceana 가이드, IUU 조업 리스트, 양식 관리위원회 인증 | | | | | | | | | | | | | | | | |
| 동물 복지 / 실험 | 8시간 이상 또는 열악한 상태의 생물 운송 | 8시간 이상 운송에 대한 통풍, 온도관리 인증. 사료, 물, 공간 등 조건 유지 | | | | | | | | | | | | | | | | |
| | 비정상적 사육조건, 항생제 등 화학제품/약품 사용 | 생육 관련 인증. 동물 임상실험에 대한 윤리적 프로세스 | | | | | | | | | | | | | | | | |
| | 마취제 또는 고통감소 기술 미사용 | 동물실험의 3원칙(대체, 감소, 고통완화) 준수 | | | | | | | | | | | | | | | | |
| | 동물실험에서 야생동물, 유인원 사용 | | | | | | | | | | | | | | | | | |

## 2. 보종별 리스크 지도

| 주제 | 리스크 범주 | 리스크 완화를 위한 모범적 조치 | 재물 | 책임 | 제조업 책임 | 산재 | 건설 | 신용/보증 | 사이버 | 임원 배상 | 금융 | 해상 | 선주 상호 | 항공 | 운송 |
|---|---|---|---|---|---|---|---|---|---|---|---|---|---|---|---|
| 기후 변화 | 대기오염, 온실가스 배출, 이행 리스크 | 운영과정 그리고/또는 제품생산 과정의 온실가스 배출량 공시(예: $CO_2$, $CH_2$, $N_20$, HFCs, PCFs, $SF_6$) | | | | | | | | | | | | | |
| | | 고객사 또는 거래와 관련된 연료/원료/탄소 집약도 세부사항 공시(예: 발전 믹스) | | | | | | | | | | | | | |
| | | 환경/사회임팩트평가ESIA 중 건강에 대한 부정적 영향, 위험완화 조치, 폐로decommissioning 계획 | | | | | | | | | | | | | |
| | | 탈탄소화 이행 계획/목표 | | | | | | | | | | | | | |
| | 물리적 리스크(폭염, 산불, 홍수, 태풍, 열대사이클론, 해수면상승 등) | 홍수/해안보호 관리계획, 광범위한 기후 탄력성 적응 계획 등 자연 기반 해결방안 | | | | | | | | | | | | | |
| 환경 오염 | 비정상적 채굴 관련 관행(산 정상 채굴, 강가 광물 폐기, 해저 채굴 등) | 국제적 이니셔티브 참여: 채굴산업 투명성 이니셔티브, 광업/금속 국제위원회, 킴벌리 프로세스 | | | | | | | | | | | | | |
| | 산림파괴, 지역 황폐화(이탄지 또는 경사지 경작, 불법 벌목/화전, 생물다양성 감소, 댐 건설) | 야자유, 종이 원산지 증명<br>댐 건설 스탠더드: IHA 프로토콜, UNEP 댐 건설, 적도원칙 | | | | | | | | | | | | | |
| | 토양 오염 | 환경/사회임팩트평가ESIA 중 건강에 대한 부정적 영향, 위험완화 조치, 폐로 계획 | | | | | | | | | | | | | |
| | 수질 오염 | 물 관리 조치(예: 수질, 물부족, 과다사용), 수질오염 관련 ESIA 프로세스, 외부 감사/인증 | | | | | | | | | | | | | |
| 보존 지역 | 세계문화유산World Heritage Sites, 기타 보호 지역 | 멸종위기종에 대한 영향, 필요한 위험완화 조치 등 포함한 ESIA, 전문가 리스트: 람사르Ramsar, 유네스코 세계문화유산 | | | | | | | | | | | | | |

| 주제 | 리스크 범주 | 리스크 완화를 위한 모범적 조치 | 재물 | 책임 | 제조업 책임 | 산재 | 건설 | 신용/보증 | 사이버 | 임원 배상 | 금융 | 해상 | 선주 상호 | 항공 | 운송 |
|---|---|---|---|---|---|---|---|---|---|---|---|---|---|---|---|
| / 생물 | 멸종위기종 관련 IUCN 레드리스트 | 멸종위기종에 대한 영향, 필요한 위험완화 조치 등 포함한 ESIA | | | | | | | | | | | | | |
| 지속 가능 관행 | 비정상적 에너지 이용(예: 북극석유, 수압파쇄, 역청탄, 심해 굴착) | 에너지 이니셔티브 참여: IPIECA, IFC EHS 가이드라인, 오일·가스 산업의 에너지·생물다양성 이니셔티브, 북극위원회, 오일샌드 이니셔티브 | | | | | | | | | | | | | |
| | 불법 조업선박, 비정상적 조업/양식 | 불법적, 미보고, 미규제IUU 조업에 관한 PSI-Oceana 가이드, IUU 조업 리스트, 양식 관리위원회 인증 | | | | | | | | | | | | | |
| 동물 복지 / 실험 | 8시간 이상 또는 열악한 상태의 생물 운송 | 8시간 이상 운송에 대한 통풍, 온도관리 인증. 사료, 물, 공간 등 조건 유지 | | | | | | | | | | | | | |
| | 비정상적 사육조건, 항생제 등 화학제품/약품 사용 | 생육 관련 인증. 동물 임상실험에 대한 윤리적 프로세스 | | | | | | | | | | | | | |
| | 마취제 또는 고통감소 기술 미사용 | 동물실험의 3원칙(대체, 감소, 고통완화) 준수 | | | | | | | | | | | | | |
| | 동물실험에서 야생동물, 유인원 사용 | | | | | | | | | | | | | | |

부록 2

# 기후 정보공시 기준 및 이니셔티브 현황

## 1. 기후 관련 정보공시 기준 및 프레임워크

### 1) CDP

CDP(탄소 공개 프로젝트Carbon Disclosure Project에서 CDP로 명칭 변경)는 영국에 본사를 두고 있으며 전 세계 기업을 대상으로 기후변화 관련 데이터를 수집하고 평가하는 글로벌 비영리 단체다. CDP는 매년 전 세계 대기업을 대상으로 온실가스 배출량, 에너지 사용량, 기후변화의 위험/기회 등에 관한 정보를 요청하는데, CDP는 제출된 정보를 평가하고 점수를 부여하며 이를 공개한다. 현재 8400개 이상의 기업이 CDP를 통해 환경 관련 정보를 공개하고 있는데, CDP는 이 중 투명성과 성과 측면에서 가장 뛰어난 기업군을 에이 리스트A List로 분류하여 공개하고 있다. 2019년의 경우 기후변화 분야에서 182개 기업, 산림 분야에서 8개 기업, 물 안전 분야에서 72개 기업이 에이 리스트에 올랐다. 한국에서도 삼성, 현대, SK 소속 기업들이 에이 리스트에 포함되었다. 민간 기업 외에도 800개 이상의 전 세계 도시와 120개 이상의 국가도 CDP 프로그램을 통해 환경 정보를 공시하고 있다. 이처럼 기업들이 환경 정보를 공개하는 것은 전 세계 투자자와 바이어들이 CDP를 통한 정보 공개를 요청한 결과이기도 한데, 전 세계 515개의 투자기관(운용자산 106조 달러)과 150개 이상의 구매 기관(구매 규모 4조 달러)이 CDP 정보 공개를 요청했다.

### 2) 기후공시기준위원회Climate Disclosure Standards Board: CDSB

CDSB는 2007년 세계경제포럼World Economic Forum 연차 총회에서 결성된 환경 및 비즈니스 NGO들의 연합체로, 기업이 어떻게 자연 자본을 이용하고 또 자연 자본에 영향을 미치는지에 관한 정보를 글로벌 주류 기업공시 모델(연차보고서, 10-K 보고서, 통합보고서 등)에 통합하는 것을 목표로 한다. CDSB는 이를 위해 재무 정보와 비슷한 수준의 엄격한 환경정보 공시 프레임워크를 개발하여 공개하고 있다. CDSB 프레임워크는 기업들이 이미 활용하고 있는 기존 스탠더드 또는 업무 관행, 그리고 다른 공시 방법론들과 조화되도록 설계되었다.

첫 번째 CDSB 프레임워크는 2010년 '기후변화 공시 프레임워크Climate Change Reporting Framework'라는 이름으로 발표되었는데, 기후변화가 회사의 전략에 가져올 기회 요인과 위험 요인에 초점을 맞추었다. 2013년 프레임워크는 기후변화와 온실가스 배출뿐 아니라 자연자원natural capital과 일반 환경 정보도 포함하도록 개정되었다. 가장 마지막 개정은 2018년 4월에 이루어졌는데, TCFD의 권고 공시사항 및 기타 공시 요건과 일관성을 확보하기 위한 것이었다.

CDSB 공시 사항은 다음과 같다.

① 거버넌스 ② 경영진이 추구하는 환경 정책, 전략, 목표 ③ 기회 요인과

위험 요인 ④ 정량적, 정성적 성과 및 측정 방법론 ⑤ 환경 성과 분석 및 비교 분석 ⑥ 향후 전망 ⑦ 환경 정보 대상 조직 범위 ⑧ 공시 정책 ⑨ 공시 대상 기간 ⑩ 수정 재표시 공시 ⑪ 프레임워크 부합 선언문 ⑫ 외부 검증.

### 3) 글로벌 공시 이니셔티브The Global Reporting Initiative: GRI

과거에는 기업의 경영성과를 주주를 비롯한 이해관계자들에게 보고하는 방법으로 연차보고서Annual report만을 작성해서 공개했지만, 최근에는 기업의 지속가능경영 성과를 보고하는 지속가능경영 보고서Sustainability report 작성이 증가하고 있다. GRI는 지속가능경영 보고서의 작성 가이드라인을 제정하고 이를 활용하도록 함으로써 기업들의 지속가능경영을 활성화하는 것을 목적으로 한다. 1997년에 설립되었으며 네덜란드 암스테르담에 본부를 두고 있다. 한국기업지배구조원에 따르면 우리나라 상장기업 중 지속가능경영보고서를 발간한 곳은 98개에 지나지 않아(2018년 8월 기준) 아직까지는 보고서 작성이 시장에서 보편화되었다고 하기는 어렵다. 그러나 2019년부터 자산 총액 2조 원 이상의 유가증권시장 상장사는 기업지배구조보고서 공시가 의무화되는 등 ESG 정보공개가 강화되는 추세여서 지속가능경영 보고서를 작성하는 기업은 지속적으로 증가할 것으로 보인다.

GRI 기준은 크게 2개로 구성되는데 '일반적 기준Universal standards'과 '분야별 기준Topic-specific standards'이다. 일반적 기준은 '100 시리즈'라고 부르는데, 101(보고 원칙, 사용 방법 등), 102(일반 정보 공개), 103(경영진의 관리 방식)의 3개 기준이 있다. 분야별 기준은 200(경제), 300(환경), 400(사회)의 3개 기준으로 구성된다. 102부터 400까지의 각 기준에는 세부 지표들과 지표의 정의 및 측정 기준 등이 명시되어 있다.

### 4) 지속가능성 회계기준 위원회Sustainability Accounting Standards Board: SASB

SASB는 '지속가능성 회계기준Sustainability accounting standards'을 수립하는 것을 목표로 2011년 미국에서 설립된 비영리단체다. SASB는 IASBInternational Accounting Standards Board와 FASBFinancial Accounting Standards Board가 '국제재무회계기준'과 '일반적으로 인정되는 회계 원칙GAAP'을 제정한 것처럼 ESG 주제 전반에 걸친 산업별 공시 표준을 만들어 미국증권거래위원회SEC에 제출되는 용도로 활용코자 했다. SASB의 기준은 2018년 11월에 최종적으로 완성되었다.

SASB는 글로벌 적용 가능성이 있는 정보를 제공하며, 투자자에게 중요성이 있어야 하고, 시장과 증거에 기반을 두어야 한다는 기본 원칙하에 기준을 개발했다. SASB 기준은 각 산업별 표준을 개발한 것이 특징인데, 이는 지속가능성 이슈가 비즈니스 모델 및 소요 자원 등에서 차이가 있어 산업마다 다르게 나타나기 때문이다. 산업별 표준은 11개 섹터에 걸쳐 77개 산업 표준이 개발되었다. SASB 기준은 TCFD의 권고 공시사항과 부합하며 GRI 기준과도 상호 보완적이다.

### 5) 국제통합보고 위원회The International Integrated Reporting Council: IIRC

통합보고서Integrated report는 재무 성과를 보고하는 연차보고서와 지속가능경영 성과를 보고하는 지속가능경영 보고서Sustainability report를 통합한 보고서다. IIRC는 통합보고서를 기업 보고 표준으로 확산시켜 통합적 사고를 공공과 민간의 주류 비즈니스 관행으로 정착시키는 것을 목적으로 한다. 규제기관, 투자자, 회계전문가 및 NGO들의 글로벌 연합체 형태로 설립되었다.

IIRC가 통합보고 프레임워크에서 제시한 통합보고서 구성 요소는 다음과 같다.

① 조직 개요와 외부 환경 ② 거버넌스 ③ 비즈니스 모델 ④ 리스크와 기회 ⑤ 전략과 자원배분 ⑥ 성과 ⑦ 전망 ⑧ 작성 및 표시기준 ⑨ 일반 보고 지침.

## 2. 기후 정보공시 이니셔티브

### 1) 온실가스 프로토콜GHG Protocol

온실가스 프로토콜은 공공·민간 부문의 온실가스 인벤토리 작성, 즉 온실가스 배출량을 측정하고 관리하기 위한 종합적인 글로벌 표준 프레임워크다. 기업 부문을 위한 기준은 '온실가스 프로토콜 사업자 배출량 산정 및 보고 기준'이라는 이름으로 2001년에 최초로 수립되었는데, 그 이후 전기에너지와 기타 에너지 구입 그리고 기업의 밸류 체인을 통해 발생하는 온실가스 측정 방법론을 지속적으로 개선시켜 왔다. CDP에 정보를 제공하는 포춘 500대 기업의 92%가 온실가스 프로토콜의 프로그램을 직간접적으로 사용한 것으로 나타나기도 했다(2016년 기준).

### 2) 전환 경로 이니셔티브The Transition Pathway Initiative: TPI

Transition Pathway Initiative

전환 경로 이니셔티브는 기업들의 저탄소 경제 전환 정도와 기후변화 대응 노력을 평가하는 글로벌 자산보유기관 주도의 이니셔티브로 2017년 설립되었다. 80여 개의 글로벌 자산운용기관(운용자산 규모 20.9조 달러)이 TPI를 지지하고 방법론을 활용할 것을 약속했다(2020년 7월 기준). TPI는 기업들의 온실가스 감축 노력과 그러한 저탄소 전환과 관련된 기회/위험 요인을 평가하고 추적한다. 또한 기업들의 계획된 또는 예상되는 탄소 감축 성과가 국제적 기준 또는 해당 국가의 목표와 어느 정도 부합하는지도 평가하고 이러한 결과물들을 자산운용기관에 공유함으로써 투자기관들이 자신의 포트폴리오가 파리 협약과 부합하는지 평가할 수 있게 한다.

### 3) 재생에너지 100RE100

RE100은 영국 비영리단체인 CDP가 2014년에 최초로 시작한 이니셔티브로, RE100이란 기업 활동에 필요한 에너지를 재생에너지Renewable energy를 통해 100% 공급받는 것을 의미한다. 에너지 생산자가 아닌 소비자인 기업들이 가입 대상이며, 친환경적인 재생에너지의 사용 확대를 희망하는 기업들의 자발적인 참여를 기반으로 한다. 기업들은 RE100 이니셔티브에 가입함과 동시에 기업의 현실에 맞게 스스로 책정한 재생에너지 사용 목표를 제시하고, 주최 기관에서 제공하는 기술적 기준을 준수하여 실적 리포트를 매년 제출하게 된다. RE100에서는 바이오매스, 바이오가스, 지열, 태양, 풍력, 수력 등 재생 가능한 에너지원을 통해 생산되는 전력의 사용 실적만을 인정한다.

RE100에 참여한 글로벌 기업은 242개(2020년 8월 기준)이며 미국, 유럽, 일본 기업의 참여가 활발하다. 한국은 재생에너지 가격이 높고, 사용 인정요건도 마련되지 않아 아직 참여 실적이 없다. 애플과 같은 글로벌 기업들은 공급망 협력업체도 에너지 전환과 100% 재생에너지 사용을 독려하고 있어 국내 기업은 이들과 경쟁에서 불리한 점이 있다.

부록 3

# TCFD 11개 권고 공시사항에 대한 일반적 가이던스

### 1) G(a): 이사회가 기후변화와 관련된 위험과 기회를 어떻게 감독하는지 설명

- 이사회와 소위원회(감사위원회, 리스크관리위원회 및 기타 소위원회)가 기후 관련 이슈에 관해 보고받는 프로세스 및 빈도.
- 이사회와 소위원회가 다음의 활동에 있어 기후 관련 이슈를 고려하는지 여부: 전략, 실행계획, 리스크 정책, 예산, 사업계획 등의 검토 및 결정. 조직의 성과 목표 설정. 실행 성과 모니터링. 자본적 지출, 인수 및 사업 매각의 감독.
- 기후변화 관련 이슈에 대응하기 위한 회사의 계획 대비 성과를 이사회가 점검하고 감독하는 방법.

### 2) G(b): 경영진이 기후변화와 관련된 위험과 기회를 어떻게 평가하고 관리하는지 설명

- 회사가 기후 관련 책임을 경영진 또는 경영위원회에 부여했는지 여부. 만

약 부여했다면, 경영진과 경영위원회가 이사회 또는 소위원회에게 기후 관련 이슈를 보고했는지 그리고 기후 관련 책임에는 기후 관련 이슈를 평가하고 관리하는 행위를 포함하는지 여부 .

- 기후변화를 담당하는 조직 구조 설명.
- 경영진이 기후 관련 이슈에 대해 보고받는 프로세스.
- 특정 직위 또는 특정 경영위원회가 기후 관련 이슈를 모니터링하는 방법.

### 3) S(a): 단기, 중기, 장기적 관점에서 회사에 발생할 수 있는 기후 관련 위험과 기회를 설명

- 회사의 자산 및 인프라의 특성 등을 감안했을 때, 단기/중기/장기의 기간 정의.
- 단기/중기/장기 각각의 기간 중 잠재적으로 발생하여 회사에 중대한 재무적 영향을 미칠 수 있는 특정 기후 이슈 설명. 그리고 그 기후 위험이 전환 리스크인지 실제 물리적 리스크인지 구분.
- 어떤 위험과 기회가 회사에 중대한 재무적 영향을 미칠지를 판단하는 회사 내 프로세스 설명.
- 필요시 회사 내 섹터별, 지역별 위험과 기회를 구분하여 정보 제공.

### 4) S(b): 기후 관련 위험과 기회가 회사의 사업·전략·재무계획 등에 미칠 수 있는 영향을 설명

- 회사는 기후 관련 이슈가 다음의 분야에 미치는 영향을 기술: 제품 및 서비스, 공급망 및 가치사슬, 적응 및 감축 활동, R&D 투자, 사업의 운영.
- 재무 계획 수립 프로세스, 기간 계획에 기후 관련 이슈를 감안하는 방식과 이러한 기회/위험의 우선순위를 정하는 방법을 기술.
- 장기간에 걸친 가치 창출 역량에 영향을 미치는 요인들 간의 상호의존성을 감안한 전체적 시각을 반영하여 기술.

- 회사는 기후 관련 이슈가 다음 분야의 재무 계획에 미치는 영향을 기술: 영업비용 및 매출, 자본적 지출 및 자본 배분, 인수 또는 매각, 자본 접근성.
- 기후 관련 시나리오를 사용하여 회사의 전략과 재무계획을 알리는 경우에는 그 시나리오를 설명.

### 5) S(c): 2℃ 시나리오를 포함한 다양한 기후변화 시나리오를 감안한 회사 전략의 회복탄력성resilience을 설명

- 회사의 전략이 기후 관련 위험/기회에 얼마나 탄력적으로 운용되는지 설명하기 위해 2℃ 시나리오에 부합하는 회사의 저탄소 전환 전략, 물리적 리스크 증가에 따른 시나리오 등을 기술.
- 기후 관련 위험/기회가 회사의 전략에 영향을 주는 분야, 잠재적 위험/기회에 대응하기 위해 회사 전략이 변화하는 방식, 기후 관련 시나리오와 그 시나리오의 적용 기간 등을 기술.

### 6) R(a): 회사가 기후 관련 위험을 식별하는 프로세스를 설명

- 다른 위험 대비 기후 관련 위험의 상대적 중요성을 어떻게 결정하는지 설명.
- 기후변화와 관련된 기존 또는 신규 규제사항(예: 배출 한도) 및 기타 관련 요인들을 고려하는지 설명.
- 기후 관련 위험의 잠재적 규모와 크기를 평가하는 프로세스, 위험 관련 용어의 정의, 위험 분류 체계 활용 방식 등 설명.

### 7) R(b): 회사가 기후 관련 위험을 관리하는 프로세스를 설명

- 기후 관련 위험에 대한 관리 프로세스(위험 완화, 이전, 수용 또는 통제 프로세스)를 설명.

- 기후 관련 위험의 우선순위를 결정하는 프로세스, 중요성을 어떻게 결정하는지 설명.
- 기후 관련 위험 관리 프로세스를 설명할 때 제11장의 표 11-1, 11-2에 설명된 위험을 기준으로 설명.

### 8) R(c): 기후 관련 위험 식별·평가·관리 프로세스가 회사의 전사적 위험관리ERM에 어떻게 통합되는지 설명

- 기후 관련 위험 식별·평가·관리 프로세스가 회사의 전사적 위험관리ERM에 어떻게 통합되는지 설명.

### 9) M(a): 회사가 회사의 전략 및 위험관리 프로세스에 따라 기후 관련 위험·기회를 평가하기 위해 사용하는 지표를 공시

- 다음 분야의 기후 관련 위험에 관한 지표를 공시: 물, 에너지, 토지사용, 폐기물 관리 등.
- 기후 관련 이슈가 중요한 사항인 경우, 이와 관련된 성과 지표가 성과보상 정책에 어떻게 연계되어 있는지 설명.
- 내부적으로 산정한 탄소가격, 기후 관련 기회 요인(저탄소 경제를 타깃으로 한 제품/서비스로부터 창출되는 매출 등) 공시.
- 추세 분석이 가능하도록 과거 기간에 대한 지표를 제공. 기후 관련 지표를 산출하는 데 사용된 방법론도 제공(쉽게 알 수 있는 방법론이 아닌 경우).

### 10) M(b): Scope 1, Scope 2, 그리고 해당되는 경우 Scope 3의 온실가스 배출량 및 관련 위험을 공시

- 온실가스 배출량 산정은 온실가스 프로토콜 방법론에 따라 계산함으로써 기업 간 그리고 국가 간 취합 및 비교가 가능토록 함.
- 가능한 경우에는 소속 산업에서 일반적으로 통용되는 온실가스 효율성

지표도 제공.

- 추세 분석이 가능하도록 과거 기간에 대한 온실가스 배출량 및 관련 지표를 제공. 기후 관련 지표를 산출하는 데 사용된 방법론도 제공(쉽게 알 수 있는 방법론이 아닌 경우).

### 11) M(c): 회사가 기후 관련 위험·기회를 관리하기 위해 설정한 목표수준 및 목표 대비 성과를 공시

- 회사는 법령상 요건, 시장의 요구 및 기타 목표수준에 따른 온실가스 배출량, 물 사용량, 에너지 사용량 등의 기후 관련 주요 목표수준을 공시.
- 기타 목표수준은 다음과 같은 것들을 포함: 효율성 목표 또는 재무 목표, 최대 재무적 손실 허용치, 전체 제품 수명주기상 온실가스 배출량 절감 목표, 저탄소 경제를 타깃으로 한 제품/서비스로부터 창출되는 매출 목표 등.
- 목표수준 공시에서 다음 사항을 포함: 목표수준이 절대치 기준인지 아니면 집약도intensity 기준인지. 목표 대상 기간. 성과 측정의 기준이 되는 기준년도. 목표 대비 성과를 측정하는 주요 성과 지표KPI.
- 목표수준 및 성과를 측정하는 데 사용된 방법론 제공(쉽게 알 수 있는 방법론이 아닌 경우).

2050 저탄소사회비전 포럼. 2020. 2. 「2050 장기 저탄소 발전전략」.

KRX. 2020. 1. 「한국거래소 유가증권시장본부 2020년 주요 사업계획」.

관계부처합동. 2018. 7. 「2030년 국가 온실가스 감축목표 달성을 위한 기본 로드맵 수정안」.

______. 2019. 10. 「제2차 기후변화대응 기본계획」.

국립기상과학원. 2018. 8. 「한반도 100년의 기후변화」.

국제금융센터. 2018. 5. 11. 「글로벌 은행들의 기후변화 리스크 대응 움직임」. Market Brief.

국회입법조사처. 2020. 1. 29. 「유럽 그린딜 논의 동향과 시사점」. 외국입법 동향과 분석.

금융위원회. 2020. 2. 「금융위원회 2020년 업무계획」.

노동운. 2018. 12. 「저탄소 정책의 온실가스 부문 평가지표 개발 및 저탄소 정책 수립방향 연구」. 에너지경제연구원 기본연구보고서.

문진영 외. 2020. 3. 5. 「유럽 그린딜 관련 국제사회의 주요 이슈 및 시사점」. 대외경제정책연구원 KIEP 오늘의 세계경제.

세계환경발전위원회. 1994. 12. 「우리 공동의 미래Our Common Future」. 새물결.

송지혜. 2019. 8. 19. 「지속가능금융 정책 현황과 시사점: EU 사례를 중심으로」. 대외경제정책연구원 KIEP 기초자료(19-13).

신한금융투자. 2019. 12. 「2020년대 투자전략, EPS에서 ESG로」.

양의석 외. 2018. 1. 29. 「영국의 에너지·기후변화 정책기조와 청정성장 전략」. 《에너지경제연구원 세계에너지시장 인사이트》, 제18-4호.
이승준. 2019.4. 「기후변화 위험과 보험회사의 대응 방안」. 보험연구원 CEO Report.
자본시장연구원. 2019.8.27. 「유럽연합 집행위원회의 기후 관련 비금융정보 보고 가이드라인 내용과 시사점」. 《자본시장포커스》, 2019-19호.
키움증권. 2020.2.13. 「ESG, ETF로 투자하기, Ver. 2」.
한국은행. 2018.6.28. 「기후변화와 금융안정」, 《BOK 이슈노트》, 제2018-6호.
환경부. 2016.5. 「파리 협정 길라잡이」.
______. 2020.2. 「녹색전환으로 만드는 더 나은 대한민국(2020년 환경부 주요 업무 추진계획)」.
환경부 온실가스종합정보센터. 2019.10. 「2019 국가 온실가스 인벤토리 보고서」.

American Green Bank Consortium. 2019.5. "Green Banks in the United States: 2018 Annual Industry Report."
Bank for International Settlement. 2020.1. "The Green Swan - Central banking and financial stability in the age of climate change."
BlackRock Investment Institute. 2016.9. "Adapting portfolios to climate change." *Global Insights*.
BNP Paribas. 2019. "2018 Integrated Report."
______. 2019.12.10. "Transition Bonds—New funding for a greener world." *Markets 360 Focus*.
Carbon Tracker Initiative. 2019.3. "Brown is the new green."
Carney, Mark. 2016.9.22. "Resolving the climate paradox—Speech in Arthur Burns Memorial Lecture."
CEFC. 2019. "Annual Report 2018-19: Investing in Australia's clean energy transition."
Climate Bond Initiative. 2017.1. "Climate Bond Standard Version 2.1."
______. 2020.2.5. "2019 Green Bond Market Summary."
______. 2019.3.6. "Green Bonds: The State of the Market 2018."
Climate Disclosure Standards Board. 2019.12. "CDSB Framework for reporting environmental & climate change information."
Connecticut Green Bank. 2020. "Green Bonds US—2019 Annual Report."
Corporate Reporting Dialogue. 2019.9. "Driving Alignment in Climate-related Reporting—Year One of the Better Alignment Project."
Dwortzan, Mark. 2016.4.22. "How much of a difference will the Paris Agreement make?" *MIT News*.
Emanuele Campiglio et. al.. 2018.6. "Climate change challenges for central banks and financial regulators." *Nature Climate Change*, Vol.8.

EU HLEG(High-level Expert Group on Sustainable Finance). 2018.1. "Financing a Sustainable European Economy"(Final Report).
EU TEG(Technical Expert Group on Sustainable Finance). 2019.6. "EU Green Bond Standard(EU-GBS)."
______. 2019.6. "Taxonomy Technical Report."
______. 2019.6. "TEG Interim Report on Climate Benchmarks and Benchmark's ESG Disclosure."
European Commission. 2018.3. "Action Plan: Financing Sustainable Growth."
______. 2018.3. "Fact Sheet: Financing Sustainable Growth."
European Political Strategy Center. 2017.6.8. "Financing Sustainability." *EPSC Strategic Notes,* Issue 25.
European Union Joint Research Center. 2019. "Fossil CO2 and GHG emissions of all world countries—2019 Report."
______. 2018. "Fossil CO2 emissions of all world countries—2018 Report."
G20 Green Finance Study Group. 2016.9.5. "G20 Green Finance Synthesis Report."
Geddes, Anna et al.. 2018.1. "The multiple roles of state investment banks in low-carbon energy finance." *Energy Policy.*
Global Sustainable Investment Alliance. 2019.3. "2018 Global Sustainable Investment Review."
Green Finance Taskforce. 2018.3. "Accelerating Green Finance."
House of Commons, Environmental Audit Committee. 2018.5. "Green Finance: mobilising investment in clean energy and sustainable development."
House of Representatives. 2020.1.27. "Climate Leadership and Environmental Action for our Nation's Future Act(CLEAN Future Act), Discussion Draft."
HSBC Holdings plc. 2020. "Annual Report and Accounts 2019."
______. 2020. "Environmental, Social and Governace Update 2019."
IAIS(International Association of Insurance Supervisors). 2018.7. "Issue Paper on Climate Change Risks to the Insurance Sector."
ICMA. 2018.6. "Green Bond Principle: Voluntary Process Guidelines for Issuing Green Bonds."
IEA. 2017.3. "Perspectives for the Energy Transition: Investment Needs for a Low-Carbon Energy System."
IPCC. 2014. "Fifth Assessment Report(AR5)."
LLoyds. 2017.2. "Stranded Assets: the transition to a low carbon economy, Overview for the insurance industry."
Loan Market Association. 2018.12. "Green Loan Principle."

Moody's Investors Service. 2018.3. "P&C Insurance and Reinsurance—Global: Climate change risks outweigh opportunities for P&C (re)insurers."
New Climate Economy. 2018.8. "Unlocking the Inclusive Growth Story of the 21st Century: Accelerating Climate Action in Urgent Times."
OECD. 2017.7. "Investing in Climate, Investing in Growth—A Synthesis."
Prudential Regulation Authority. 2015. "The impact of climate change on the UK insurance sector."
______. 2018. "Transition in thinking: The impact of climate change on the UK banking sector."
______. 2019.4. "Enhancing Banks' and Insurers' approaches to managing the financial risks from climate change." *Supervisory Statement.*
Swiss Re Institute. 2019. "Natural catastrophes and man-made disasters in 2018: "secondary" perils on the frontline," No.2.
______. 2020. "Natural catastrophes in times of economic accumulation and climate change," No.2.
TCFD. 2017.6. "Final Report: Recommendations of the Task Force on Climate-related Financial Disclosure."
UK Government. 2019.7. "Green Finance Strategy, Transforming Finance for a Greener Future."
______. 2018.4. "The Clean Growth Strategy."
UN Environment Programme. 2017.5. "The Status of Climate Change Litigation."
UN Environment Programme and the World Bank Group. 2017.11. "Roadmap for a Sustainable Financial System."
UNEP. 2016.9. "Definition and Concepts: Background Note." *Inquiry Working Paper.*
UNEP FI. 2012.6. "Principle for Sustainable Insurance."
______. 2019.12. "Principles for Responsible Banking—Guidance Document."
UNEP FI & PRI. 2018. "How to invest in the low-carbon economy—An institutional investors' guide."
UNEP FI, PSI & Allianz, 2019.2. "Underwriting environmental, social and governance risks in non-life insurance business." *PSI Working Paper.*
United Nations. 2019. Inter-agency Task Force on Financing for Development, "Financing for Sustainable Develpment Report 2019."
United States Climate Alliance. 2019. "2019 Fact Sheet."
World Economic Forum. 2020.1. "The Global Risks Report 2020."

# 찾아보기

## 숫자



## 알파벳

**ㄴ**



**ㄷ**



**ㄹ**



**ㅁ**

ㅊ

지은이 • 김대호

서울대학교 경영학과를 졸업하고 서울대학교 경영대학원, 미국 일리노이 주립대학교 대학원을 졸업했다. 한국장기신용은행, 국민은행, KTB네트워크, 삼성화재 등 한국의 주요 금융기관에서 다양한 금융 업무를 수행했고, 서울시 경제진흥본부 재직 시 서울 금융산업과 지속가능금융 육성과 관련된 공직을 수행했다. 현재는 한국그린파이낸스연구소 대표로 재직 중이다. 주요 연구 분야는 지속가능성 채권, 지속가능대출, 기후 관련 기업공시 등이다.

한울아카데미 2256

**그린 스완이 온다**

기후위기 시대, 금융의 새 패러다임

지은이 **김대호** | 펴낸이 **김종수** | 펴낸곳 **한울엠플러스(주)** | 편집책임 **조수임**

초판 1쇄 인쇄 **2020년 9월 25일** | 초판 1쇄 발행 **2020년 10월 25일**

주소 **10881 경기도 파주시 광인사길 153 한울시소빌딩 3층**
전화 **031-955-0655** | 팩스 **031-955-0656**
홈페이지 **www.hanulmplus.kr** | 등록번호 **제406-2015-000143호**

Printed in Korea.
ISBN 978-89-460-7256-5 93320
978-89-460-6959-6 93320(학생판)

* 책값은 겉표지에 표시되어 있습니다.
* 이 도서는 강의를 위한 학생판 교재를 따로 준비했습니다.
강의 교재로 사용하실 때는 본사로 연락해주십시오.